打造铁军团队的7项修炼

[美]霍利·伯克特 著
Holly Burkett

LEARNING FOR THE LONG RUN:

7 PRACTICES FOR SUSTAINING A
RESILIENT LEARNING ORGANIZATION

中国青年出版社
CHINA YOUTH PRESS
中青文传媒

图书在版编目（CIP）数据

打造铁军团队的7项修炼 /（美）霍利·伯克特著；郑晓梅，郭彤译.
—北京：中国青年出版社，2019.1
书名原文：Learning for the Long Run: 7 Practices for Sustaining a Resilient Learning Organization
ISBN 978-7-5153-5449-1
Ⅰ.①打… Ⅱ.①霍… ②郑… ③郭… Ⅲ.①企业管理－组织管理学 Ⅳ.①F272.9
中国版本图书馆CIP数据核字（2018）第287940号

打造铁军团队的7项修炼

作　　者：〔美〕霍利·伯克特
译　　者：郑晓梅　郭　彤
责任编辑：肖　佳
特约编辑：白　洁
文字编辑：张祎琳
美术编辑：杜雨萃
出　　版：中国青年出版社
发　　行：北京中青文文化传媒有限公司
电　　话：010-65511270/65516873
公司网址：www.cyb.com.cn
购书网址：zqwts.tmall.com　www.diyijie.com
印　　刷：三河市文通印刷包装有限公司
版　　次：2019年1月第1版
印　　次：2019年1月第1次印刷
开　　本：787×1092　1/16
字　　数：300千字
印　　张：22
京权图字：01-2018-1853
书　　号：ISBN 978-7-5153-5449-1
定　　价：59.00元

LEARNING
FOR THE
LONG RUN

目 录

《打造铁军团队的 7 项修炼》获得的赞誉之词 ………………………… 007

前 言 ………………………………………………………………………… 011

一直存在的困境 / 011

更多挑战 / 013

这本书有什么用 / 013

序 言 ………………………………………………………………………… 015

这本书适合谁看 / 017

写作历程 / 018

本书的组织结构 / 019

思考 / 020

引 言 ………………………………………………………………………… 023

案例一 / 023

案例二 / 025

学习如何才能在企业扎根呢 / 028

学习型组织是什么？为什么要成为学习型组织 / 028

学习型领导是什么 / 031

什么是可持续性？为什么要追求可持续性 / 032

对学习型领导的启示 / 033

当下的学习现状 / 037
努力面前 / 039

第一章　在变革中进行学习管理 …………………………………… 041
常见的弯路和障碍 / 042
可持续学习型组织的 7 项修炼 / 046
7 项修炼价值何在 / 052
小结 / 052

第二章　学习型组织的可持续发展周期 ………………………… 057
变革和可持续周期 / 059
可持续周期的不同阶段 / 063
可持续学习型组织的特点 / 081
小结 / 083

第三章　修炼 1：以文化为引领 …………………………………… 087
转型的关键因素 / 092
小结 / 098
案例分析 / 100
案例回顾 / 117

第四章　修炼 2：培养并共享领导力 …………………………… 121
高层领导倡导学习 / 123
争取到高层的投入与参与 / 125
领导的头号挑战 / 125
提高高层管理团队的效率 / 126
改进领导力发展项目 / 128
领导力从内部形成：建立自己的品牌 / 142
小结 / 143
案例分析 / 147
案例回顾 / 151

第五章 修炼 3：高效执行 …………………………… 155

执行什么？为何执行 / 158

执行为何不力 / 158

如何应对：高效执行的要素 / 162

小结 / 168

案例分析 / 170

案例回顾 / 174

第六章 修炼 4：推动结果，不断改进 ………………… 175

对标、目标和影响力：这些基本因素仍然适用 / 178

提升投资回报率 / 183

测量与持续改进 / 186

分析的作用 / 188

可持续性与测量连续性 / 191

小结 / 196

案例分析 / 198

案例回顾 / 211

第七章 修炼 5：培养并完善变革能力 ………………… 213

作为战略需要的变革能力 / 215

作为变革推动者的学习型领导者 / 218

变革建筑师 / 219

变革战略家 / 225

变革催化剂 / 230

小结 / 237

案例分析 / 239

案例回顾 / 248

第八章 修炼 6：促进合作、沟通及共享 ……………… 251

为什么合作、沟通如此重要 / 253

建立合作关系面临的挑战 / 255

为合作做好准备 / 256
学习型领导的作用 / 259
小结 / 264
案例分析 / 268
案例回顾 / 277

第九章 修炼 7：拥抱创新的艺术 …………………… 279
技术推动学习创新 / 281
微学习 / 284
创新是核心能力 / 288
将创新作为一种思维模式 / 292
小结 / 294
案例分析 / 296
案例回顾 / 315

第十章 最后的思考 …………………… 319
行动起来 / 323

附录一 铁军团队案例资料 …………………… 325

附录二 可持续学习型组织的特点 …………………… 327

附录三 计划、执行、检查、行动指南 …………………… 343

LEARNING
FOR THE
LONG RUN

《打造铁军团队的7项修炼》获得的赞誉之词

不要错过这个向最重要的学习专家学习的机会，你将学会如何建立、领导一种可以吸引人才、激发创新、优化绩效和提高生产力的可持续学习文化，并学会从这种文化中受益。《打造铁军团队的7项修炼》一书提供了很多实用的策略、久经考验的日常实践做法及评估工具等，值得信赖，您一定会爱不释手，随时翻阅。

——艾米·迪弗拉纳（Amy Dufrane）

人力资源认证机构首席执行官

《打造铁军团队的7项修炼》一书令人信服，发人深省。它充分说明：从长远来看，领导一个可持续发展组织，关键在于将其打造为适应性强的学习型组织。霍利·伯克特提出的7项修炼将改变组织专业发展的思维和行为，其影响力相当于柯维为个人职业发展提出的“高效能人士的七个习惯”。

——蒂莫西·R. 布罗克（Timothy R. Brock）

有用绩效机构（The Institute 4 Worthy Performance）创始人兼首席执行官

《打造铁军团队的7项修炼》一书提出了很多想法和事例，为学习绘制了成功的蓝图。霍利这样的作家很罕见，她既了解商业需求的重要性，也了解学习需求的重要性。

——霍华德·普拉格（Howard Prager）

高级学习集团主席

霍利·伯克特写的这本书非常出色。她概述并说明了在快速变化的职场，学习专家和管理人员如何共同努力来提供创新、灵活的学习体验。这本书提供了可持续学习解决方案的工具。写得不错!

——Tammé Shinshuri

Shinshuri基金会创始人兼首席执行官

针对可持续的人才发展和职场绩效，本书介绍了一种有活力的成熟公式。霍利·伯克特在书中列举了大量示例、图表和评估工具，条理清晰，综合全面，是专业人士改善学习和绩效的必备手头书。

——达琳·M.范·蒂姆（Darlene M. Van Tiem）

密歇根大学迪尔伯恩分校名誉副教授

在《打造铁军团队的7项修炼》一书中，霍利·伯克特经过深入研究，提出了7项修炼，为我们提供了路线图，让我们可以一步步地推动文化建设、领导力形成、执行、创新和协作。她的框架简单明了，并附有实例、案例研究、模型和工具。对于希望真正将学习融入业务战略的人来说，本书是很好的资源。

——莫林·奥瑞（Maureen Orey）

职场学习和绩效集团的创始人兼总裁

《打造铁军团队的7项修炼》这本书提出了开发学习、保持学习，并将学习融入企业文化的路线图，有理有据，也很实用。书中列举了大量的实例和工具，可以直接拿过来使用。

——莎龙·亨茨曼（Sharon Huntsman）

加州大学戴维斯分校拓展中心负责管理与领导力的总监

《打造铁军团队的7项修炼》一书中提出的7项可持续发展修炼能够让学习文化长盛不衰，并将学习转化为组织的竞争优势。本书是很好的学习资源，我强烈推荐。

——林恩·施密特（Lynn Schmidt）

全球领导力培养中心主任、《转向兴盛》的作者

霍利·伯克特为所有组织建立可持续、高绩效的学习文化提供了清晰的路线图。《打造铁军团队的7项修炼》这本书的内容全面且实用，7项修炼息息相关，将理论与实践、学习和绩效联系在一起。这本书中的案例研究很有说服力，评估工具非常有用，是组织学习和绩效专家、变革领导者和人才开发经理、学习发起者和学生的必读书目。

——塞尔瓦托·法莱塔（Salvatore Falletta）

德雷塞尔大学人力资源开发项目主任、副教授

霍利·伯克特提出的7项修炼既实用又可行。作为学习型领导者，我在工作中借鉴了这些实践做法，帮助组织面对今天和明天的挑战！

——道恩·斯奈德（Dawn Snyder）

Ellucian公司主管资格认证和学习策略的高级经理

前　言

几年前，美国生产力和质量中心（American Productivity and Quality Center）开展了一项标杆性研究，投资回报率研究所（ROI INSTITUTE）担任了此项目的专业顾问。该项目旨在研究企业大学的影响力，当时，传统的学习机构正被改组为企业大学，换了新名字，被赋予了新的职能。共有约25个广受尊重的知名组织参与了该项目，这些组织都很想了解如何衡量其企业大学是否成功。

项目才开展了两到三个月，让我们惊讶的是，有两个组织退出项目，因为这两个学习型组织被公司解散了，这两个组织一直被认为很进步，并且它们也想要了解如何来评估其学习型组织的价值。一位离开的学习高管告诉我们："很不幸，我们的高管似乎并不重视企业学习大学。"与此同时，我们注意到，有几家知名公司新创办了企业大学，并召开了新闻发布会，发布了非常高调的声明，提出学习型组织将如何如何帮助企业发展并使其成功。

这件事情让人们开始关注可持续学习型组织的必要性。从根本上来说，确保学习型组织持续产生价值是一个学习型组织成功的关键。

▪ 一直存在的困境

当下，学习型领导面临着几个困境，使得他们很难增加价值、推动价值的产生，也很难始终如一地创造价值。第一个困境是：一个组织遇到问题时，人们总认为学习应是头号解决方案。执行官和经理们要求实施学习计划，是因为他们认为所有问题都是因为人们不知道该怎么做导致的。因此，他们认为学习是解决方案。然而，当预算紧张、形势艰难时，又是这些高管和经理第一个提出来把学习功能削减掉。这种看法必须改变。

第二个困境是：大量学习被浪费掉了。学习开发专家经常探讨“被浪费的学习”这个概念，即希望应用到工作中，但实际上并未应用到工作中的那部分学习。根据不同的研究，被浪费的学习可能要达50%到80%，甚至更多。假如说，学习和发展的预算是1000万美元，可能会浪费500万美元，这还是按照最低比例计算的。能否成功地将学习转化为工作绩效这个问题一直存在，而且亟待解决。如果努力的话，这个问题是可以解决的。

第三个困境是：需要并渴望在“合适的时间”对某个人进行“恰到好处”的“个性化”培训。通常，这种定制化的学习最终意味着碎片化学习。除非基于技术，否则从逻辑上来说，这种学习很难实现。但如果衡量应用程度和影响力，一些基于技术的学习，特别是在线学习和电子学习，并没有培训师主导的学习那么有效。虽然便捷，随时可以学习，而且使用成本低，但在进行较高级别的评估时，基于技术的学习往往就不行了。人们需要关注的是：如何利用设计师和开发人员的创造精神以及管理人员的商业头脑，使基于技术的学习发挥作用。

最后一个困境是如何定义学习是否成功。这个问题使许多学习型领导者困惑不已。多年前，学习是否成功主要看参与学习的人数、学习时长及学习成本。后来，增加了学习者的满意度。再后来进一步演变为：根据人们学到的东西来衡量学习是否成功。现在，进一步变为学习应用和影响：只有学习者应用学到的东西，而且学习产生影响时，学习才算成功。衡量标准的改变从根本上改变了学习中心，因为根据这个定义，如果没能产生影响力，学习中心就不算成功。

■ 更多挑战

对于学习型领导者来说，这些困境不仅是挑战，也是机会。而职场的复杂性，与其他机构的资源竞争，各类人员的学习需求不同，以及其他种种因素，使得情况更为复杂。对于某些员工而言，是否能够学习是其决定是否留在组织工作的一个原因。除此之外，组织的变化速度也很快，所以很难再以传统的方式来设计、开发、提供学习。所有这些都使得可持续性难以实现。

然而，学习型组织要想持续存在，需要具有可持续性。学习型组织需要保持稳定，长期增加价值，而不是一会儿被削减预算，一会儿又增加预算。要有适当的资金做经费支持，尽可能避免高点和低点。例如，在经济衰退时，高管们需要意识到：最好是增加学习预算，而不是削减学习预算。

首席学习官（CLO）的离职率相当高，可能在大多数组织中是离职率最高的高层管理者。这也使得学习更加难以保持可持续性。我们需要稳定的增长、充足的预算、可靠的结果，并始终致力于使组织更具创新性、更能盈利、更可持续。

■ 这本书有什么用

《打造铁军团队的7项修炼》这本书创造性地解决了这些困境和挑战。霍利·伯克特首先对可持续性进行了定义，然后探讨了学习所面临的挑战，有一些我已经在这里进行了强调。在本书主体部分，她深入研究了打造可持续、适应性强的高效学习型组织的7项修炼。这本书中有大量小窍门、实用工具、行动项目和案例研究。本书将激发您做出必要的变革，为您组织中的这一重要机构带来长远的价值，并总体实现可持续。

霍利是写这本书最理想的人选，因为她具有以下四个方面的经验。首先，数十年来，她在全球最知名的一家组织中从事与学习相关的工作。其次，过去

20年来，她一直担任顾问，帮助学习型组织展示、增加并创造价值。第三，她在各个大学教过相关课程，传授知识，启迪他人。第四，她对可持续发展进行了大量研究，包括她的博士论文。霍利经过深思熟虑，巧妙地将她在工作、咨询、教学和研究方面的经验都融入这本书中。

请享受阅读本书吧！请应用学到的知识，帮助您的组织实现可持续发展。

杰克·J. 菲利普斯（Jack J. Phillips）

投资回报率研究所主席

LEARNING FOR THE LONG RUN

序言

> 从长远来看，组织唯一可持续的竞争优势是——具备比竞争对手更快速的学习能力。
>
> ——彼得 · 圣吉，《第五项修炼》的作者，“学习型组织”的倡导者，当今最著名的管理大师之一

我成长于一个军人家庭，从孩童一直到青少年，我家一直在不同的州、不同的学校、不同的社区之间搬来搬去。和绝大部分漂泊不定的孩子们一样，在面对新环境时，我的适应性比较强，并且天生对新的人群、地方、事物的运作方式充满了好奇心。不管是出于现实需要，还是天性使然，我们都要靠自己的能力快速学习。为了更好地适应，我们必须学会了解形势，准确地找到领导者与追随者，弄清楚去哪里获取我们需要的信息。我们必须明白可以信赖谁，如何在陌生的环境中表现自己。我们这样做不仅仅是为了生存，更是为了在新的环境中茁壮成长。

不管我们现在有多大年龄，成长背景如何，也不管我们现在在哪里生活和工作，快速学习和快速反弹（不仅能弹回去，还能向前弹）的能力是极其关键

的生存技能，这会让我们受益匪浅。当今世界形势复杂，情况多变，只有具备强大的学习能力，我们才能够更好地收集信息（这一点尤为关键）；只有具备强大的学习能力，我们才能作出更加明智、合理的决策，利用自己的天赋和能力，把握机会，建设更好的团队、组织和社区。现今的世界，充满了不确定性和模糊性，强劲的反弹能力有助于帮助我们适应这个世界。总之，学习能力和反弹能力对于当代学习型领导及学习型组织来说，尤为重要。

学习型组织至关重要，学习是保持竞争优势的重要源泉，这方面的著述颇多。成功的组织已经认识到，学习是企业的巨大财富，它可以：

- 吸引、留住、雇用人才。
- 激发灵感，取得突破，实现创新。
- 培养关键能力，打造强有力的铁军团队。
- 提高对变化的反应能力和适应能力。
- 提高绩效和生产力。

经营良好的企业往往热衷于学习，并且能够在整个企业中营造出一种学习文化。成熟、完整的学习型文化，明显有益于组织发展。研究表明，拥有成熟学习型文化的组织所占的比例很高。随着环境日益复杂多变，建立并维持高效的学习型组织变得愈加困难。然而，对学习型组织的需求也更加紧迫。组织必须更快地学习、更快地适应，才能迎接来自全球化、更加激烈的人才竞争以及日新月异的技术的挑战，否则组织难以生存。有些专家预测，在未来10年，只有真正不断学习的组织才能够屹立不倒。

在真正的学习型组织中，人们并不认为学习是独立的活动，而是组织内在的运行方式，每天都会发挥奇效。在真正的学习型组织中，学习已经成为企业文化不可分割的一部分，所有领导、管理者、团队，以及每一个员工都认可学习的价值，并投身学习中。学习过程灵活多变，可以根据员工的不同需求进行定制，而且只要有需要，随时可以获得学习资源。员工对自身的发展负责，学习型领导是学习的推动者，而不是守门员。学习型领导只有教会组织成员如何学习，并教会组织成员如何将学到的东西转化为推动组织发展的能力，他们才能在短期内创造最大的价值，并且在未来发挥最大作用。在本书中，我们关注的是组织的整体能力建设。

当然，说起来容易，提升并维持学习的战略地位做起来却并不容易。许多企业逐渐将学习纳入人才管理的范畴。将学习有效整合到组织各项职能中，使学习目标与组织目标保持一致，并不断适应组织需求，这些是许多学习型领导、绩效提升专家以及人才管理者的职责。当下，组织必须在易变性、不确定性、复杂性、模糊性的商业环境中生存，而变化实在太快，根本来不及调整学习战略。同时，组织本身的战略重点也一直在调整变化，主张、支持学习的领导可能也经常会被调离，技能和知识贬值得更快，对人才和资源的竞争更加激烈。

所以，学习型组织面临的压力很大，必须要不断证明学习对组织业务的重要作用。在不断变化的环境中，所有商业机构，包括学习型企业在内，要想保持发展势头，要想不被淘汰，要想跟上时代，保持完整性，真的很难，所以学习型文化要想在各种商业机构中扎根并发挥重要作用，就必须迎接更大的挑战。

▪ 这本书适合谁看

只要这些年来你曾经尝试过让学习型文化在机构中扎根，而且在各种会议、茶歇中分享过关于学习提升、绩效提升、人力资源、组织发展、高等教育成功的喜悦和失败的痛苦，那你就很适合看这本书。

不论你是新人，还是经验丰富的专业人士，不管你从事的是学习及发展、人才管理、绩效提升、人力资源发展、组织发展还是高等教育，你都会从这本书中学到实用的技巧、工具和经验，这些都是从那些正在积极变革学习型组织的人士身上总结出来的，他们借此应对不断变化的环境和相互竞争的压力，长期创造战略价值。

如果你是高级管理人员、总监或经理，你会在书中学到宝贵的指导、测评工具和典型案例，学会利用学习型组织来推动人才发展、提升凝聚力、提高绩效、激发创新。在书中你将读到一些高管的真实案例，证明他们确实相信，持续学习的文化是组织保持竞争优势、持续创造价值的重要动力，而且他们在组织中既是领导，又是导师，积极支持学习。如果你是名顾问，那么你将从其他顾问身上得到启示，学会彻底重塑学习型组织，学会和组织缔造一种合作关系，以帮助他们打造并维持学习型组织。你还将学会使用一些策略和工具，帮助客户优化流程、实现价值最大化。此外，对于老师和学生来说，由于这本书提供了真实的案例、诊断测评和工作指导，所以可以将本书作为人力资源、绩效提升教材的有效补充。

不管你担任什么职位，从事何种职业，不管你提出、执行何种策略或解决方案，学习很可能都是重要因素。当你能够理解学习的机制，能够弄清楚成熟的学习型组织如何提高工作绩效，提高员工参与度，你就可以做一个更好的战略顾问和决策者。

▪ 写作历程

首先，这本书得益于作者数年来在很多公立及私立组织担任学习型领导的第一手经验。我本人一直将学习定位为关键任务，而且“好的、坏的、丑陋的”体验都经历过，所以，我对面对类似挑战的学习型领导充满着深深的敬意和尊重。在担任企业内部顾问和外聘顾问期间，我有幸与世界各地有才华的专家们一同学习，并且从他们身上学到了很多东西，内容涉及学习及绩效、文化变革、领导力、人力资本开发、可持续性等。在本书中，我分享了他们的很多真知灼见。其次，我是个活跃的世界公民，也是学习的积极倡导者，我非常关注那些能够产生预期经济社会影响的战略和解决方案。出于兴趣，我攻读了博士学位，对适应变化的能力和可持续文化的关系进行了深入研究。在博士论文中，我通过调查问卷和标准化访谈相结合的方式采访了数百名学习型领导，了解他们在构建组织文化、进行组织变革方面的经验。本书中提到了我博士研究的很多成果，包括经验做法、意见评论和调查结果。为了保护隐私，一些实例有所改动。

作为学习型领导，必须创造可持续的价值，这一观点似乎引起了共鸣。2009年至2010年期间，我之前访谈过的很多人鼓励我写一本书。学习型领导要兑现创造价值的承诺，要作出有意义的改变，就必须把可持续发展作为重点，他们鼓励我就这一点进一步深入探讨。因此我开始讲述他们的故事，并开始收集更多的案例。为了写这本书，我又采访了二十余位学习型领导，他们中有的想建立学习型组织，有的想保持学习型组织持续创造价值的能力。书中所举的例子，有的来自组织内的学习专家，有的来自组织外的学习专家，有的来自从事绩效提升、学习、人力资源工作的人士，还有些来自位于不同地方、不同规模的公立或私立组织。

总之，我们在这本书中提供了大量的实用策略、测评工具、工作指导以及真实案例。

▪ 本书的组织结构

引言部分，列举了几个发展良好的可持续学习型组织的例子，并从学习型领导的视角探讨了将可持续发展作为重点的价值所在。

第一章阐述了成熟、可持续的学习型组织的特点、重要性，并说明为何建立这样的学习型组织如此之难。本章还介绍了7项可以创造可持续价值的修炼做法。

第二章更加深入地解读了可持续发展的学习型组织的概念，并且将可持续性视为价值主张不断演化的一个进化成长周期。本章描述了演化过程的4个不同阶段，以及各个阶段能够推动进步的关键任务，同时，举例说明学习型领导通过完成这些任务，为其学习型组织创造了更大的动力及牵引力。本章还提出了成熟的学习型组织的10个特征，并提供了自评工具，用以测评所在学习型组织的过程成熟度。

第三章至第九章详述了打造学习型铁军团队的7项修炼，每一章都列举了案例来说明修炼做法的运作方式。你将发现，每一个案例都能够反映出可持续性成长周期的不同阶段。你还将发现，这些例子恰恰验证了可持续学习型组织所具有的10个特征，而这些特征恰恰是从学习型领导普遍采用的修炼和策略中总结出来的。从本质上来说，维持成熟的学习型铁军团队关键在于你如何应用这些修炼，来迎接企业所面临的对需求、优势和能力的独特挑战。

第十章进行了总结，给出了一些提示、工具，并鼓励你将学到的东西付诸实践——带领学习型组织更加成熟的过程与实践。在这一章，作者就如何使用各个测评工具、辅助工具和案例场景给出了指导和建议。

附录一概括总结了各个铁军团队案例以及实现策略。附录二回顾了可持续学习型组织的特征，并提供了测评学习型组织成熟水平的工具。附录三回顾了从第三章到第九章的计划、执行、检查及行动模式，并提供了检测学习型组织实践模式的工具。

■ 思考

是否要成为一个成熟的学习型组织已经不是一个需要讨论的问题了。学习很重要，持续学习是保持可持续竞争优势的必由之路。现在的问题在于，当下形势瞬息万变，业务需求不断变化，如何才能持续学习。不幸的是，没有什么解决方案可以让你简单粗暴、一劳永逸地应对当下持续性的挑战。然而，我们还是能够从那些带领组织走向成熟的成功人士身上学到很多东西，尽管面临种种挑战，他们所在的学习型组织长期以来一直很可靠、很灵活，适应能力也很强。我有个建议，适用于每个人，那就是，将发展过程视为一场马拉松，而不是一次冲刺。本书的精华就在于教你学会为马拉松，为长跑做好准备。我希望书中的这些案例、修炼和工具能够指导你实现学习型组织的目标——真正产生影响，真正作出改变。同时，也希望你能够为其他学习型领导留下有意义的财富。

引　言

> 前人栽树，后人才能乘凉。
>
> ——沃伦·巴菲特

思考一下下面几个例子。

▪ 案例一

安是一名绩效咨询师，就职于一家医疗保健公司，该公司的业务遍布全球100多个国家。此外，公司还设立了众多生产基地和国际研究中心，建立了强大的业务网络。安刚刚入职时，管理层基本不提倡把重点放在学习和绩效上，提供的支持也可忽略不计。她未能争取到公司高层的支持，也没能牵引变革，无法将基于绩效的学习融入现有的经营模式或人力资源管理中。然而，她入职5个月后，一位中层经理请她帮忙评估一下企业大学实施的销售培训项目的效果。他原本想要证明这个项目没有任何价值，应该把这部分培训支出砍掉。

这个培训项目的负责人不想让安做评估，因为他不知道公司要评估结果用来做什么。安说："我花了好几个月才说服组织学习团队把调查问卷分发出去。"

尽管有很多人唱反调，但事实证明，此销售培训项目明显有利于销售额的提高，培训投入的回报率为168%。“结果的公布好像打开了一道泄洪闸门。大家都来找我们，各位经理想把各项业务都评估一下，以便给所在部门查漏补缺，”安说，“员工们都想学着用评估结果来提高个人能力和专业能力，以便他们能够脱颖而出，更快升职。当时，在企业里，人人都想用数据来证明自己选择了正确的职业道路，自己的付出得到了回报。负责销售的副总裁是我们最大的支持者之一。”

领导层和管理层的支持，为负责学习和绩效的团队打造一个基于绩效的学习型组织奠定了坚实的基础，包括制订政策、流程、标准等。铁军团队成员得以和公司上下不同层面的经理人建立牢固的合作关系。他们向各个部门普及相关知识，提升各个部门的参与度，以共同提高学习和绩效。他们定期监控在学习上的投入，并定期评价学习效果，以确保他们提供的项目和服务有助于实现重要的工作绩效和业务指标。

“大约两年之后，公司进行了重组，就开始……裁员，”安说，“新的销售副总裁走马上任，他是那种相信‘只要人们参加培训，就肯定会受益’的人。他曾公开表示：‘你们做得确实不错，不过现在要裁这么多人呢，我们没法保留专职培训职位’。”所以，公司总共裁撤了5000多个工作岗位，砍掉了大部分学习和绩效评估，甚至连最基本的满意度调查都取消了。

被裁后，安选择了提前退休。然而，最近她又被返聘回公司，全权负责公司消费品那条线的培训项目。“我们现在正在重新引入以绩效和结果为导向的学习，很早以前，我们就有过实践经验，”安说，“人们最感兴趣的是那些能够加速产品上市的指标。所以，转了一圈后，我们又回到了原点。未来会怎么样，我们拭目以待。”

▪ 案例二

比尔是位分析咨询师，他就职于一家国际金融机构，这家公司有5000多个分部，资产超过了1万亿美元。他刚入职时，担任的是副总裁助理一职，与一个商业培训团队一起，管理各类项目。当时，企业投入大笔资金，大力实施与企业重组相关的培训和发展项目，所以企业决定聘用苏担任培训经理，负责培训和发展项目。在商业银行业务方面，她有着20年的经验，但是在学习和人力资源方面，她却是个新手。在苏入职后不久，公司就对全球约10万名员工完成了重组培训。根据比尔的说法，苏是第一个想要知道公司砸这么多钱做培训是否会有收益的人。她开始调查："人们真的有所改变吗？还是他们又回到了老路上？有没有人跟踪一下培训究竟产生了多少效果？"

这些问题就像是星星之火，点燃了培训团队这支铁军团队的热情。他们以证据为本，开发出了更规范、更标准的流程，设定了更一致的目标。"我的任务是，和其他学习型领导一起制定学习和评估策略，并确保其贯彻执行，"比尔说，"一直以来，我们这个铁军团队提供咨询、辅导和指导，或者说是'要随时把他们从邪路上拉回来'。同时我们还要开发出需要的技术。有两个人直接向我汇报；此外，在整个铁军团队中，还有40位员工听我指派。"

为了更加规范化，也为了实施问责制，铁军团队与美国投资回报率研究所（ROI INSTITUTE）合作，对一门高水平课程进行了评估。这门课程本身就是企业为了重组、重塑企业文化而投资设计的。铁军团队旨在搞清楚如何让学习项目和服务增值，如何提高效率。

"我们花了大量时间提高公司做测评、研究投资回报率的能力，"比尔说，"我们聘用了达娜·罗宾逊和詹姆斯·罗宾逊等咨询师，学习如何预先提出更好的问题，如何提高我们的合作能力，如何提供更高水平的绩效咨询。我们让高层领导和经理们明白，采用更广泛的测评框架，以提高绩效的视角运营，并不仅仅是进行一次彻底的需求分析，也不单单是做一下效果研究。”

经过5年多的努力，铁军团队终于让提高绩效、测量评估不再局限于负责学习的团队，而是扩展到了包括人力资源在内的其他部门，真正成为一种公司行为。之所以能够取得这样的进展，其中一个原因是人力资源部内成立了劳动力分析室，后来这个分析室也归比尔领导。这个分析室后来发展成为一个以项目为导向的咨询机构，对人力资源部所推行的报酬、福利、招聘等政策进行价值评估，为高层领导决策提供信息支持。

“部门地位非常牢固，是公司不可或缺的一部分，公司各种会议上都有我们的身影，”比尔说，“不管是在公司内部会议还是外部会议上，我们经常发言，人们也将我们看作是这个领域的专家。然而，公司被另外一家金融机构收购后，发生了翻天覆地的变化。”

并购后，一些与学习和绩效有关的岗位被撤掉了，有些进行了调整。除了负责开发企业层面管理技术的一个小组外，整个学习型组织被打散、合并进了政府业务部。之前由学习团队负责的测评工作继续开展，但是各方面均受到了极大的限制。

当下，企业的学习团队更加关注培训的具体内容、做法和措施。5年前学习团队和高层领导层就探讨过这些问题。“因为以前的领导层和管理层逐渐在新公司走上了重要岗位，”比尔说，“他们往往口口相传，对我们先前在学习和绩效方面取得的成效赞不绝口。”

公司不断进行整合，一体化程度越来越高，不同岗位的员工能够应对这种变化吗？人们之所以对培训和发展感兴趣，正是因为他们有此担忧。为此，现在一些企业正在“从无到有”，努力构建一个业务流程完备的一体化学习型企业。

“他们并不想把评估或评价作为学习的一个附加品，而是想把评估整合，成为企业业务的有机组成部分，从而提高自身的可信度，成为真正的战略伙伴，”比尔说，“他们正在摸索，在新的商业文化下，那样的企业究竟应该是什么样子。

学习型组织的老员工正在帮助新人实现企业并购前的状态。但他们基本上是从头开始，在走回头路，在重复劳动，这不是我想看到的。”

在企业重组中，分析部（不是学习团队的一部分）被完整地保留了下来，不过分析部的工作重点在于人力资源分析和商情分析，而不关注学习发展，也不提供绩效咨询。不过企业好像终于认识到了学习部门在企业发展动荡期的真正价值所在。“我现在所在部门的领导就很认可我们之前所取得的成就，”比尔说，“他们了解的可能不多，但产生了浓厚的兴趣。所以我们对运营指标进行了测试，得到了肯定，但成熟度还有待提高。我很感谢公司，没有他们的支持，我们这个团队不可能在新的工作环境中取得成绩。我们确实觉得取得了一定的进展，也积累了一定的公信力，但前面的路还很长。这是逐渐演变的过程，我的知识水平也一直在提高。”

上面这两个案例有什么共同之处呢？在两种情况下，两家企业的学习型领导都为提高组织效率、团队效率和员工效率，并最终成就一个成熟、高效的企业奠定了基础。两家企业的学习型领导都对标组织目标，制订了现代化策略，采用了现代运营模式，从而提高了企业能力。两家企业都开发、整合了标准化、系统化的评估方法，确保在学习和绩效提高方面的投入能够缩小关键技术差距，并满足相关商业需求。两家企业的学习型领导都获得了一定的公信力，都被视为可以为企业增值的商业伙伴、教练和咨询顾问。两家企业的学习型领导都承担起了统筹管理时间、金钱和资源的责任，从而能够为未来的学员和学习领袖提供庇护（正如沃伦·巴菲特在本章题记中所说的那样）。尽管他们经过艰难打拼，取得了一定的成功，但一旦遇到大规模的机构改革、领导层更替或文化转型，他们业已稳固的根基就会被连根拔起。

▪ 学习如何才能在企业扎根呢

学习型企业如何才能扎根呢？如何能够挺过现代商界的持续震荡，能够屹立不倒并完好无损呢？要知道，在商业动荡时，就算是那些表现最强劲的学习型组织，也不能保持发展势头。英国一家致力于提高绩效的咨询公司的总经理帕特里克·塔加特曾说，这是一个把石头地变成肥沃土地的过程，“我们告诉顾客，要想让学习和绩效落地生根，他们必须提供肥沃的组织环境，在石头上撒种子纯属白费力气”。

所有的学习型组织都容易受到不稳定的“气候条件”的影响，例如，法国酿酒厂用“风土条件”这个术语来形容某个地区特定的地理、地质和气候特征与植物基因之间的相互作用。其核心是一个假设，那就是，栽培葡萄的地域会赋予农产品（例如红酒）这个地域所特有的品质。风土条件，大概可以解释为“地方感”，是指当地环境对产品生产所产生的总体影响。同理，学习策略、过程和实践做法所处的环境会直接影响学习型企业及其产品的品质、完整性和长期价值。组织环境是指组织的文化、愿景、价值观和行为模式。

人们对此各执一词。不过，我们认为，只有当学习和绩效的基础设施或生态系统，包括其内容、做法、过程、策略、技术和工具，都深深地植入组织的文化基因中，再加上一种强烈的“地方感”，那么这个学习型组织才能生根发芽。

▪ 学习型组织是什么？为什么要成为学习型组织

学习是一个机构保持战略优势的源泉，所以，学习可以不断牵引机构发展。在技术快速发展、全球经济日新月异的今天，只有更好、更快地学习，组织才能够更快适应不断增长的对有能力的知识工人的需求。学习是宝贵的财富，有助于驱动创新、提高净收益率、提高服务水平。作家哈里森·欧文认为，一个不能快速、有效学习，从而不断适应环境的组织，有毁灭的危险。“曾经，企业最重要的业务是生产产品，赚取利润。而现在，成长为一个高效的学习型铁军团队，是企业的首要任务，优先级别最高。并不是说产品和利润不重要，而是说如果不持续学习，根本就不可能有产品和利润。”

彼得·圣吉在1990年出版了《第五项修炼》（*The Fifth Discipline*）一书，“学习型组织”这个术语自此被大家所熟知。在学习型组织中，人们不断提升自己的能力，从而实现目标；学习型组织支持新的、拓展性的思维模式；在学习型组织中，大家为了共同的愿望而努力，人们不断摸索如何共同学习。“学习型组织”这个概念可追溯到20世纪40年代，在那时，企业开始意识到，企业本身就有提高组织绩效、增加竞争优势的潜力。到20世纪80年代，壳牌石油开始将组织学习与战略规划关联起来，在对团队合作和团队沟通进行大量实验后，公司得出了以下结论：通过学习，企业可以获得竞争优势。通用电气、诺基亚、太平洋贝尔、本田、约翰逊维尔食品公司也是研究学习型组织的先驱。

“学习型组织”指的就是“什么”，也就是学习型组织的体系、理念和特点。“组织学习”指的是“怎么学”，也就是获取、使用知识的技巧和过程。大多数专家将组织学习视为一个长期过程。他们大多认为，所有组织都在学习，但并不是所有组织都可以被视为学习型组织，例如，一个高效学习型组织能够支持这个组织三个层面的学习——个人层面、团队层面和组织层面，并将这三个层面的学习最大化。在这里，学习不是某些团体或个人所特有的活动，而是一种更高形式的学习能力，是指组织的架构和体系能够支持人们不断获取知识、创造知识，并进行知识转化，而这种学习能力不受地理边界的限制。彼得·圣吉于1990年提出，使用五大“技术模块”来实现上述目标，分别是系统思考、个人掌握、思维模式、共同愿景和团队学习。这几大技术模块共同构成了一个企业利用学习持续发展、振兴的能力。

为了充分理解学习型组织如何使用这些技术模块，我们先来看看高绩效的学习型组织与其他组织的区别。过去10年来，人力资本研究所、德勤的贝新公司以及其他机构，深入研究了学习型组织的特征，以及成功的学习型组织如何利用学习来提高绩效。表0-1根据不同研究结果，列出了高绩效学习型组织的特征。

表0-1　高绩效学习型组织的特征

不是	而是
学习是某些人的事情，是独立、偶发性事件	机构内所有人都在不断学习，每天都在学习
学习旨在推动接受培训的学员间的交流和沟通	学习旨在帮助人们打破界限，建立联系，提高参与度
学习型领导是推动者、把关人	学习型领导是商业战略导师
学习要靠学习型组织强迫	学习是自愿的，员工和经理主动提出并推进
学习型领导评估每个人的学习进展情况和技能学习情况，并进行反馈	学员、经理和同事也经常参与评估其他人的学习进展情况和技能学习情况，并进行反馈
学习型领导不能证明其对企业的贡献	学习型领导能够提供定性、定量数据，证明其对企业发展的影响
学习是独立的职能	学习整合了战略、人才和知识
学习型领导不考虑环境因素，且容易受到环境的影响	学习型领导不断与外部环境互动，并对环境施加影响

推动整个组织培养学习能力，意味着少关注培训，而把更多精力放在能够增加并创造价值的行动上，如制订支持性战略、构建组织结构、提高人员水平、设计项目、开展治理行动等，从而在组织内营造一种学习文化。一个高绩效的学习型铁军团队擅长构建整个组织的能力，从而推动业务增长。

对高绩效学习型组织的调查结果显示，高绩效学习型组织通常在收入增长、市场份额、盈利能力和客户满意度等方面均优于低绩效学习型组织。还有研究报告指出，高绩效学习型组织的战略价值得到高管认可的可能性是低绩效学习型组织的8倍。此外，高绩效学习型组织对标企业整体目标来制订学习与发展计划的可能性是低绩效学习型组织的3倍。

简而言之：

- 大多数组织优先考虑能力培养。能力是指企业擅长且能够取得有商业价值的成果的各种活动。对于大多数公司来说，构建组织能力，如精益运营、项目管理或人才管理的能力，是第一要务。尽管各大公司越来越重视技能培养，然而，很少有高管认为，他们的付出取得了预期成果。高管们表示，学习和人力资源职能部门需要采取更正规的方法、工具和指标来保持并提高能力，以更好地适应不断变化的业务需求。
- 在当代职场，学习是核心能力，也是竞争优势的重要来源。通过学习，组织才可以更好地拓展、强化能力，在复杂动荡的时代蓬勃发展。人才是能源，能够促进组织形成竞争优势；学习是燃料，能够吸引、培养并留住人才。
- 学习只是手段，绩效才是目标。学习和发展可以培养并强化个人能力和组织能力。然而，学习本身还不够，只有培养出全新的能力，然后将能力转化为行动，才能提高绩效。如果学习型组织没有办法评估、定义、开发、激励、测量绩效，那就不能增加可持续价值。

▪ 学习型领导是什么

自从1981年摩托罗拉大学（Motorola University）成立，通用电气公司在20世纪90年代中期任命首位首席学习官以来，学习型领导的定义不断扩大，战略任务不断增加，影响力不断扩展。其中一个原因在于，在知识经济不断发展之际，组织只有靠学习和绩效，才能培养能力，并保持竞争优势。例如，图0–1简单介绍了高绩效、战略学习型领导的情况（根据人才开发协会和宾夕法尼亚大学2006年对首席学习官进行的早期研究结果修改而成）。

图0-1　学习型领导作为业务合作伙伴的简要描述

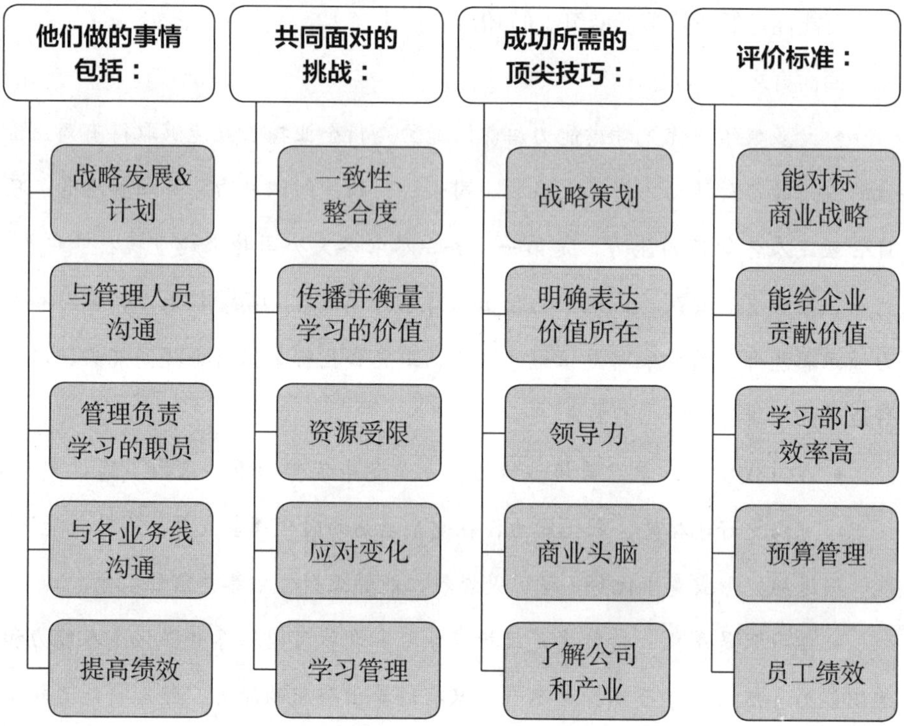

当下，无论有什么头衔，无论身处何种职位，学习型领导、人才管理者和首席学习官的职责主要包括管理人才，培养、指导领导者，领导组织发展，进行文化变革，应对战略性挑战等。当学习型领导成为业务合作伙伴，获得公信力，并能够创造可持续价值时，他们的职责履行得最好。

▪ 什么是可持续性？为什么要追求可持续性

可持续性的意义可能因人而异，经常会引起许多争论。不过，一般来说，可持续是指既满足当代人的需要，又不损害后代人满足其需要的能力（世界环境与发展委员会，1987年提出）。从这个概念可以看出，可持续发展理念是指在面临诸如政治挑战、兼并和收购、资源限制或竞争加剧等挫折时，仍然能够存活、发展并适应的能力。随着时代节奏日益变快，形势日益复杂不明，学习型领导面临着极大的挑战，既要稳固、灵活并可靠，同时又要适应不断变化的业务需求和客户需求。引言里的两个例子就反映了这些挑战。

现在，越来越多的公司通过进行环境管理，与社区保持联系，开展劳动实践或承担社会责任等方式来推动可持续发展，但实际上，这些做法并不新鲜。例如，杜邦公司的可持续发展理念可以追溯到两百多年前该公司生产炸药的时候。其遵循的社会原则很简单，也非常适合时代发展，“别把工人炸死，照顾好城镇”。杜邦公司和整个社会又花了两百年的时间才开始真正关注环境问题。

如今，许多公司将可持续发展视为企业必须实现的目标，可衡量且非常有价值。要实现可持续性发展，不能突破三个底线，即人、地球和利润的底线。以沃尔玛为例，沃尔玛规定，企业须承担三方面的社会责任，包括充分利用可再生能源、零浪费、销售的产品可促进人类和环境的可持续发展。当沃尔玛等公司努力肩负起更多环保、社会和经济责任时，它们更有可能：

- 影响进入市场并扩展市场的速度。
- 推动产品和服务创新。
- 从日益增加的社会投资中获益。
- 吸引人才，因为优秀人才往往希望加入关心员工、关心社会的公司。

总而言之，人们越来越关心公司是否能够承担社会责任，开展可持续的业务。在众多参与者中，高管和一线员工是关键。

■ 对学习型领导的启示

那么，关注社会责任和可持续发展，与学习和绩效有什么关系呢？企业为实现可持续发展所采取的行动会如何影响稳固、高绩效的学习型组织的建立呢？首先，不管是哪个层面想实现可持续性，都需要面向未来，不断践行自己的承诺，具体包括：

可持续性是核心使命的组成部分

创建可持续发展的学习型组织是学习型领导的核心使命之一，因为培养未来领导者和知识型员工的才能对于组织在长短期内取得成功至关重要。例如，千禧一代现在占劳动力的一半以上，他们对工作的期望值很高，希望做有意义的工作，而且希望有不断学习和发展的机会。与此同时，由于技术进步、对技能的需求不断变化，比起十余年前，现在技能贬值速度更快。越来越多的组织正加速能力培养，推动创新。

可持续性是价值主张的组成部分

学习型组织要想积极主动面向未来，提出增加并创造价值的解决方案，而不是只满足于一部分用户群从某些一次性计划中受益，采取能够推动可持续发展的学习行动至关重要。许多专业学习协会、人力资源协会、辅导协会和绩效提高协会都在愿景、使命、道德声明中提到了可持续价值（见图0–2）。这里所说的可持续发展与全球思维方式、全球公民意识和社会责任感相关。学习型领导要敏锐地发现所服务的学习型团体的需求，从而建立自己的信誉和品牌，创造可持续价值。这意味着，学习型领导要努力满足客户、投资方和组织外其他人群的期望，进行长远战略规划。不但自己这样做，而且要帮助高管这样做。高绩效组织的领导认为，与政府官员、合作伙伴、经销商和客户建立联系，有助于他们在全球范围内取得商业成功，有助于他们保持作为尽责的全球公民这一竞争优势。某金融机构的一位学习型领导认为其可持续发展战略重点在于——“为投保人、员工、市场、行业以及国际社会做正确的事情”。

图0-2 协会的价值定位

ATD	创造更美好的世界
ICF	基于指导，建立合作关系，以强化各种社会、经济、教育和治理结构
ISPI	产生更大影响力，作出更大贡献，最终创造一个更美好的宜居世界
SHRM	致力于提供最好服务、创造最高绩效、承担最大社会责任

注：ATD即人才发展协会，ICF即国际辅导协会，ISPI即国际绩效改进协会，SHRM即人力资源管理协会。

可持续发展是一种负责任的业务流程

实现可持续发展，一种常见的主流方法就是精益思维理念。精益思维是指，做生意是个过程，要仔细观察产品或服务整个生命周期内的所有活动，以提高价值链的效率。和学习与发展过程一样，精益思维过程希望：

- 了解每种产品或服务真正的价值和好处。
- 让消费者和客户参与定义什么是价值，包括为满足人们的真实需求所产生的价值。
- 把不能增加价值的活动砍掉，从而最大限度地减少浪费和资源消耗。
- 不断检查、审视各个改进阶段所产生的价值。

为了增加价值，学习型领导可以使用精益思维的原则，审视其学习与发展流程的整合程度，确定其是否已成为可持续的业务流程。

可持续发展是一种负责任的商业行为

可持续的商业行为必须负责任地使用人力、财力和物力，以便能够满足多个利益相关者的社会（人员）、环境（组织的、环境的）和经济（生产力、利润）需求。保持平衡，意味着在追求利益、追求影响力的同时，要通过仆人式领导和仆人式管理，维护大众利益，这些追求必须无缝衔接。管理工作的核心原则可进行简化，如图0-3所示。遵循这些原则，意味着把学习功能视为为组织增加可持续价值的工具，并把组织作为为全社会增加可持续价值的工具。遵循这些管理原则可被视为是另一种形式的价值管理，而价值管理正是大多数学习型组织的首要目标，也是许多人力资源专家优先考虑的事情。

图0-3　管理原则

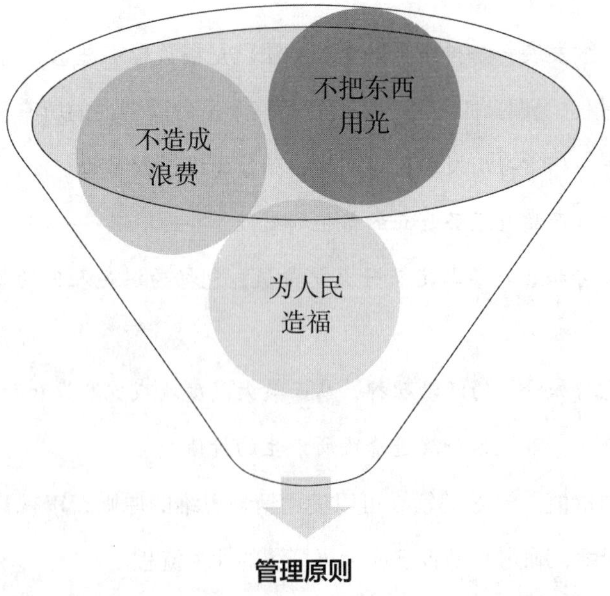

可持续性对于组织学习至关重要

组织学习不是固定不变的商业目标，也不是个单一事件，而是个构建可以无论在短期还是长期内不断推动业务增长的关键能力的过程，永无止境。培养未来发展所需的能力，就要根据不断变化的需求，不断提高技术，而这一点，只有成熟、稳定和可持续的学习型企业才能做到。例如，全球技术解决方案公司高知特公司（Cognizant）制订了自适应的学习战略，致力于培养组织各个层面推动商业发展的能力，从而满足不断发展的增长需求。这是学习与发展需要实现的新功能，他们必须不断改进、转变并调整学习策略和模型，才能实现不断变化的目标，并满足新出现的业务需求。

一般来说，可持续学习型组织通过以下方式增加并创造组织价值：

- 积极主动，面向未来。
- 应对现在及以后在参与度、人才保留和能力发展方面所面临的挑战。
- 致力于提高组织能力和团队能力，以提高绩效，推动业务增长。
- 负责创造战略价值并优化结果。
- 能够高效、有效地管理资源，并能够创新资源管理。
- 能够采取系统、协同、负责任的学习方法和绩效策略。
- 擅长建立自适应的学习模型，不断拓展组织能力。
- 采取为社会造福的商业行为。

▪ 当下的学习现状

如今的学习型组织必须能够大力改革战略、流程和实践做法，帮助组织随时领导、管理、培养并激励人们。学习型组织要实现的一个关键目标，就是要提高参与度和员工保留率，对于千禧一代尤为如此，因为到2020年，千禧一代预计将占到劳动力的50%。许多公司认为，首先要培养有能力推动文化变革的领导。然而，许多组织培养领导的速度不够，跟不上变化的步伐，满足不了业务需求（图0–4）。

图0–4 快速参考

70%	19%	17%
70%以上的组织认为能力差距是组织面临的五大挑战之一	只有19%的高绩效组织自认为能够有效预测人才短缺，并解决问题	17%的高管认为组织的领导层能够实现其重点战略

领导力发展面临着巨大挑战，这是因为人们对新技术和创新学习模式的需求不断增加，这些模式并不是单纯的学习活动，而是能够提供深受人们喜欢的点对点的学习体验。简而言之，高管对学习型领导的期望更高，希望他们能提高参与度、管理人才短缺，并弥补在领导力发展方面存在的差距。企业高管始终把学习、发展以及人才管理视为组织发展和竞争优势的关键要素。虽然学习型领导大多很清楚自己在建立一个高绩效、吸引人的工作场所方面应该发挥什么作用，但许多人仍未做好迎接挑战的准备。看看下面这些事实。

- 占很高比例的首席学习官表示，他们缺乏“结构化流程”来制订与业务目标一致的学习策略。
- 只有34%的顶级公司表示，他们可以高效培养领导者；事实上，他们培养领导的能力越来越差。
- 超过一半的学习专家认为，在经济动荡期间，其学习和发展职能不能快速应对业务需求变化。
- 不到8%的人力资源领导表示，对团队执行战略并产生业务影响的能力有信心。
- 占很高比例的首席执行官和董事会成员依然把培训视为最没有战略价值的业务职能。

尽管现在高绩效、可持续的学习文化不算少见，但当下许多学习型组织都陷入了困境，需要大幅度转变自己的商业定位和商业洞察力。像经营企业一样开展培训，后续研究表明，采用这个理念的学习型组织仍然很少。大多数培训都是临时的、分散的、战术性的，而且大多数组织对学习投资管理不善。这就引发了下面这些问题。

- 如果学习型组织不能成为别人信赖的战略业务合作伙伴，那么它们如何能将学习定位为商业战略的关键驱动因素呢？
- 如果学习型组织人才库的关键能力不足，又怎能发展并吸引人才呢？
- 如果学习型组织没能建立自适应的学习模型，并证明自身具有应变能力，又如何能够帮助领导者预测不断变化的挑战，并及时应对呢？
- 如果学习职能的基础尚不完善，那么学习型领导如何创建适应性强、目标明确、可持续、有价值的学习型组织呢？

要考虑哪些能力差距会妨碍学习型组织目标的实现，哪些能力差距会妨碍学习型组织的适应性。在尝试以学习推动商业战略的实现，并产生可靠、持久的效果时，你遇到过哪些障碍？

▪ 努力面前

人口、技术和全球剧变，持续影响着商界发展，学习型领导更需要塑造未来，吸引人才，在日益复杂的商业环境中获利。为了生存和发展，学习型领导必须减少对固定不变的个体培训的投入，而要更加关注培养整个组织的能力，以平衡当下的业务需求和未来发展需求。这就意味着，要更仔细地了解哪些能力会真正影响业务绩效，并对计划和服务做相应调整。这也意味着，要主动审视组织学习策略，确保学习策略可以增加可持续价值，而不是靠一次性解决方案来创造价值。考虑一下你所在的学习型组织是否满足增加可持续价值的标准。

在第一章，我们将重点介绍建立并维持目标明确、适应性强的学习型组织经常会遇到的障碍，并将介绍已经经过验证的7项修炼。在接下来的几章，我们将一一介绍改革型学习型领导如何利用这些修炼做法来改变学习型组织的可信度、成熟度和持续价值。

第一章

在变革中进行学习管理

楼盖得越高，地基就必须打得越深。

——托马斯·肯皮斯，荷兰十三世纪牧师、作家

本章要点

- 建立并维持高绩效学习型组织所面对的挑战
- 建立并维持高绩效学习型组织的7项修炼

面对人才和技能方面的差距，大多数首席执行官觉得自己有必要构建起由绩效驱动的企业文化，以便于培养后备力量，提高执行力，做出成绩，并快速创新产品和服务。管理人员们明白，要持续产出成果，保证绩效，必须要靠敬业能干的人才。所以，有一半的商业领袖将能力培养列入重点工作的前三位，这很正常。随着人才之争加剧，商业环境日益复杂，大家对学习和发展的关注度不断增加。最善于培养能力的组织往往比其他组织更加重视长期保持组织的能力，并将学习与关键绩效目标关联起来。那些成熟的、有复原能力的学习型组织最有潜力培养持久的能力。

可是建立一个具备完善基础架构和组织架构的高绩效学习型组织，绝非易

事，而维持这样的组织则更加困难，即便环境特别有利也不例外。引言中所举的两个例子印证了这一点。雪上加霜的是，当今世界极其多变，充满不确定性，这已经成为社会新常态。每过8周时间（或周期稍长一些），四分之一的组织就要经历重大变革。

简单来说，身处当今社会，学习型领导必须在变革中进行学习管理。他们必须在保证核心功能完整的前提下，随着需求和环境的变化，或调整，或重构、或改造学习战略。学习型领导大多已经清晰地认识到，人才管理方法和能力发展方法必须面向未来，以结果为导向，而且必须灵活机动。然而许多学习型领导准备不够充分，也没有足够的能力获得高层领导的信任和信心，无法让学习成为组织的核心战略。例如，很多执行官认为缺乏有效的方法进行能力评估、识别技能差距，而这两项工作对于能力培养不可或缺。

当公司最需要的能力已经发展变化的时候，培养这些能力的方法却没有与时俱进，那么，问题出在哪里呢?

▪ 常见的弯路和障碍

为了培养可持续的能力，那些最成功的学习型组织在制定发展学习战略和绩效策略时，不仅要考虑组织业务，它们把学习也当成了一种业务。很多学习型领导在实现可持续学习的过程中很难胜任业务合作伙伴的角色，常见的弯路和障碍包括战略重点有误、缺乏一致性、执行有误、评估有误、未能跟上变革的速度、未能创新。

战略重点有误

许多首席执行官说，在他们的组织中，学习策略与绩效不挂钩，绩效和成效不挂钩。一旦出现这种情况，学习职能的战略重点就不明确，而且没法对关键的绩效需求作出反应。事实证明，与低绩效组织相比，高绩效组织的战略很清晰，与绩效指标匹配度高。事实上，高绩效组织与低绩效组织之间最大的差别在于其绩效指标与组织战略的关联度。

例如，美国康尼格拉食品公司（ConAgra）会不断更新学习策略，以保证学习策略与公司在留住员工、发展及创新方面的战略重点保持一致。为稳固学习型领导作为战略伙伴的地位，康尼格拉食品公司的高级人力资源总监珍妮·里德建议他们按照“业务第一、职能第二”的思维模式行事，只要开口就不离“推动业务”。具体来说，就是转移学习策略的重点，以前重在为每个人制定以课程为中心的发展战略，现在重在塑造整体学习能力，使得学习成为日常工作的一部分。

缺乏一致性

马尔斯巧克力公司（Mars）的前首席学习官安德烈·马丁提出，“当领导密切关注学习时”，学习就和业务保持一致性。一旦对标，学习策略就有助于制定相关的绩效要求，并影响学习效果和绩效成果的确定、交付及评估。学习与业务一致性较高的组织比那些一致性较低的组织表现得更好。

学习型领导似乎明白保持一致的重要性，但很少有组织会定期评估学习方案是否和商业影响力保持一致。此外，也很少有组织把学习和其他人才管理体系全面系统地整合起来。

当下变化节奏快，企业战略不断变化，使得学习和企业战略保持一致变得更加复杂。此外，许多组织仍然不知道该如何使用从学习管理系统中获取的数据，这进一步弱化了学习工具和学习技巧与文化适合度、功能及组织相关性的一致性。简而言之，组织未能创造长期或短期价值，缺乏一致性是最常见的原因之一。保持学习策略、学习工具和学习过程与业务重心的一致性，是学习型领导工作的重心，也是可持续的成熟学习型组织的核心所在。

执行有误

就算战略保持了一致性，在执行过程中也并一定能保持一致。就算学习和商业战略一致，在将战略付诸实施时，经常会碰到下面这些障碍——计划停滞不前、各派系争夺地盘、没有抓住机会、很多重要工作没有做完。高达三分之二的大型组织在战略执行中会遇到重重困难，其中最大的一个障碍就是跨部门协调不畅。

例如，绝大多数公司在需要同级别的部门相互配合完成一项工作时，缺乏清晰的协调流程和组织，如跨部门委员会、项目综合管理办公室。就算有些公司正式建立了缜密的协调系统，只有少数管理者认为那些流程一直运转良好，或在大部分时间里运转良好。所以，在执行学习战略时，执行过程无序，执行乏力，使得学习型领导更难获得领导的信任和支持，而这一点最终将影响实施效果。

缺乏灵活性是另一个主要障碍。不能快速适应环境变化的组织在未来连生存都很难。即便那些现在能够适应不断变化的商业需求的组织，也预见到自己在未来会遇到重重困难，不是在新的机会面前行动太慢，就是没法应对新出现的威胁。

不论学习战略与企业战略有多么一致，学习型组织必须要能够协调各部门执行战略、进行绩效管理，并灵活适应不断变化的需求，这样才能实现可持续发展。

评估有误

2014年，各个组织在每位员工的学习上的投入平均为1229美元，然而，投资只有一小部分创造了真正的价值，能够真正体现在生产力、成本、质量和时间等关键指标上。根据2015年进行的一项研究，只有十分之三的组织在实施了各种学习和发展计划后，员工的生产力和参与度得到提高，只有十分之四的组织在进行培训后，效率得到提高。绝大多数学习型领导认为所在组织需要强化评估战略和实践，但很多领导太过于关注学习本身，而不注重学习是否有助于改善绩效，所以他们没能让学习和商业战略保持一致，也没能让学习持续下去。事实上，人们认为，人才发展最重要的一个内容是把学习和绩效关联起来，然而，只有21%的学习型领导会评估学习是否对工作有用。

大数据的概念使情况更加复杂，因为大数据的存在，人们不停地在问这两个问题：究竟该评估什么？该如何利用评估结果？学习型领导和首席执行官们对于基于实证的成功标准产生了更高的期待，所以对目前采用的评估方法更加不满。因此，从负责评估和分析的部门挖掘学习数据对于整体战略制定极其关键，但学习部门和人力资源部门很少具备分析能力。人们认为，人员分析是学习和人力资源部门当下最大的能力缺陷之一。

影响力评估往往和组织的效益和持久性、企业学习文化、市场表现等高度相关。评估学习和绩效影响力的措施和方法是构建一个可持续学习型组织的关键推动者。就算学习战略和商业战略完全一致，策略的执行也完美无缺，但如果缺乏可靠的流程和做法，不能把这些战略的有形价值和无形价值传达给主要股东和投资者，那么这个学习型组织也不可能持久。

未能跟上变革的速度

公司需要快速适应商业环境，学习型组织则需要具备应对变化的能力，能够及时适应变化。和其他组织一样，如果没有这样的能力，在组织变化、社会动荡甚至是新机会来临时，学习型组织特别容易受到威胁。事实上，人们通常认为，是否能够适应不可预测的变化是区分高绩效组织和低绩效组织的关键因素。尽管市场上不乏与变革管理相关的著作，但应对变化仍然是很多领导的难点。只有少数商业领导（17%）认为其组织能有效管理变革。面对爆炸性的变革，学习型领导面临极大的压力，既要保证核心学习功能的完整性，又得帮助组织应对变革。

很简单，不能适应变革的学习型组织不可能持久。应对变革的能力和恢复能力是学习型组织可持续的关键推动力。

未能创新

所有行业要想持续创造价值，持续增长，就要靠创新来驱动，学习型企业也不例外。几乎所有高绩效组织都认为，创新对组织成功“极其”或“非常”重要。对于执行官们来说，“加快创新步伐”是目前最紧迫的一个工作重点，基本上和传统的工作重点，如提高收益率、扩大市场份额等一致。然而绝大多数组织缺乏能够促进领导力发展和业务增长创新的策略或体系。

此外，很大一部分的学习型组织跟不上学习方法的创新速度，不会应用微学习、游戏化学习、社交学习这些创新学习方法，而这些方法可以对员工的敬业程度和组织绩效产生极其重要的影响。很多学习型组织认为自己准备不足，不会应用现代技术；也有很多学习型组织没有认识到未来人们对学习的需求会有变化。尽管需求不断变化，但许多执行官抱怨说，他们的学习型组织不肯创新，既不肯用体验式的方法，也不肯利用无风险的环境，而还在一味地使用4年前的老方法来促进学习、塑造能力。如果推动学习的做法和当下学习者、工作场所或世界的需求不符的话，学习型领导根本没法激发商业创新。相关度高、恢复力强的学习战略必须关注双重目标，即最优绩效和持续创新。从很多方面来说，持续创新只是另一种形式的持续学习。

面对上述挑战，成熟的学习型组织应该如何证明其价值和相关性呢？

▪ 可持续学习型组织的7项修炼

一个可持续学习型组织会不断面临新的挑战，所以必须不断迎接挑战，而且根本不存在应急方法、灵丹妙药或者任何捷径。卓越的学习型领导们强调，学习和发展过程的成熟需要投入时间和精力，而且需要长期专注于此。和其他行为改变过程一样，提高效率要靠有意义的实践。通过不断实践和重复，这些行为模式最终成为一种能力。学习型组织致力于激发、培养能力，但如果没有各种能力作为坚实的基础，从而在长期、短期内创造价值，那么学习型组织就无法做到这一点。

为此，我们对数百位成功维持成熟的学习型组织长达5年以上的学习型领导进行了深度访谈和研究，总结出了7项修炼，说明可持续学习型组织应该具备的核心能力（见图1-1）。后续章节将一一详述每一项修炼，并举一些例子，说明学习型领导是如何在其组织中推行精益流程的。

图1-1　7项修炼

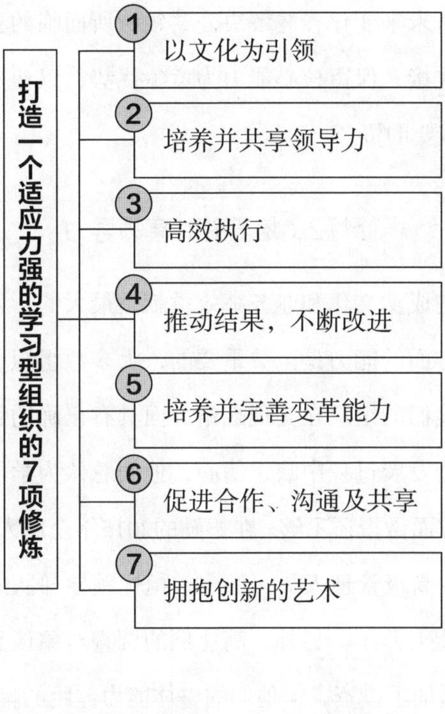

修炼1：以文化为引领

当今全球化的市场中，健康的企业文化是唯一可持续的竞争优势，也是保证员工队伍的高参与度和绩效表现最有利的途径。员工想要一个有助于持续学习和成长的环境，如果企业没有提供这样的环境，员工就会离开。在收入增长、盈利能力、市场份额及顾客满意度方面表现好的组织，其学习文化往往很健康。以金宝汤公司（Campbell Soup Company）为例。2001年，该公司在全球主要食品公司中表现最差，股票跌得厉害。公司的前总裁、首席执行官道格·科南特称，在他接管公司的时候，企业文化简直"有毒"。他最终带领公司在业绩和员工敬业度方面重返世界一流。在此过程中，科南特营造了这样的企业文化：鼓励员工为公司做贡献，帮助员工把个人发展与公司战略和发展方向联系起来，鼓励领导层学会倾听和学习，拥抱变革。

第三章描述了田纳西州人力资源部所构建的可持续的、基于绩效的学习文化，使员工能够应对未来变化，并解决公共领域所面临的独特的人才挑战。通过不断强调构建、连接、保留核心能力为竞争优势，以业务为中心的学习文化或许是一个公司最重要的资产。

修炼2：培养并共享领导力

领导力对公司的成功文化和业务绩效贡献是最大的。发展领导力对于驱动战略、创新、变革方面的能力是至关重要的，大多数组织十分了解这一点，但很少有执行者确信他们的组织在实现战略方面具有正确的领导力。许多首席执行官在现有的领导力发展过程中缺乏信心，他们总认为学习专家们在构建人才及领导力后备力量方面做得还不够。在德勤的2015年全球人力资本趋势报告中，86%的受访者，包括高级管理人员，都非常担忧领导梯队的建设，并认为领导力有着"惊人的"能力差距。另外，高比例的调查对象谈到，过去的一年尽管在领导力发展方面增加了投资，但他们的整体能力差距的幅度还在增长。

对于一个学习型企业的成功和长期价值的判断，越来越取决于它在保留、发展和吸引领导者方面做得有多好。事实上，员工的公司文化体验将极大地依赖于管理者，因此打磨管理者的领导风格是事业成功的关键要素。

可持续的学习型组织认识到领导力的培养发展不是一连串的一次性的、临时的事件。

第四章描述了一个模范的执行者在其高层管理团队中如何发展领导力，来构建继承梯队及可持续的领导力遗产。

修炼3：高效执行

杰克·韦尔奇将“执行天赋”作为有效领导者的一个基本特征。在实践中，执行天赋不仅是正确的人做正确的事，还要知道如何用正确的方法做事。它是指能够抓住与战略一致的机会，同时与组织的其他部门进行持续的协调。执行不力削减了学习型组织近期及未来增值的潜力。

合理健全的执行的因素包括：

- 规范的、数据驱动方法的持续使用。
- 围绕共同愿景的交流。
- 岗位明晰及问责制。
- 技能培养及绩效保障。
- 清楚测量的目标。
- 明确的治理过程。

第五章描述了一家大型家装公司的学习总监如何通过企业学习策略加强执行效果、提升岗位职责。

修炼4：推动结果，不断改进

可持续的、高绩效的学习型组织不仅围绕重要的业务指标，并且持续监控学习的影响力来确定行动是否达到了目标并增值。例如，国防采办大学（Defense Acquisition University）多次获奖的学习型铁军团队，是美国国防部采购团队的教育部门，定期测量其基于绩效的学习策略的成功。该团队通过联网的、实时绩效测评系统追踪，指标包括组织能力、客户满意度、市场反应速度、个人生产率。其结果用于寻找改进机会。

持续、规范地使用指标是持续塑造能力的先决条件。牢靠的测量方法强化学习计划的战略一致性，有助于将学习型组织定位为增值模式，并促使学习型领导与高层管理者有同样的话语权。同时，高管们日益关注指标，他们认为缺乏可靠指标是公司能力塑造时面临的最大挑战。

第六章描述了美国飞安国际公司（FlightSafety International）的学习型领导如何应用综合测量实践来测评关键任务学习策略的影响力。

修炼5：培养并完善变革能力

当今动荡的商业格局，加上在日益复杂的情况下维持高绩效所需的知识量，需要来自组织、领导者、专业人才管理者的复杂的学习能力和不断发展的变革能力。在任何努力中，区分胜利者和失败者的关键在于迅速恢复的能力。如果组织和雇员不学会变通及从变化的环境中迅速恢复，他们将会失败。在普华永道调查中上述事实使得79%的首席执行官谈到，他们试图在如何在变革中管理人方面不断关注和增加投入。

变革位于每一个学习和绩效提升策略的中心，人才发展用于推动组织的变革，当今的学习型领导扮演了变革代理的重要角色。发展贯穿整个组织的对变革有准备的员工网络，不仅能满足能力的挑战，还能促进业务绩效。最终，塑造变革能力不只是变得更加灵活或敏捷，还是塑造未来并帮助组织创造它们乐见的变革。

第七章描述了美国军队的学习型领导通过建立在规则和制度弹性实践上的学习型组织，创造一个敏捷的、对变革有准备的军官体系。

修炼6：促进合作、沟通及共享

在当今的知识经济时代，每一天知识的半衰期都在逐渐缩短，组织需要坚固的网络，从而使快速和免费的信息跨过界限流动。当前的工作需要来自不同单位及监管级别的人们更多的合作。通常来讲，随着工作不断的民主化，领导力变得更加扁平化。

如果执行得当，强调协作、联系和社交学习的学习策略可以带来更多的创新和更好的参与。工作日公司（Workday），被连续评为海湾地区大公司中的最佳工作场所。一个支持的、合作的环境是其成功的关键。雇员们分散在美国及全球，使用WebEx，Skype，Google Docs及Slack等技术来链接分享对项目及目标的见解。提供对简单知识共享的有意义的链接，推动了学习型组织的相关性和持续价值。当个人与一个共享的目标相关联时，他们将更加受到激励，更加团结，并感觉自己是对团队、公司和社会有所贡献的一员。技术是重要的，但社会因素将永远是任何可持续学习文化成功的一个主要因素。

第八章描述了集体行动、团队理念、共享目标如何促进南密西西比大学的一个成熟的学习型组织的成长。

修炼7：拥抱创新的艺术

在一个不断被颠覆的世界里，每一个转折点都需要创新，高绩效的组织认为创新对它们的成功非常重要。高管们在推动更多的创新，不仅在领导者之中，还跨越了所有的组织层级，并且将学习作为促进增长的前瞻性思考方法的催化剂。为了促进创新和奖励创造性，高绩效铁军团队倡导乐于冒险、激发灵感、从失败中学习的文化。

学习型领导对于在组织中促进创新起到了关键作用。传统的学习方法和组织架构不足以保持竞争力，使可持续学习型组织与众不同的是它们致力于不断创新。可持续学习型组织将创新作为关键的胜任力，并在积极展望未来、了解趋势及利用时机方面具有规范的策略及系统。

第九章举例说明了美国加利福尼亚州的蓝盾公司（Blue shield）的学习型领导如何冒着风险从失败中学习，以及如何在增长的组织绩效的保障下接受创新的学习模式及方法。

▪ 7项修炼价值何在

对7项修炼完整的应用，能够帮助学习型组织获得作为一个以业务为中心、聚焦未来的精益过程的牵引力。当每一项修炼具有独立的价值时，对这些修炼集中地、持续地应用就变成推动长期价值创造所需的能力（见图1–2）。这里，每项修炼与其他修炼串联实施时，它所附加的直接价值就产生了乘法效应。

▪ 小结

第二章更加深入地论述了可持续学习型组织的概念，并提供了将可持续性视为进化成长周期的架构。第三章至第九章详细地探究了7项修炼中的每一项修炼，并描述了公共或私营部门不同的学习型领导如何应用实践，促进可持续发展的行动。你将向那些和你一样热爱学习的人学习，从中得到启发。第十章提供了全书的概括，对工具的回顾，结尾提出行动倡议，鼓励你将所学应用于实践。附录二中提供了每项修炼的自我评估，由此你和你的团队能够将现有的努力与所推荐的最好修炼进行比对。

图1-2　7项修炼价值链

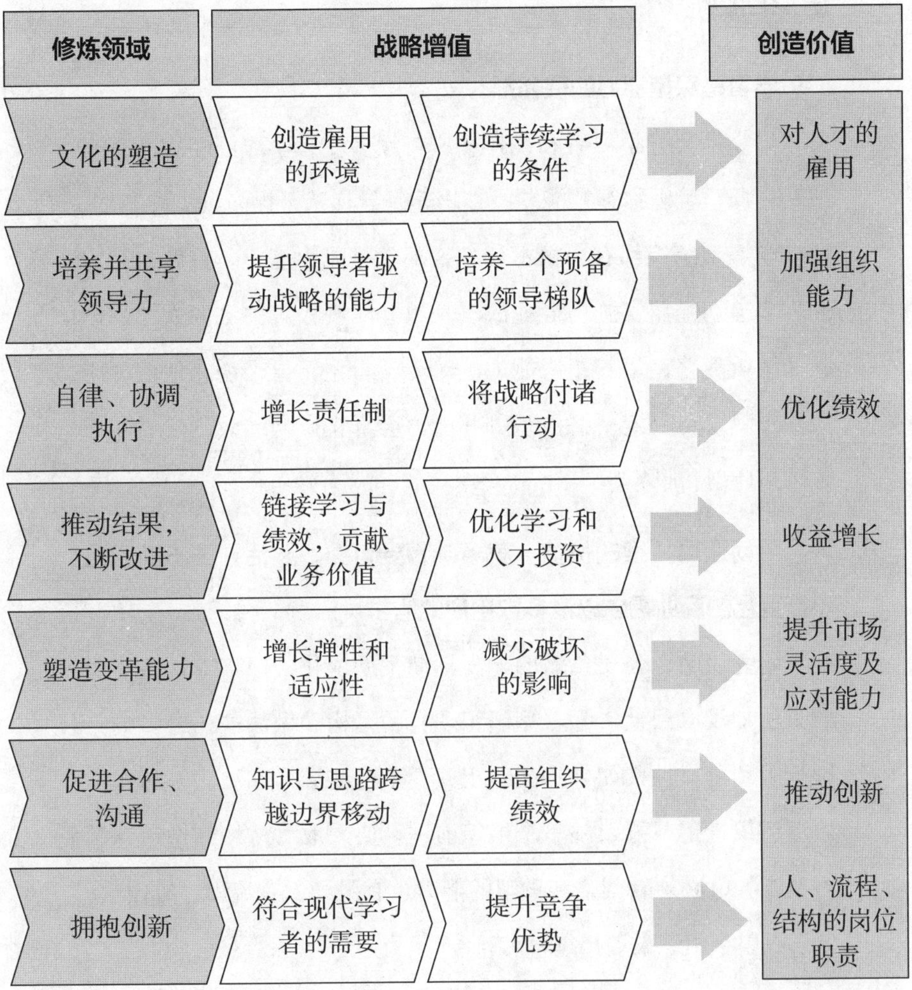
修炼领域
战略增值
创造价值
文化的塑造
创造雇用的环境
创造持续学习的条件
对人才的雇用
培养并共享领导力
提升领导者驱动战略的能力
培养一个预备的领导梯队
加强组织能力
自律、协调执行
增长责任制
将战略付诸行动
优化绩效
推动结果，不断改进
链接学习与绩效，贡献业务价值
优化学习和人才投资
收益增长
塑造变革能力
增长弹性和适应性
减少破坏的影响
提升市场灵活度及应对能力
促进合作、沟通
知识与思路跨越边界移动
提高组织绩效
推动创新
拥抱创新
符合现代学习者的需要
提升竞争优势
人、流程、结构的岗位职责

重点回顾

学习是保持能力的催化剂。

当今社会，学习者和工作场所持续多变，学习已经成为一个战略杠杆，可以弥补技能差距，培养领导梯队，提高员工参与度。所有学习型组织都有个根本任务，那就是能力培养。首席执行官们大多迫切需要实施与商业战略一致并对其极其关键的人才、创新和绩效战略，培养组织能力。对于学习型领导来说，他们更应该深思熟虑，一定要搞清楚哪些能力会真正影响绩效，然后相应地调整计划和服务。

要创造可持续的价值，就意味着要可靠、灵活，要不断回应不断变化的商业需求以及多数用户的需求。

研究表明，公司急需的能力不断发展变化，但培养这些能力的方法却没有跟上。学习型组织现有的结构和做法往往会影响其影响力和可靠性，如果不能纠正并变革这些结构和做法，那么学习型组织肯定不能引领整个组织前进。要采取可持续的做法，学习型领导就必须有调整和重塑的能力，有眼光，有流程，有做法，能够在整个组织推动持续学习。

建立一个能够增值、高绩效的学习型组织不易，维持团队则更难。

团队越来越关注构建并维护企业文化，持续提供容易获得的创新学习体验，以促进能力发展，提高员工参与度，推动创新。

为了生存与发展，学习型领导必须更加注重培养整个团队的能力，以提高适应能力，而不能只注重个人培训。有了合适的能力、洞察力和实践做法，学习型领导的目的性更强，适应性更强，并且能够在混乱的环境中持续创造更大的价值。对于可持续学习型组织来说，目标是从个人学习转化为团队学习，其中，持续变革、创新和转变是关键。

转变是一个由内而外的过程。

在转变过程中，只关注流程、实践和绩效还不够。学习型领导可以从像经营生意一样经营学习开始。这意味着要不断增长才干，要培养出作为人才培养者、变革推手和战略顾问所需要的能力和思维模式。

第二章
学习型组织的可持续发展周期

> 伟大的事情是靠做好一件件小事而完成的。
>
> ——文森特·梵高

本章要点

- 可持续周期的各个阶段以及成熟度的各个阶段
- 可持续为何是个改变和变革的过程
- 如何判断并评估所在学习组织的成熟度
- 如何让可持续组织更成熟
- 可持续学习型组织的特征
- 如何区别可持续学习型组织

美国汽车协会联合服务银行（USAA），一家集银行、保险等产品和服务于一体的全能型金融服务公司，每次推出新产品、新服务或重新设计组织工作流程时，总能看到人才发展部的身影。在美国汽车协会联合服务银行，人才发展部是公司制定发展战略并实现其战略目标的关键部门，是公司的铁军团队。

希尔顿大学（Hilton Worldwide University）的每项培训计划都可持续，可以不断衡量培训与绩效之间的关系。希尔顿大学使用第三方分析系统进行数据分析，反映学习效果、业绩和投资回报率，此类数据堪称一流。各个卓越中心的学习与发展（L&D）记分卡与整个公司通用的人力资源仪表板结合使用。

印度威普罗公司（Wipro）是一家全球性的信息技术、咨询和外包公司，公司首席执行官和学习与发展部的负责人共同确立人才发展方向。这家公司的6个业务部门和4个服务项目设立了胜任力小组，小组的负责人直接向学习与发展部的负责人汇报。IT市场瞬息万变，为了确保经营策略和学习策略跟得上市场变化，他们专门制定了人才发展计划，为员工提供“持续适应”“持续再培训”“再学习”等培训。参加培训后，员工们更加灵活，在应对不同技术领域的2500多个客户项目时，表现得更出色。

这些学习型铁军团队都曾因其出色表现而获奖，它们有什么共同之处呢？这几个团队在人才发展和员工学习方面的做法都实现了以学习提高绩效的目标。这几个团队都达到了一定程度的连续性，流程也达到了一定的成熟度。而只有当学习型领导能够不断适应多变的环境，不断抓住机遇，并推动人才培养和业务发展时，才能够做到这一点。

大多数学习型领导也想像上面那几个公司一样实现类似的目标，既能帮助公司确定战略方向，又能以学习提高绩效，并持续不断地营造出持续学习的企业文化。毕竟，在短期内实现绩效目标是一回事，有决心、有动力推动持续学习，使学习融入组织的基因，又是另一回事。靠一个计划、一个倡议根本就不能实现，别指望一夜之间就达到那样的连续性和持续性水平。根据成功人士的看法，企业必须慢慢地、不断地成长，要想实现转型、持续改进，要一小步一小步，慢慢地改进，而不可能翻天覆地、一蹴而就。持续改进之所以对学习型组织如此重要，是因为：

- 学习策略、学习产品和学习服务会在更短的时间内变得陈旧或过时。
- 员工的技能和知识的贬值速度比以往任何时候都要快。

- 学习不再由学习型领导“发起”；员工越来越需要对自身发展负责，而且除了通过学习，他们可以通过多种方式获得信息。

- 经营越来越容易受到干扰，在这种情况下，学习策略更容易受到干扰，并脱离预设的轨道。

- 需要收集、整合改进措施，为决策提供信息，进行必要的调整，并促进行动计划的实施。如果缺乏改进措施，需要通过调查发现。

- 如果不能持续改进和创新，学习就失去了竞争优势，也就无法靠学习来改进经营策略、提高公司绩效。

所以，一个学习型组织中的人员、产品、服务和流程必须要不断更新、变革，才能在不断变化的商业浪潮中立于不败之地。

▪ 变革和可持续周期

首席执行官们都知道，要想培养高素质、积极性高的员工，保持竞争优势，必须依赖强有力的学习管理和人才管理。然而，尽管全球范围内投入了高达500亿美元来培养领导者，很多管理人员仍旧表示，他们对其所在机构的人才培养结果不满意，认为候补力量的培养力度不足，一线领导能力的提高力度不足，也认为学习型组织选择、更换领导层的制度并不能提高领导质量。当下，学习型领导必须具备的能力与他们所表现出来的能力之间存在着巨大的差距，导致许多高管呼吁，对学习型组织进行彻底改革。按照目前学习和发展的现状，不能满足当下人们对学习的期待，导致连克拉克·奎因和珍妮·哈特这些受人尊敬的学习大师也要求进行一场学习“革命”。

对于学习型领导来说，可能需要做出如下转变：

- 重新设计学习和发展的职能。
- 调整职场培训和人才发展战略。
- 改变构思、设计、交付、评估学习发展项目或绩效改进项目的老习惯。

- 重新定义任务和责任，将重点放在业务或成果上。
- 鼓励高管、经理和员工参与学习，获得他们的支持。
- 整合技术，提供更多混合式解决方案和社会化学习解决方案。
- 不要做学习的守门人，而要做学习的推动者。
- 使用先进的手段，如数据分析，来分析学习效果。

值得注意的是，上述变化代表了一个变革过程，远不只是通过各种方式来提高效率那么简单。真正的转型在于建立、保持一个更具创新性、适应性更强、恢复能力更强的学习型组织，然后扩大其影响，以更有效的方式影响更多人。然而，如果基础不牢，一旦扩展得太快，学习职能就会举步维艰，甚至瘫痪。这就像是修大楼，基础越牢固，大楼就越牢固。

一般来说，要想打下牢固的基础，达到更高水平的稳定性、相关性，创造可持续的价值，必须一小步一小步慢慢来。这些演化阶段通常被比作成熟度水平，随着成熟度水平的提高，过程或做法通常从临时的、混乱的状态发展变化为有序的、可预测的、有可持续成果的状态。随着学习型组织从上一个阶段进入下一个阶段，其业务一致性、业务影响力、学习能力和绩效以及整体效率都会提高。学习实践和流程要想获得更可持续、更重大的影响力，就要不断发展进步，而这就需要学习职能和业务不断发展进步。在每个演化变革阶段，学习型领导最重要的工作就是找到一套新的组织流程，为下一个成长期打下基础。

建立一体化、可持续的学习型组织，根本在于文化变革，就是从陈旧的基于活动的学习转变为以结果为导向的可持续学习，这种新型的学习方式无疑成为组织基因的一部分。要知道，可持续发展是整体变化的过程，所以在整个变化周期中，各个阶段既反映了整个组织的变革，也反映了学习与发展过程的成熟度。

本书关注的重点是学习型组织的整体能力和成熟度。发展过程的成熟度较高，并不是指创建了一个能把某件事情做好的系统，而是指创建了一个灵活的系统，可以满足发展过程中不断变化的各种需求。所以，在本书中，我们认为可持续性就像一个广角镜头，可用于检验学习型组织（或生态系统）作为一个整体的持久性和长远的商业价值——战略、服务、流程、做法、计划、员工和成果，而不是单个项目、计划或倡议所取得的成果或战略价值。

如图2-1所示，在变化过程中，有些发展阶段可以提前预测。实践证明，所有行业的所有组织都存在可持续周期，这与组织类型和规模没有关系，不过不同组织在各个阶段的复杂度和存续时间不同。根据对数百名学习型领导的研究和访谈，图2-2从学习型组织的流程、人员和结构三个方面展示了每个阶段的本质特征。

图2-1　学习型组织的可持续周期

图2-2　可持续发展阶段及其特点

	初始阶段（识别）	监管阶段（抗拒）	确定阶段（更新）	优化阶段（改进）
流程	临时的，应对性的	不一定能够满足新兴的需求	学习可用于满足业务需求	学习是商业战略的组成部分
流程	不能确定学习的作用	对学习效果的监测时有时无	定性、定量测量学习的有效性	绩效和影响力是制订决策的一个依据
流程	没有运行标准、流程和做法	只限于适度的质量控制	建立了质量控制流程	质量控制和管理流程内嵌在学习中
流程	主要是课堂教学	大多在教室，采用一些电子学习	混合式学习工具和资源/社会化学习工具和资源	在工作过程中，需要不断学习
人员	学习型领导提供解决方案	学习型领导解决问题	学习型领导是业务合作伙伴	学习型领导是战略顾问
人员	学员很少提出需求	学员作为专家参与其中	学员支持学习，并将学到的东西应用到工作中	学员配合默契，且可以自我指导
人员	领导层和利益相关者的支持最少	领导层和利益相关者给予一些支持	领导层和利益相关者参与到学习中	领导层和利益相关者提倡学习，并以身作则
结构	系统未整合，也未对标企业业务	系统初步整合，初步对标企业业务	系统适度整合，基本能对标业务	系统完全整合，并能够完全对标业务
结构	极易受到变化的影响	有一定的适应性，遇到变革和变故时，有一定的缓冲能力	有相对的调整适应和恢复能力，以及快速反应能力	适应、恢复和自我更新能力强
关键主题	如何证明价值？	如何实现价值？	如何增加价值？	如何创造价值？

最后，在图2–3中，我们展示了各个阶段所代表的学习和发展能力与商业价值的成熟度。换句话说，学习和发展组织优化服务、流程和项目的能力越强，越能弥合战略差距，其所增加、创造的价值越多。

图2–3　可持续性成熟度周期

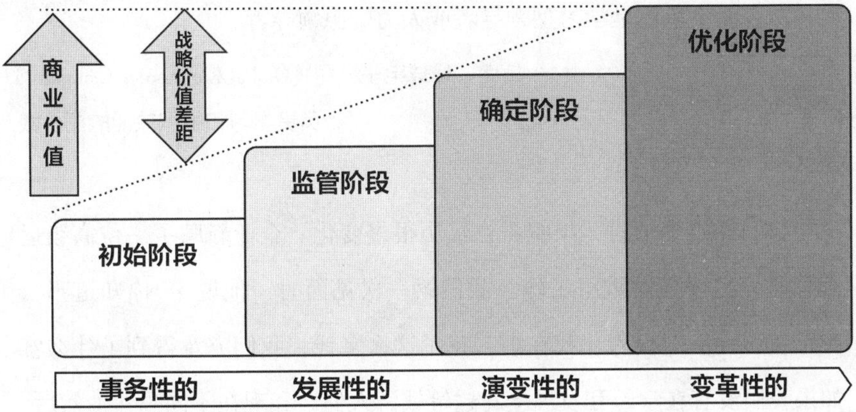

■ 可持续周期的不同阶段

既然我们已经知道可持续发展是一个转型过程，现在就让我们深入探讨一下可持续发展周期的四个阶段——**识别、抗拒、更新和改进**。每个阶段都有其关键指标和具体任务，帮助组织越来越成熟。从第三章到第九章，我们进行了案例分析，从中可以看出，不同的学习型领导在转型过程中都经历过这些阶段，而且也可以看出，为了从一个阶段进展到下一个阶段，他们所采取的关键做法。

第一阶段：识别阶段

过去20年来，学习在人才争夺战中的作用得到了越来越多人的认可。因为各大企业争先缩小技术差距，吸引人才，留住人才，简化流程，提高效率，所以他们对学习型组织的投资不断增加。事实上，学习和发展问题已经上升为第

来自一线的声音

我们认为，关键在于，要发展成为具有战略意义的业务合作伙伴，要从绩效咨询的角度真正关注企业业务发展，这样我们最终才能成为业界领袖，而不单单是学习型领导者或人力资源领导者。

——黛比，环球电子公司（Global Electronics Company）
负责学习和组织效能的副总裁

我们开始变革时，组织正在经历很多变化。企业新聘了一位高级运营总监，主要推动重组工作。我们第一次见面时，他说："你知道吗？我正在看我们的投入，我在想，花了这么多钱，我们究竟得到了什么？如果我们没有在学习和发展上花这笔钱，人们会和现在不同吗？"然后，我明白了，我们部门必须证明存在的价值。

——梅丽莎，中型零售组织（Midsize Retail Organization）
学习与发展总监

三大人才挑战。此外，因为学习型领导希望强化其作为战略业务合作伙伴的地位，人们越来越认识到，要成为一个高绩效、可持续的学习型组织，转变传统流程和做法很关键。

关键指标

正如上面"来自一线的声音"所说的那样，人们有动力、有精力把传统的、基于事务的学习职能转变为变革的、基于绩效的学习职能，是因为或者出于主动，或者出于被动，他们都渴望证明自身的价值。

进入识别阶段的学习型组织通常具有以下特征：

- 在学习方面的支出受到质疑，被认为花费太多了。
- 学习型组织正在探索如何成为更具战略意义的合作伙伴。
- 整个机构正在发生重大变化。
- 曾不止一次项目失败。
- 学习型组织在测量和评估方面的投资很低。

主要任务

在发展早期，下面这些行动为流程和做法奠定了坚实的基础，使得学习职能能够从一个阶段进入下一个阶段，不断走向成熟。

学习策略和商业策略保持一致。从广义角度来说，一个学习型组织的学习策略明确了组织的目标是什么，如何增加其整体商业价值，如何实现目标。现在绩效好的组织大多会定期评估其学习策略，确保学习策略与首要业务目标和特定业务指标保持一致。在首席运营官的支持下，康卡斯特有线电视公司（Comcast Cable）首席学习官开发了一种集中学习模式，成立了由高层管理人员组成的咨询委员会，确保学习目标与战略性业务目标保持一致。委员会每季度开一次会，成员包括公司3个部门的主席、产品执行副总裁、运营执行副总裁等。2012年，人才管理团队也纳入了学习和发展团队。至此，公司把从“评估”到“发展”再到“职业发展”全部放在同一把“伞”下，覆盖人才发展的整个生命周期，使得企业大学能够更好地保持一致性，提升影响力。

保持策略的一致性至关重要，原因在于，只有保持策略的一致性，学习型组织才一直有价值，而且可以从商业角度证明学习的重要性。学习型组织的价值、目标、商业需求不同，其学习策略的具体属性也不同。不过，2012年进行的成熟度基准研究，确定了能够将学习策略与商业策略保持一致的学习和发展组织的共同特征：

- 企业领袖积极参与学习决策的制定。
- 根据企业的战略目标来确定学习重点。

- 关注最终结果和成果。
- 与人力资源和人才战略相结合。
- 具有商业价值。
- 明确员工所做出的贡献。
- 积极主动做出管理承诺。

必须记住，战略重点并不是说制定好战略就万事大吉了。在战略实施过程中，学习型组织必须根据关键目标和预期结果，不断关联、监测、测量战略实施情况，确保学习策略与公司战略相关，而且能不断创造价值。在第五章，我们会详细讨论如何成功地实施战略。

获得领导支持。尽管一个成熟的学习型组织的愿景和使命必须由学习型领导提出，但高层领导必须倡导并表达出这样的理念：要想实现可持续发展，持续学习是职场重要的价值观。例如，位于佐治亚州的美国安全协会（U.S. Security Associates）首席执行官理查德·威科夫认为，公司在学习和人才开发上的投资是实现企业价值的重要动力，因为学习和人才开发可以提高员工技能，增加其专业知识，从而为客户提供更好的服务。万豪国际集团（Marriott International）的高层积极倡导学习，他们给专门解决本行业业务挑战的人才网络团队（实体或虚拟）提供赞助。接下来的例子更为典型，杰克·韦尔奇每两周给美国通用电气公司新上任的经理讲授半天管理课程，并且从来没有缺过课。他明显热衷于通过学习来培养人才。同样，百事可乐的前任首席执行官韦恩·卡洛维经常花数周时间和一些重要经理人审查战略，并经常指导他们的个人发展。麦肯锡提出的“人才大战”表明，同行业不同组织能否成功，领导者有什么样的人才思维是关键。

如上所述，在可持续的学习型铁军团队中，领导者可能更像是老师一样，不管是思维方式还是行为，都能够说明营造学习文化的重要性。在第三章，我们将更加深入地探讨营造有辨识度的学习文化的重要性，而第四章则探讨了如何争取高层领导者的支持，在企业营造并维持学习文化。

将学习与绩效联系起来。正如我们在第一章中所讨论过的，许多学习型组织没有办法让组织持续关注学习，也无法保持可持续性，因为他们太关注学习本身，而没能通过学习来提高绩效。事实上，研究表明，人们学到的东西有60%至90%没有用在工作上。因此，虽然组织的员工一直在学习，但学习对绩效没有产生影响。而在真正的学习型铁军团队中，学习应是催化剂，员工可以学到关键技能、知识，学会思考，从而提高工作效率和绩效。

学习不是目的，而是提高绩效的手段。当然，学习不是灵丹妙药，不可能把所有绩效问题都快速解决，所以，必须边学习，边提高工作绩效。一流的学习型组织已经把培训和学习的重点转为绩效咨询，探索各种方法，通过学习或其他方式来提高绩效。事实上，根据2016年公布的《迈向成熟》调研报告，54%的学习和发展专家已经转向绩效咨询，以创造更多价值。绩效咨询是指帮助、指导客户进行决策，采取行动，从而实现目的或目标。绩效咨询意味着通过参与数据收集、数据分析、选项比较、确定目标、制定行动计划、评估结果并共同承担责任，帮助管理者作出建设性的决策。在表2-1中，我们重点介绍了与聚焦绩效相关的常用术语和定义。

表2-1　与聚焦绩效相关的常用术语和定义

术语	定义
改善员工表现力的任务（HPI）	•分析师（绩效和原因分析） •解决方案专家 •变革管理者（变革实施，变革管理） •评估者
人力资源绩效系统	•复杂的变量系统，如输出、投入、资源、结果、反馈和执行者，这些因素都会影响个人工作表现。强调工作表现出现问题大多是因为系统存在问题，而不是执行者的原因；提倡系统观

续表

术语	定义
人力资源绩效技术（HPT）	• 用于提高个人、团队和组织绩效的手段。所采用的方法需要使用系统方法来： ¤ 评估需求或机会 ¤ 确定影响绩效的原因或因素 ¤ 设计解决方案 ¤ 提出解决方案 ¤ 实施解决方案 ¤ 评估结果
人力资源开发	• 综合运用职业发展、培训与发展、组织发展来提升个人工作表现
提高绩效的因素	• 工作要求清晰明确 • 具有必要的资源和支持 • 适当的后果 • 反馈及时、相关 • 个人能力 • 必要的技能和知识
差距分析	• 确定当前的绩效表现，将其与期望状态进行比较，两者的区别就是差距
原因分析	• 确定差距存在的原因。要分析根本原因，通常分为三个层次： ¤ 组织层面（政策、策略） ¤ 工作流程层面（工作流程不明确、方法过时） ¤ 工作层面或执行者层面（与上面提到的有利于提高绩效的6个因素相关的问题）
状态改变分析	• 重点关注4种能够提高绩效、缩小差距的方式： ¤ 压制绩效 ¤ 保持绩效 ¤ 证实绩效 ¤ 提高绩效
绩效	• 绩效既指执行者的行为，也指由此产生的结果或成果

续表

术语	定义
RSVP	• 通过协调工作、员工和工作场所的关系，以取得预期成果，提高绩效的原则： ¤ R：注重结果 ¤ S：用系统观看待问题 ¤ V：为组织增加价值 ¤ P：建立合作伙伴关系
系统思维方式	• 承认组织是个复杂系统，一旦系统的某个部分发生改变，整个系统将会受到影响

当然，表2-1只列出了把重点放在绩效上的几个关键术语。本书最后给出了参考资料，供延展阅读。此外，第五章还给出了一个案例，说明如何使用系统化的绩效改进框架来执行关键任务学习策略，并确保其与商业策略保持一致。

建立测量框架来确定学习的价值。学习型组织旨在提高业务产出，提高战略价值。管理卓越，并不代表具有战略价值。不同的组织可能会使用不同技术来衡量学习对绩效提高的作用，但学习型领导需要建立共同的框架，指导人们收集、分析、汇报与关键绩效指标相关的定性、定量数据。目前人们主要测量不同层面取得的结果，使用的模型是柯克帕特里克在50多年前提出的，20世纪80年代菲利普斯对此模型进行了修订。目前，全球80%至90%的人使用柯克帕特里克和菲利普斯提出的模型。不同层次的测量重点包括：

- 第1级：反应和行动计划（满意度、相关性、使用意向）。
- 第2级：学习（技能、知识、应用知识的信心）。
- 第3级：应用和实施（在工作中应用学习的内容和材料）。
- 第4级：业务影响力（生产力、质量、收入、时间、客户满意度）。
- 第5级：投资回报（将项目的经济收益与项目成本进行比较）。

人们通常采用基于结果的测量框架来评估某个项目或一系列项目的价值，

不过，要想让可靠、稳健的测量系统在某个项目结束后依然发挥作用，的确是个不小的挑战，我们将在第八章详细探讨。我们可以肯定地说，所有学习策略中都应该包含正式测量，并包含测量标准。衡量学习型组织的影响力和商业贡献度有助于树立品牌，并确定其对组织的价值。要想证明在学习上进行投入是否有价值，也意味着，还要知道学习成本，并正确管理学习预算。

随着学习过程的深入，人们越来越期待有经理和学员的参与，接下来，让我们探讨一下可能出现的障碍。

第二阶段：抗拒阶段

所有重大转型过程，所有旨在提高绩效的学习解决方案的核心要素都是变革。要想把学习型组织从一个基于活动的事务性部门转变为一个基于结果的、与商业策略保持一致的部门，就免不了进行变革，可以预想，变革速度肯定会有起伏。无论人们多么支持改革计划，计划设计得有多好，执行如何有效，改革过程中一定会遇到障碍。在这个阶段，可能经常会发现，人们一开始对学习、绩效充满热情，但现在人们的热情、支持和意愿已经淡化。在这种情况下，我们常常看到一些组织彻底放弃了学习和绩效，或者大幅削减资源投入。

关键指标

当学习型组织从识别阶段进入抗拒阶段后，组织的变革门槛以及学习和绩效的过程成熟度都很低。甚至可能会出现一些明显的迹象，表明学习无法实现其预期目标。例如，学习型组织可能会面临：

- 新出现的业务会争夺时间和资源。
- 新上任的领导有不同的纲领和发展重点。
- 人们抱怨在学习活动上投入的时间和成本。
- 对学习过程的沟通不畅。
- 管理团队的参与不够。

- 评估项目的人员不断洗牌。
- 组织准备不足（基础设施无法支撑或缺乏相关设备）。
- 人们会胡乱猜测，担心过于依赖绩效数据，也担心人们会滥用这些数据。

关键任务

实践证明，在抗拒阶段，下面这些行为将为学习流程和实践奠定坚实的基础，有助于学习型领导清除障碍，并保持持续增长的势头。

教育、倡导。要想消除人们对注重成果和绩效的学习和发展策略的抵制和误解，最好的办法就是加强对组织内所有人的教育。教育方法很多，在高层会议上进行介绍、出管理简报或通过社交媒体分享学习提高绩效的成功案例等。尤为重要的是，通过教育，管理者可以明白自己应该如何支持学习和绩效文化。从下面这个例子中，我们可以学习如何把管理者教育为学习倡导者。在本书其他章节，案例分析中也举了很多例子。

培养能力。能力是指员工完成工作所需要的综合知识、技能、才能、工具、信息、流程、培训、支持等。很多时候，员工不愿意学习新技能，主要原因可能是他们担心，现在世界变化很快，新技术不断出现，竞争压力越来越大，一旦学习了新技术，公司会提出更高的要求。而培养所需的能力，则有助于大大提高员工的信心、能力和参与度，也能减少员工抵触。因为首席执行官要优先考虑有效发展领导力，缩小领导力技能差距，所以培养这些能力对于增加并维持价值至关重要。为了现在的业务，也为了超乎想象的商机，领导者需要不断提高其领导能力。

此外，学习和教学责任越来越被分散给各业务部门的领导或核心专家团队。不同部门和团队各自负责培养员工能力，意味着可持续的学习型铁军团队必须保证不同部门间的员工可以轻松沟通交流并共享信息。许多铁军团队，例如旗舰医疗集团（Banner Health）和田纳西州人力资源部（Tennessee Department of Human Resources）（见第三章）制定了认证流程，为负责本部门能力培训的学

来自一线的声音

我是迈阿密一家食品分销公司的人力资源总监。8个月前我加入公司后，其中一项任务就是在公司内营造崇尚学习的团队文化。一直以来，很难让管理层自愿经常参与标准化的学习。一方面，他们很忙，很难让他们放下手头的工作，参加正式培训。另一方面，管理层的思想保守，他们要么觉得“我们不需要学习”，要么觉得“不学习我们也做得很好”。这家公司是一家小型家族企业，很多经理人已经在这儿工作30多年了。很多人根本不想改变，他们也不想让别人指手画脚。因此，我从小处着手，先和他们搞好关系，并找出经理们的痛点，让他们参与设计、实施解决方案。

例如，有个经理抱怨说，应聘者参加面试时没有做好充分的准备，有些人着装不合适，有些人甚至在面试的时候还说脏话。对此，我和营销团队共同制作了培训短视频，模拟在面对准备不充分的应聘者时该怎么办。这位经理在视频中就扮演了经理的角色，她演示了如何使用人力资源推荐的解决方案来解决这个问题，停止面试，并让应聘者离开。这个视频不但解决了迫切需要解决的现实问题，而且让她感受到了制作视频的美妙之处。所以，现在她和其他经理一样，积极推广学习解决方案。她的支持和倡导使我们能够更加顺利地推广标准化培训和绩效管理解决方案。对于经理们来说，他们也实现了双赢。这个解决方案很简单，可以让经理们集中时间和精力选到最好的人才，同时还不用参加全部培训课程。

——杰威尔 · 洛佩兹，

资深人力资源管理师、魁奇食品公司（Quirch Foods）人力资源总监习辅导师和担任学习导师的领导提供了一套标准的能力培训。

最后，学习型领导必须不断强化自身能力，确保学习策略、服务和产品满足不断变化的用户需求。正如飞机乘务员所说的，先给自己戴上氧气面罩，然后再帮助别人戴。毕竟，如果学习型组织不能不断评估，确保把合适的人选放在合适的位置，并培养合适的能力，从而实现学习的价值，那么学习型组织又怎能期望影响整个组织，并培养组织能力呢？随着学习和绩效的发展，学习型领导的任务、职责和技巧也需要随之进步，否则肯定会被淘汰。

精密部署。无论学习型组织多么成熟，想有效执行学习策略，总会遇到重重阻力。例如，不同部门、不同办公室之间高效协调是成功执行策略的关键。然而，因为各个机构的结构日益矩阵化、网络化，如何建立系统来高效共享信息、进行工作协调并让员工负起责任来？要做到这一点很困难。为应对这些挑战，学习型领导需要确保学习和绩效目标明确、可控、灵活，并满足业务需求。此外，在面对阻力时，规范而灵活的项目管理方法有助于既坚持目标，又能进行适度调整。在第五章中，我们将探讨高效执行和风险管理在规划单个项目、保持业务连续性方面所发挥的作用，并将提供成功执行学习策略的实例。

建立合作伙伴关系。学习型领导本身并不能影响绩效。即使组织内有人极其支持学习，也需要组织所有层面的个人和团体合作，并全身心投入，才能影响绩效增长，特别是在资源减少或资源稀缺的时候，尤为如此。一位经验丰富的学习和发展专家、铁军团队领导用“穿梭外交”来形容他发挥的作用，给各方施加影响，过滤掉反对的噪声，清除障碍，从关键利益相关方争取持续支持。要想调动其他人的积极性，防止员工对变化产生疲惫感，减少冷漠或惰性，发挥合作伙伴的作用至关重要。要建立成熟的流程和实践做法，关键是要循序渐进。只有保持沟通合作，才能确保组织内不会有部门妨碍学习文化的构建和推广。

组织各个层面通力配合，既有助于增进学习型领导对公司业务的了解，也有助于他们确定通过改进学习和绩效可以实时解决哪些领域的问题。有了管理层和利益相关者的配合，学习型领导能够确定：

• 满足需求的最佳解决方案（不是所有的问题都需要用学习或者培训方案来解决）。

• 哪些情况会使用到学习解决方案。

• 可以从外部获得多大支持，可以来加强学习转化，并在工作中应用知识和技巧。

• 评估学习和绩效改进解决方案的具体绩效指标和影响力指标。

证明学习和绩效解决方案可以解决实际问题。要创造可持续价值，并让团队上下觉得学习与他们息息相关，最好的办法就是，向人们证明学习型组织可以解决领导们关注的重要问题。以资源住宅（Resource Residential）这家房地产抵押贷款公司为例。为了缩小企业销售过程中出现的绩效差异，该公司的学习和发展团队与高级管理人员、一线领导合作，开发建立了房产销售模式，让员工的行为更加符合要求。这个模式为负责租赁和社区管理的员工提供了标准化的学习体验，缩小了绩效差距，同时使员工与客户的互动更快捷、更高效。

实际上，大多数管理人员和部门经理都已经意识到，他们需要技能开发人员的帮助，才能应对迫切的绩效挑战。然而，许多企业领导不愿意聘用学习和发展组织，主要是因为学习专家通常不肯花时间去了解公司业务，所以不能保证学习解决方案和流程与企业的关键业务目标相关。尽管学习和发展专家比过去更有商业头脑，但许多学习型领导仍然倾向于把学习和业务分开来看。所以，要想不被排除在外，在思考和行事时，首先要把自己当成是商人，然后才是学习型领导。这就要求把负责学习的部门当作业务服务中心来运行管理，质量、成本、执行速度和服务质量决定了其价值。

第三阶段：更新阶段

到了这个阶段，组织清除了障碍，开始恢复原有的发展势头。此外，标准化的学习和绩效流程获得了团队内利益相关者（包括高级管理层）越来越多的关注。

关键指标

标志着学习型组织已经进入这一阶段的特征包括：

- 更加注重将学习、绩效与战略发展方向关联起来。
- 更加注重学习经验而不是具体的学习活动。
- 把更多精力和协调工作投入对内部业务部门的支持上。
- 增加投入，培养整个团队的学习能力。
- 改进机制，促进不同部门共同学习，减少对各自机构和等级制度的依赖。
- 改进运营政策、程序和标准，以改进学习和绩效。
- 使用更多学习和绩效记分卡，展示学习型组织对提高企业效率和有效性的作用。

关键任务

事实证明，在更新阶段，下面这些行为有助于巩固以前的基础，使团队在形成更成熟、更可持续的学习文化的道路上更进一步。

沟通、沟通、再沟通。虽然沟通在每个发展阶段都很重要，但是有些学习型组织往往会自满或松懈，没能持续不断地展示学习对取得商业成功的重要作用。不断沟通，有重点地沟通，才能让人们一直关注、重视学习策略。有位经验丰富的学习专家表示，她必须通过学习和绩效成果、推荐书、项目报告或影响力研究等形式不断向团队“推销成功案例”，才能让企业一直认可学习的价值。只有不断证明学习在满足人才管理、技能培养、客户服务、收入增加或生产力提高的需求方面发挥了关键作用，才能保证企业源源不断地为学习注入投资和资源。

建立稳定的联系和基础设施。建立稳定的联系是指，要将学习和绩效的业务模型、实践做法、流程与组织流程、业务流程相整合，包括招聘、雇用、入职、绩效管理、领导力发展、奖励和表彰、继任计划和人力资源规划等。例如，铁军团队安永（Ernst & Young）的人才发展管理框架就建立了稳定的联系。新员工入职后，事务所会给他指派一名顾问，在目标设定、发展规划和绩效管理等方面提供一对一指导。与人才相关的各个职能，包括人才发展，已经遍布企业各个服务范围和区域。负责人才工作的领导既要向其服务的部门负责人汇报，还要向人才部门的领导汇报。稳定的基础设施同时还意味着，数据收集和上报系统（包括学习管理系统）能够满足动态需求。渐进式学习型铁军团队可以简化过于烦琐、复杂的流程，减少工作量，提高参与度，提高生产力，并简化过程，把学习整合进日常运营中。

强化联盟。学习型铁军团队是否能够长期高效运行，取决于学习型领导是否有能力和不同部门的利益相关者合作，毕竟这些利益相关者了解业务需求，有权将学习纳入议程，并能决定学习资源的分配方式。例如，西联汇款（Western Union）的学习和人才管理铁军团队已经转而采用"以客户为中心的思维模式"，以支持高管在全球开展业务，并帮助管理人员聚焦重点领域，提高绩效，加速跨境业务增长，简化流程并实现卓越运营。通过采用以客户为中心的思维模式，将领导作为导师，并强化二者的联盟，学习和发展铁军团队提高了组织绩效，为学习型组织创造了可持续的价值。

要建立可持续的学习型铁军团队，花时间建立基于信任、默契和信誉的持久合作关系至关重要。稳固的合作关系、共同的目标，有助于将持续学习整合为业务的有机组成部分，帮助学习型组织快速从不利事件中恢复。2010年度首席学习官奖获得者塔马·埃尔克莱斯曾在2016年举办的人才发展协会会议上表示，之所以能够在高通（Qualcomm）建立学习型组织，并荣获大奖，最重要的原因是学习型组织被大家视为合作伙伴，并取得了大家的信任。她还强调，有效的合作关系是慢慢建立起来的，必须秉承公开、透明的精神，不断保持沟通才能实现。

测量重要指标。每个学习型组织在设定目标和制订战略决策时，都需要进行一些标准化的测量和分析。唯有如此，才能推动组织发展，并在不断变化的商业环境中不被淘汰。例如，顶级学习型铁军团队能够辨识出对业务至关重要的关键绩效指标，并与相关业务领域建立明确的合作关系，一般团队这方面的能力不及顶级学习型铁军团队的一半。

这就意味着，不再关注基于活动的战术性指标，如课程数、参训人、培训时间，转而关注真正能够衡量学习影响力的预测性指标。首席执行官在决定是否增加对学习和发展的投资时，要求学习型组织用分析数据说话，并能够明确说明如何缩短能力差距。不仅要汇报所取得的成果，而且还要准备好汇报不理想的调查结果，以发现问题并总结经验教训，以便持续改进。在第六章，我们将更详细地探讨测量在建立可持续学习文化中的重要作用。

整合持续改进机制。随着学习和绩效流程日益标准、透明，对资源的竞争日益激烈，必须引入持续改进机制，才能保证学习流程和实践做法能够满足不断变化的需求，并不断创造价值。第五章和第六章介绍了一些效果不错的机制，例如监管制度、记分卡和仪表板等，这些机制可以很好地跟踪单个项目、系列项目，甚至是整个学习型铁军团队的学习效果。

我们已经研究了如何更好地定义稳定、增值的学习过程和实践做法，现在让我们探讨一下如何改进，即如何进入流程成熟度周期的最佳阶段。

第四阶段：改进阶段

在改进阶段，学习型铁军团队已经成功转变为以业务为中心的综合部门。从功能上来说，在改进阶段，可持续战略、学习和绩效架构已经成为团队业务规划和日常运营的有机组成部分，学习文化已经得到所有相关方的普遍支持，相关方也相互支持。在这个阶段，持续学习被视为核心能力和战略重点。各种学习策略因为能够创造价值，所以均得以实施。团队建立了推动机制，支持团队各个层面进行协作，共享知识，并合作进行实践。学习型领导愿意推动团队变革，促进创新。团队定期审视学习和绩效的服务、流程和实践做法，对标之前确定的有效性测量指标，确定是否实现了预定的效果。经常使用学习和绩效成果来制订决策，持续改进。

关键指标

在这个阶段，团队变革门槛和学习型铁军团队的过程成熟度都很高。有明显的迹象表明，基于绩效的学习文化已经在企业扎根，并完全融入了企业。进入这一阶段的学习型组织通常表现出以下共同特征：

- 在制定战略计划时，学习型组织是关键参与者。
- 在学习、绩效改进和人才管理方面，具有持续改进、打破常规、不断创新的精神。
- 学习和发展方面的预算不断增加或保持稳定。
- 学习型领导被视为战略合作伙伴、人才培养者和变革推动者。
- 学习型组织和其他关键业务部门之间的协作已经成为常规动作；学习和发展、人才管理流程和其他人力资源流程密切相关。
- 整个团队的利益相关者在制订决策时，经常要用到学习和绩效数据。
- 学习过程和系统稳定、灵活，可以根据不断变化的需求和业务变化进行调整。
- 定期检查常规学习和数字化学习目标的实现情况，用于制定行动计划，不断改进。
- 在企业，信息公开，可随时访问，支持随时随地学习。
- 学习和人才管理专家水平一流。

关键任务

团队实现高绩效、高生产力后，要避免自满，要找到不断创新和增长的途径，并不断实践。可持续学习型铁军团队之所以与众不同，是因为他们有能力更新、改造甚至重塑自身和所在企业，有时候在企业发展史上都留下了印记。要持续改进，可以考虑采取下面这些做法，为适应性能力强、恢复能力强的学习流程和做法奠定坚实的基础，从而增加、创造商业价值。

培养对变革的适应性和灵活性。不管是哪个行业，不管企业规模大小，无法适应变化是阻碍学习型组织可持续发展的最大障碍之一。当下，商界活力四射，要想蓬勃发展，学习型组织必须在维持核心业务的同时，提供灵活、快速、增值的解决方案，以应对各种变化、突发的干扰和威胁，抓住新出现的机遇。可持续学习型组织有能力迅速适应不断变化的环境。要想成为人们信赖的学习支持者和变革推动者，学习型领导必须利用适当的技术、工具和变革管理技巧，同时要有正确的心态来面对变革。更多内容详见第七章。

拥抱创新。一流的学习型铁军团队领导帮助团队利用先进的学习技术和人才开发流程来推动创新。如果团队的做法一成不变、停滞落后，那么，学习型组织就无法在团队层面推动创新。以IBM为例，面对全球化和技能差距的挑战，IBM在人才发展、销售培训、新任经理和高管培训方面不断创新，打造了一支学习型铁军团队。IBM认为，只有充分利用创新学习，才能适应竞争更加激烈的市场，并适应不断变化的市场。为此，IBM重塑了销售培训。新型培训包括模拟销售场景，使用集成工具进行销售管理，让销售团队相互竞争，争取高风险的提案，请成功的销售顾问对学员进行销售练习培训，并进行录像。社交媒体工具可帮助不同部门的员工沟通协作。公司还提供学习APP，确保员工在忙碌之余，可以随时了解战略计划，瞄准学习目标，提高工作技能。

事实证明，持续创新的学习文化可以激发灵感和前瞻思维，使团队得以在全球市场中凸显出其独特性。千禧一代目前是最大的劳动力群体。唯有创新，才能满足千禧一代的学习需求。这意味着必须改变传统的学习观念和学习方法，逐渐过渡到适合现代职场的学习观念。现代职场的学习观念是指：

- 拥有灵活、现代、短小精干的学习资源，可按需使用。

- 鼓励使用社会上的（或员工自行制作的）内容。
- 支持团队使用企业社交平台来改善团队学习。
- 接受这是一个以绩效为导向的世界。

现代职场的学习实践包括：

- 在进行学习设计和开发时，充分利用评估工具来确定需求，并模拟工作环境。
- 在设计、开发和交付学习时，要综合使用正式和非正式媒体工具和社交协同工作。
- 搭建基础设施，提供便于访问的学习内容，员工可按需使用。
- 确保学员有更多选择，并对自身发展负责。
- 经常尝试探索不会“一刀切”的学习和发展方法。

在第九章，我们举了很多学习型铁军团队领导的例子。他们积极推动，创新学习观念和实践做法来提高可持续性，并以身作则。

不断反思、检查并完善。可持续学习型铁军团队需要花时间来确定其主张什么，想实现什么，想保持什么。其学习型领导不断监测并监督进展情况，并随时关注团队内外的各种信号，判断团队的使命、愿景和价值观在整个团队的整合程度。一些人将此过程称为“桑塔亚那的回顾”（Santayana Review）。这个词是根据哲学家乔治·桑塔亚那命名的，因为他曾经说过：“不记得过去的人注定会重蹈覆辙。”学习型领导通过确定基准点，发现并采用学习、绩效改进和人才发展方面的最好做法，从而创造可持续价值。对提升学习和绩效的实践做法进行反思，让一线经理直接参与，这样最有益处。在考虑保留、去掉、改进实践做法时，可以将本书中提到的评估纳入年度反思、审核和改进过程。

关于这几个阶段

一定要记住，流程成熟度的各个阶段不仅可能因团队不同而异，而且同一个团队内可能会因部门、所处区域、所处国家而不同。对于跨国公司来说，尤为如此。不同国家、不同地区的领导可能熟知学习和绩效的国际标准，但在实践中，他们达到的成熟度可能并不同。此外，一旦换了领导，或者业务结构进行了调整，或者需求有所变化，即使流程成熟度达到了改进阶段，偶尔也会退回到识别或抗拒阶段，这种情况并不少见。谷歌光纤（Google Fiber）和施乐公司（Xerox）的体验式学习倡导者罗尼·雅诗兰说："除了早期的鼓吹之外，人们很难保持推动学习和绩效的热情。学习和绩效很重要，但总会出现其他貌似更重要的事情。我想我们都有过那样的经历。一开始，团队的意图总是好的，但后来才发现，实际上要比想象中付出的多得多。"在引言中，我们举了两个例子，是这种现象的最好说明。出于这些原因，专家认为，一个可持续的学习型铁军团队——也就是学习已经完全融入企业文化的团队——可能需要几年的时间才能建成，而一旦发生变故，重建的时间可能相当长。

从根本上来说，建立并维持一个高绩效的学习型铁军团队并没有捷径，需要花费大量时间、精力，而且还要相信，只有通过卓越流程才能创造不同。图2-4中列出了可以采取哪些行动步骤，推动团队不断发展，进入可持续发展周期的更高阶段，并成功转型。在接下来的几章，我们将简单介绍一些行动步骤，帮助你和你的学习型组织创造可持续价值。你还可以从案例中得到一些经验教训，选择适合的步骤。

▪ 可持续学习型组织的特点

在上文，我们讲解了可持续发展周期的不同成熟度阶段，现在我们看看可持续发展学习型组织一旦实现最佳运行后，会表现出什么特点。你如何确定团队已经达到最佳运行呢？图2-5列出了成熟的可持续学习型组织的十大特征。这10个特点是那些已经成功运行学习型组织达5年之久的成功人士总结出来的。

请记住，要想成为一个成熟、可持续的学习型铁军团队，就必须符合下面

图2-4 转型的各个阶段的关键行为

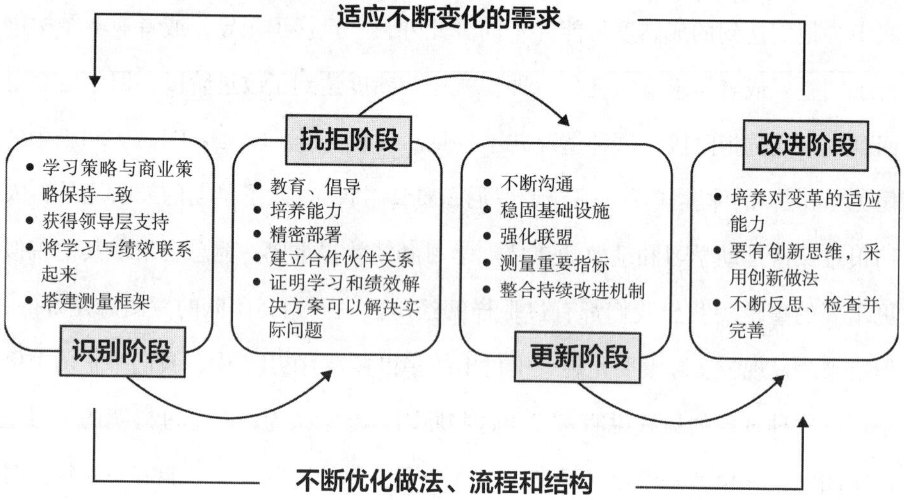

图2-5 可持续学习型组织的特点

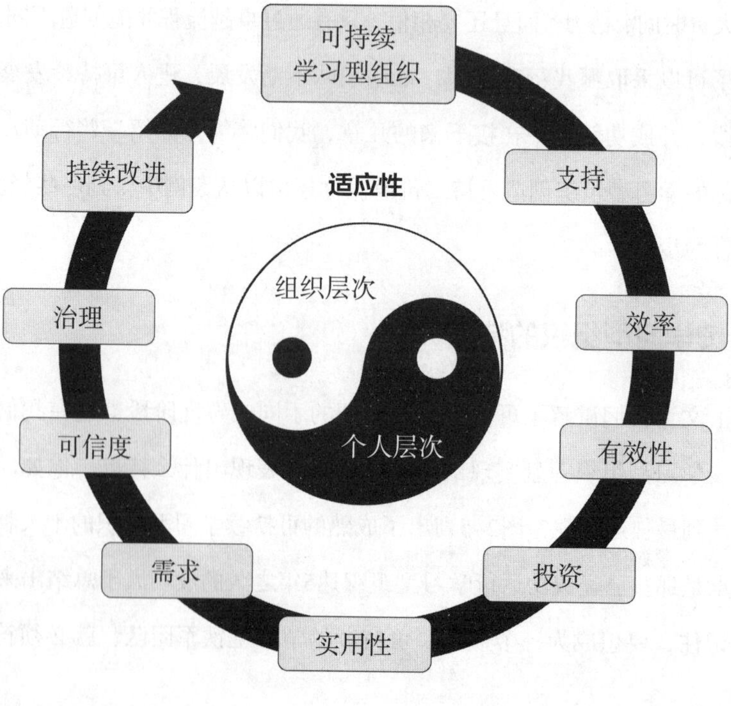

所有特征。有些学习型领导可能在某些方面很突出，但在某些方面又存在不足。例如，学习型领导可能得到了整个组织的广泛支持和合作，而且利益相关方在制订决策时，可能会定期参阅学习和人才管理数据。然而，许多学习型组织往往不擅长测量学习投资效益，不擅长满足不断变化的需求。

在下面几章，您将有机会了解到一些符合这些特征的团队的情况。本书最后的案例摘要一一描述了各个学习型组织的10个特征，同时指出它们可能需要在哪些方面持续改进，功能才能达到最佳。

此外，附录二列出了可持续学习型组织自我评估的方法。您可以用此诊断工具来评估您所在的学习型组织是否符合这些可持续性特征。要自问，学习和发展团队成员、利益相关者是否同意你的评估结果，或者也可以让他们参与评估，比较不同的观点。根据评估，确定一到三个重点改进领域，或值得关注的领域。将此评估作为年度反思和审查流程的一部分。

▪ 小结

许多高管及学习和发展专家呼吁对学习和人力资源团队进行彻底的变革，甚至呼吁来一场革命。其中一个原因，是因为他们认识到，在当今复杂动荡、瞬息万变的商界，学习型领导培养出的能力与所需的能力存在差距。他们变革的目标是随着时间的推移，能够塑造不断推动持续学习、高绩效，不断采取成熟、可持续、由人才驱动的实践做法的企业文化。“随着时间的推移”这一点恰恰说明变革是逐渐演变的过程，这是最具挑战性的，也是经常被低估甚至被忽略的。学习型领导必须忽略那些一次性解决方案，而要按照需求，不断改变、变革学习型组织及相关职能。请记住，除非学习型领导愿意变革那些过时的心态和做法，否则学习型组织永远不能真正实现转型。

简而言之，可持续发展就是要改变学习型组织，让其不仅度过困难时期，而且还能成为一个相关的、适应性强、能够创造价值的蓬勃发展的企业。学习型领导可以利用核心能力来促进组织发展，使其最终具备过程成熟度的10个特征（如图2-2和图2-5所示）。如果能像适应性强的学习型铁军团队进行那7项修炼一样，不断修炼，并应用这些能力，就能够成为推动改革过程的杠杆和变革推动者。在接下来几章，我们将详细说明持续成功的7项修炼，并举一些真实的铁军团队的案例。

重点回顾

建立一个成熟的、可持续的学习型组织是一个渐进式的变革过程。

可持续性不是单一的步骤，也不是静态的业务目标，而是个过程，虽没有经历革命性的阶段，但却由一个个微小的渐进阶段为持续改进奠定了基础。这些演变阶段通常与成熟度水平相关，通过演变，发展过程起先处于随意、无规律的状态，后来转变为可预测、可持续的规范流程和修炼做法。重点不在于某些具体计划是否成熟，而在于整个学习型组织的成熟度，以及组织是否有能力满足随时间而变化的一系列发展需求。

建立并维持学习型组织的方式有很多种，但领导支持是关键。

领导明确支持，是高绩效、可持续学习型铁军团队的关键组成部分。没有坚定的领导，没有他们营造氛围，并鼓励持续学习，就不可能存在高绩效、可持续学习型铁军团队。领导层投入始于高层，首席执行官要积极参与其中，担任领导—教师、执行顾问或导师等。

适应变革是可持续学习型组织的黏合剂。

学习流程和实践做法的转变过程，其实就是从个人学习和绩效转变为团队学习和绩效的过程，其中，变革并适应变革的需求是核心要素。从本质上来说，建立一个完全一体化的、可持续发展的学习型铁军团队，关系到在个人和团队层面进行文化变革，并培养变革能力。

学习和发展的未来取决于可持续的流程和实践。

学习和发展的未来不仅取决于其在短期内有能力发展，并利用能力，还取决于其积极主动，有能力面向未来。需要不断更新并变革学习过程和实践，以跟上不断变化的需求和商业环境。为此，只有认识到学习型组织的可持续性发展周期具有阶段性，才可以帮助高管、学习型领导和人才管理者明确，最好把资源投入什么地方，才能产生最大影响力。

第三章

修炼 1：以文化为引领

> 如果你希望所有人达成某种共识，那么就应该让他们在适当情况下频繁地接触这种“共识”。
>
> ——罗莎贝斯·莫斯·坎特（2009）

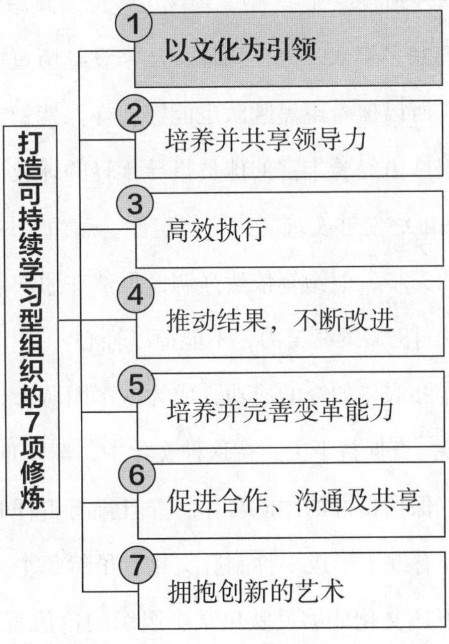

本章要点

- 学习文化如何提升员工的积极性及绩效
- 为什么有影响力的文化变革是一种“由内而外”的过程
- 学习型领导者如何利用更加完善的文化来促进发展

2015年，芝加哥黑鹰队赢得了5年来第三个斯坦利杯。而在2007年时，娱乐与体育节目电视网（ESPN）杂志曾评选出美国前122家最受粉丝喜爱的体育俱乐部，当时芝加哥黑鹰队只排到了第118名。但是，他们如今居然能够取得如此惊人的成绩，真可谓奇迹。

对于黑鹰队来说，他们之所以能够从垫底球队一步步成长为伟大的冠军、铁军团队，是因为其通过人才收购、改善管理及发展模式，最终建立一种制胜文化。2009年7月，斯坦·鲍曼被提拔为球队的总经理，当时，他将重点放到人才培养方面，同时，通过选秀、自由球员及贸易市场等方式获得实力球手。另外，他还“一直想构建一种制胜传统”。鲍曼曾说过，他一直想构建底特律红翼队那样的文化，因为他们20多年来一直在赢球，从来没经历过国家冰球联盟其他球队总会出现的起伏，所以他希望黑鹰队也能够同样保持稳定状态。鲍曼一直进行这样一种指导过程：由经验丰富的球员指导年轻的球员，这样，在一代代球员的助力之下，球队最终能够实现实力与稳定性。然而，尽管黑鹰队在过去8年中取得了突飞猛进的进步，但鲍曼依然强调，虽然在通向制胜文化的道路上我们看到了曙光，但我们仍需继续努力，不能掉以轻心。

黑鹰队之所以能够取得如今的成功，成为铁军团队，是因为其建立了一种高绩效文化，并能够一直保持下去。在这种文化中，球队重视人才，训练有方，同时能够坚定目标，保持良好的团队合作，并且推行责任制度。在企业竞争环境中，这种方法同样有助于形成一种制胜文化。虽然每个人对文化都有不同的理解，但一般情况下，文化能够反映出某个组织的价值观、信仰和行为习惯，而这些则会影响人们在其中的日常行为及表现。由于奖惩制度，人们会有意或无意地进行某种行为，而这其中则处处体现出某种文化。正如西南航空公司联合创始人兼董事长赫伯·凯莱赫所说："文化总是体现在不经意间。"

对文化的正式定义比比皆是，但公司文化中的非正式元素同样重要。例如，一家公司的文化不仅取决于其目标及价值观，有时也取决于其"氛围"——其独特的风景、声音、氛围及工作环境。公司的氛围能够体现出员工之间的凝聚力及认同感，在充满变革的时代，积极发展的铁军团队往往都具备这种显著特征，而这种氛围对领导者、雇员及整个行业都会有所影响。我们都能深切感知到这一点。从本质上讲，如果某个公司拥有鲜明的企业文化，那么这将成为其"秘密武器"，而有了这种"秘密武器"之后，不管公司结构如何变化，大家都能够拧成一股绳，朝着同一个目标前进，同时还能够保持较高的专注度及表现力。

人们越来越意识到，文化能够不断推动参与度和表现力的提升，所以各大公司不能再单纯依靠其产品和服务在市场上占有一席之地。如今，公司文化日益成为全球人才大战中的关键砝码。如果各大公司想吸引顶尖人才，战胜竞争对手，它们就应该具备完备的任务规划体系、较高的员工参与度、较高的职能与组织匹配度以及强大的领导力。下面三家公司的企业文化较为突出，形成了铁军团队，成为大家争相效仿的对象。

美捷步（Zappos，亚马逊收购的购鞋网站）的企业文化包含10种核心价值观，同时还会根据文化契合度来选拔人才。要想进入这家企业，你首先需要进行文化契合度面试，而此次结果在最终录取权重方面占有50%的比重。另外，如果新入职员工后来觉得这份工作不适合自己的话，那么在一周的培训期过后，美捷步会付给他们2000美元的离职费。在美捷步公司，有一本由员工创作的"文化书"，里面详细描述了他们对于美捷步文化的看法，以及他们对于公司文化的传承与发展的见解。在美捷步看来，只有拥有强大的企业文化，一家公司才有能力提供优质的客户服务，才能铸就强大的品牌实力。

REI（美国户外用品连锁店）的目标是为客户和员工提供优质的户外装备，让他们在任何户外环境下都能享受乐趣。同时，REI还会设置“挑战基金”项目，用来激励员工提出有发展前景的户外探险见解，最终的胜者将会获得户外装备。另外，公司员工还可以在会议上匿名反馈问题，来帮助管理层排忧解难。REI属于合作型企业，所以其盈利是属于所有成员的，同时，该公司认为，没有这些员工，企业目标便无法实现，而其领导者也认为，正是其员工铸就了公司的辉煌。该公司首席执行官认为，在一家公司中，如果员工能够与公司志趣相投的话，那么这家公司便能拥有独特的企业文化。

在激烈的行业竞争中，Facebook之所以能够脱颖而出，是因为其不仅为员工提供多种福利（食品、股票期权、户外活动区），同时还拥有平等的企业文化。在Facebook，管理层（包括首席执行官马克·扎克伯格）会与其他所有员工一起在开放式的办公区内工作。在Facebook，建筑和空间配置以及组织结构都是为了平等文化和精英管理制度而设计的。

健康的企业文化已经成为现代社会的“新型货币”。高管、董事、经理和员工们都认为，鲜明的职场文化对于企业的发展至关重要（见图3-1）。目前，所有的企业高管在其公司中，都会将文化及参与度列为首要挑战及“关键”问题。

图3-1　基本概况

84%	60%	51%
84%的高管认为企业文化对于公司的发展至关重要	60%的高管认为企业文化比战略更加重要	51%的高管认为他们的企业文化需要全面检修

一家公司的文化越强大，其员工专注度就会越高，其声誉就会越高，而且会发展得越好，同时，其对人才的吸引力也会越强。研究表明，如果有些员工认为自己所在的公司有着鲜明的交际性及生活性文化，那么他们一般会在公司

中感觉自己“很有价值”“在工作中很快乐”。如果员工们工作不够投入，那么公司要付出很大的代价。据盖洛普（2013）估计，员工的不专注状态每年会让美国的公司损失价值4500亿到5500亿美元的生产力。

在员工专注度较高的企业文化中，其员工往往能够不断进行学习与发展。例如，要想提高员工的专注度与绩效，我们需要多为他们提供机会，培养他们的领导能力，使他们的工作更有意义，更具协作性，同时，为他们提供积极的工作环境。大多数千禧一代将学习与发展机会视为自己对未来工作的首要需求，甚至将其看得比薪酬还重要。一家成熟且完善的学习型组织需要具备所有之前所提到过的这些因素。简而言之，我们知道，投入度较高的员工能够创造可持续价值。我们也知道，一家公司需要具备持久且可持续的学习环境或文化，这样员工才可以在其中得到成长、有所发展并变得更加专注。在这种环境中，那些不学习的人便会被淘汰。

如果我们的学习型文化能够有助于提升组织中的专注度、协调性及一致性的话，那么其最终很有希望取得很棒的成绩。据估计，在一个或多个市场中，如果一家公司拥有强大的学习型文化的话，那么其成为市场领导者的可能性要比其他公司高出18%。研究表明，强大的学习型文化能够通过以下方式增加及创造价值：

- 有利于提高绩效及专注度。
- 培养未来所需的技能和能力。
- 对人才进行培养，使其能够满足当前及未来需求。

因为文化变革是学习型领导者与高管最有可能合作的领域，所以这些领导者有很多增值的机会。例如，尽管大多数高管认为文化对于商业成功来说十分关键，但只有32%的人认为其文化与战略相匹配。所以，学习型领导者最好首先将企业文化与战略进行匹配。由于要学着去支持并进行企业策略转型，所以学习型企业要使文化与策略相一致并进行转型。接下来，让我们来看看具有可持续性的学习型组织是如何成功进行这种转型的。

▪ 转型的关键因素

转型并不能一蹴而就，而是一种需要累积的过程，需要具有长远眼光并持续进行努力。但是，为什么要对学习型组织进行转变？为什么这很重要？

对学习型组织进行转型，意味着不再将其视为一种业务成本，而是一种真正的商业推动力；不再视其为战术上的“可有可无”，而是一种“战略必备”。这还意味着，从此你的学习型组织要开始日渐成熟，并且具有可持续性，能够拥有引言中所描述的那些学习型组织的特征和第二章中所描述的10个特征。在实践中，这意味着学习与发展团队中的每个成员都能够十分清楚公司的业务、竞争环境及执行策略。通过与业务部门进行合作，每个成员在执行经营策略方面都能够扮演积极的角色。另外，每个成员都将致力于打造可持续的学习环境，在其中，每个员工都能有所成长，实现自我发展。每个成员都在思考如何来促进创新和合作，而不仅限于提高效率或削减成本；每个成员都能够创建出自适应结构，能够根据业务需求的变化而变化；无论在人才管理、变革管理及关系管理方面，还是在商业头脑、行业知识、社交网络工具等各种技术领域方面，每个成员都在逐渐完善自己的相关技能；同时，除了基本的成效评估之外，每个成员还会收集并报告各种有用的评估方式。

为什么这些东西很重要？尽管目标足够明确，下的功夫也不少，但对于学习型组织来说，要想将重点从管理方面转向绩效与专注度方面却并非易事。以下是麦肯锡公司的调查结果。

- 在评估当前能力及技术差距方面，很少有公司（18%的受访者）能够具备客观且结构化的评估流程。大多数企业用的都是一次性的自我评估方式，而这可能会限制其进行有效的学习设计。
- 不到五分之一的人认为各业务部门应共同负责学习功能。共同负责学习及发展过程能够使学习目标与业务需求更加一致，同时也能够体现员工技能发展的重要性。

• 五分之一的人说自己的公司没有对学习和发展计划的影响进行评估。在这些公司中，大多数结果都依赖于员工或经理的反馈，而非利用量化手段。

• 超过一半的人不知道其学习和发展计划在过去3年里是否达到了量化目标，甚至连是否设定了目标也不甚知晓。

简而言之，一个成熟的、战略型的学习和发展型企业有能力推动企业战略的实施并提高员工专注度。然而，像这样的研究表明，许多学习型组织仍然很难实现及维持文化影响力，而这最终会阻碍他们前进的脚步。许多高层领导者仍然把学习与发展项目视为成本项目而非战略投资，所以，许多高管的专注度和期望值往往很低。有些价值观、信仰和行为能够对企业文化中的学习方式产生影响，那么在推动组织转型的过程中，在首先不对这些因素进行改变的情况下，学习型组织应该如何去做呢？

对于学习型领导者来说，文化变革首先是一个由内而外的过程，需要不断提高自身技能、更新装备、更新思想及调整职责。正如工作日公司的领导及组织力副总裁格雷格·普赖尔在一次工作谈话中所提到的那样：“我们不会将文化外包出去。”简而言之，以文化作为主导因素意味着，学习型组织将利用文化作为催化剂，用来提高其绩效与专注度。以下做法会对转型过程有所帮助。

反思并调整战略重心

《哈佛商业评论》的一项研究发现，70%的公司能够将学习内容与业务重心进行匹配，其盈利也因此有所增加。商业环境、战略重心以及劳动力无时无刻不在变化，所以在学习及发展方面，采取战略型而非战术型的方法非常重要。我们一般会在很长一段时间内坚持某种学习策略，所以要想增加企业的可持续价值，十分关键的一点是要明白什么时候去适应、去调整，以及什么时候根据动态需求进行改变。

例如，为了满足如今的竞争性需求，马士基航运（Maersk Line）（丹麦集装箱航运公司）一直在逐渐改变其经营方式，从旅行社业务模式转变成了在线服务模式。为了适应不断发展的商业模式，实现文化变革，如果某个学习型企业中很少有项目与其战略重心相关联，而且其战略使命及目标完全是由客户影响所主导的话，那么企业中学习与发展方面的负责人必须对其进行转型。那些较为积极且致力于建立业务关系的创新举措，能够帮助提高客户服务质量，最终，我们可以从中看到学习对于企业的重要性。

将学习型文化寓于组织结构之中，意味着学习策略必须以业务一致性、业务整合及持续性创新为重点（见图3-2）。如果学习型组织无法很好地与现有组织文化进行结合的话，那么便很难成为文化变革的推动者及战略合作伙伴。

图3-2　战略一致性决定学习的可持续性

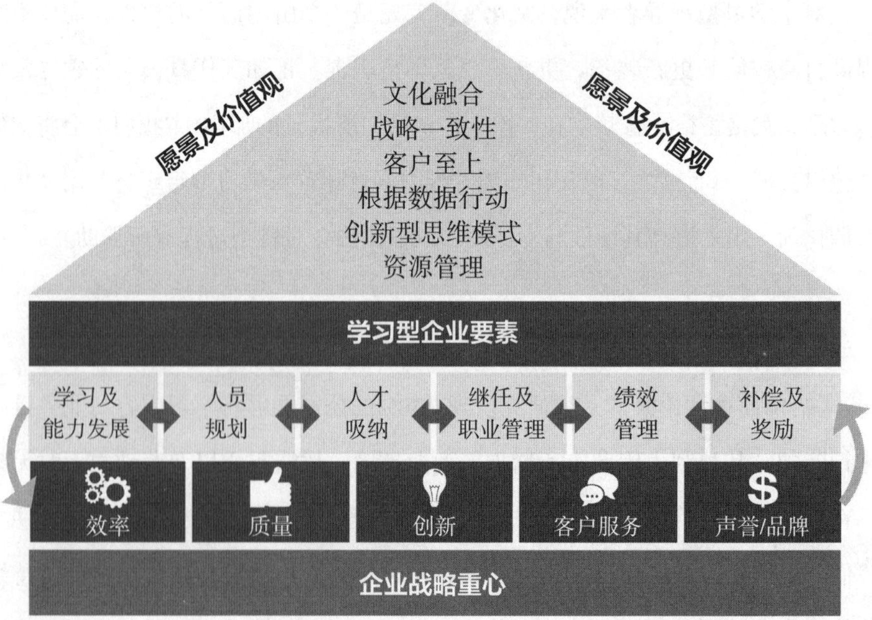

用战略目标来衡量发展

要想确定某个学习型组织是否有效地达到了战略目标，只有一种方法，那就是观察各种计划如何影响各关键业务绩效指标。学习型组织通常会跟踪大量数据，但是却很难通过评估来将其与业务绩效联系起来。而可持续、高绩效的学习型组织一般会具有很多有效的评估方法。他们能够利用复杂的技术进行评估，而且相比培训方面，更加关注在全组织范围内创建一种学习型文化。尽管企业结构、学习技术的使用或首席学习官的设置可能都会对学习型组织有所帮助，但评估及文化仍然是学习型组织在发展中最有力的推动者。

在学习型组织作为战略合作伙伴时，要想获得行政支持，保持专注度，就要在人员投资方面作出转变。另外，学习策略要有效地与有意义的业务成果相结合，这能够说明执行这些策略将如何影响绩效，如何增加业务价值。在第六章中，我们将对可持续的学习型组织如何将策略与商业评估指标相结合进行更为深入的探究。

审视战略重心

研究表明，在学习型企业中，增加或改进对于领导者或管理者的培训是极为常见的一种方法。虽然培养训练有素的领导者是我们所面临的一项紧迫挑战，但仅仅增加新的培训计划并不一定会使文化或财务状况有所改善。事实上，在可持续、高绩效的学习型铁军团队中，其重心已经从对于个体员工的培训转移到组织能力的构建上，包括培训方面以及能够影响学习功能的其他因素（如引言中所述）。大多数高管认为，通过合作性的“能力建设”来运用人才是一项战略重点。举个例子，在高通公司，其学习中心将移动型学习策略视为提高下一代学习者集体能力的最佳途径。对于项目团队和业务部门来说，他们每天要面对不断变化的工作内容、学习内容和信息，而混合式学习、精选的开源内容则能够为他们提供新的学习方法。

提高文化素养

要想促进组织和功能层面的文化变革，重要的是首先要明白，无论是进行简单升级，利用某些权宜之计，还是进行重大改革，有些根深蒂固的文化是一定要保留下来的。文化变革不能一蹴而就。例如，密西西比大学医学中心（UMMC）是该州一家大型企业，当初曾发起一项文化变革和品牌重塑计划，最终，在10多年后才有所进步。大卫·鲍威博士是杰克逊市的远程医疗公司telehealth ONE的首席执行官，正是他领导了这场运动，使密西西比大学医学中心在三个领域（教育、护理及研究）都变得更有竞争力。同时，鲍威博士还对密西西比大学医学中心的“价值主张”进行了改进，将其打造为员工和公众共同青睐的医院。鲍威认为文化变革包括以下四个阶段：

- 收集火种（从头开始，集中精力）。
- 点燃火柴（教育、沟通及建设基础设施）。
- 控制火势（衡量进展，强化网络）。
- 加速燃烧（保持进展，灵活应对，持续改进）。

密西西比大学医学中心的领导者认为，要想获得更多资助、吸引更为优质的人才、提高研究质量、改善医护条件以及增加病床数量，那么完成以上这几个步骤则十分关键。

对于学习型领导者来说，同样重要的是，要清楚文化的内涵，知晓企业的优势、不足与矛盾所在，并且知道如何在公司中进行传播。许多组织会使用文化评估、审查、焦点小组或年度敬业度调查等方式，从多种角度揭示文化内涵及其对员工动力、绩效及专注度的影响。

以瑞典通信技术和服务提供商爱立信为例。为了创建一个雇主品牌来帮助自己与世界顶级公司竞争，爱立信推出了“你+爱立信”战略。后来，在2012年时，其人力资源和全球收购团队与招聘广告专家一起开展了初步研究。开始时，其进行了焦点小组研究，目的是想了解雇主对于自家公司的看法、吸引员工之处以及外界了解自家公司的途径。同时，他们还对自己的竞争品牌信息进行了调查和研究。通过这些研究，爱立信从此便能有针对性地打造自己的品牌，创建社交媒体战略，同时根据雇主价值主张来进行语言设计。

一般来说，要想进行有效的文化变革，我们需要利用组织中积极的文化特质或属性，并消除可能会妨碍我们的消极文化属性。玛西亚·康纳，《新型社会学习：联系、合作及努力》（*The New Social Learning: Connect. Collaborate. Work.*）一书的作者，也建议学习型领导者在其学习型组织中定期进行文化审查，从而明确企业的优势及改进机会。同样，戴夫·乌利其，著名的“人力资源之父”，建议人才管理和人力资源经理要对组织的潜在“结构”进行定期审查。一个企业的结构决定了其执行战略的方式，同时也包含了许多企业要素，比如其文化、能力、奖励、管理、工作流程和领导能力。在构建学习型文化的结构基础时，要考虑以下因素：

- 文化无处不在。日常行为、互动以及良好的整体企业行为一直在创造、维持或改变着企业文化。日常的电子邮件、会议和公告也都能够传递和传播出理想文化中的信息。

- 变革文化并不意味着成功。就算已经取得了良好的学习效果，或者形成了良好的职场文化，也无法确保公司一直保持领先。这是强求不来的。有些管理风格和结构缺乏灵活性和适应性，虽然意在支持变革，但最后却对实现文化变革造成了阻碍。

- 文化变革不会一蹴而就。有些学习型领导者已经成功地建立起一种强大的学习型文化，而他们自己也承认，这需要花费很长时间（长达3年或更久）。另外，文化变革与文化发展属于不同的概念。

- 总会有改进的机会。德克斯户外（Deckers Outdoor），一家行业领先的制鞋企业，认为所有的学习项目都是一种机会，能够使企业文化得到强化和发展，在这种文化中，大家会更加专注，更加热爱学习。

- 文化不是万能的。我们可以通过研究或评估其他公司的企业或学习文化来获取有价值的信息，而最重要的是，有些价值观和行为会对自己的业务、业务部门或产业很有助益，我们要将焦点放到它们身上。

■ 小结

在企业中，企业文化是所有员工的共同信念和价值观，目前已经成为企业发展与竞争优势的新筹码。与以往不同的是，高管们正在利用学习和人才培养功能来转变公司文化，以求提高员工的专注度和绩效。同时，学习型领导者与首席执行官最有可能在文化变革及转型方面开展合作。不断有研究表明，如果一家企业能够拥有强大的学习型文化，那么其在上市时机、生产力、创新和盈利能力等方面，均能显著超过同行，同时还能提高员工专注度。在成熟的学习型铁军团队中，如果其学习型文化与其企业战略能够做到十分契合的话，那么这家企业便有能力推动其企业战略发展，提高员工专注度。有时，尽管想法十分丰满，但许多学习型领导者都没能付出努力，去创造并利用某种成熟、可靠的学习型文化，而这种文化能够帮助实现企业文化变革，并提高员工专注度。

翻到附录二中的第三章自我评估部分，然后想想自己的企业如何确定其中的过程及实践来发展一种增值型学习文化。

重点回顾

在全球人才竞争中，企业文化是关键砝码。

如今，对于各大企业而言，仅仅依靠产品及服务已经无法再为自己在市场中谋得一席之地。如果一家企业能够拥有较高的员工专注度、较高的工作与组织契合度及强大的领导力的话，那么这样的企业文化则更能够吸引高端人才并在企业竞争中脱颖而出。

学习能够推动建立企业文化，从而能够提高员工专注度及绩效。

成熟且团结的学习型铁军团队拥有较大的上升空间、较强的领导能力及积极的工作环境，同时，员工们还能协作进行十分有意义的工作，而这些因素则会使员工的专注度及绩效有所提高。另外，这些学习及发展机会还能够吸引高端的千禧一代人才。在这种环境中，那些不学习的人便会被淘汰。

学习型领导者必须在文化方面保持敏感及灵活性。

在21世纪，学习型领导者必须在文化方面保持专注及敏感，然后在团队及功能层面开展文化变革。如果对文化内涵及其对员工动力、绩效及参与度的影响方式不甚清楚的话，那么文化变革便无从谈起。

要想对文化进行变革及发展，我们需要花费一段时日。

尽管许多团队已经开始采取措施对团队文化进行改善，但是文化变革的速度永远赶不上文化发展的速度。要想对某种企业或学习文化进行变革，我们需要耗费许多时间、精力及资源，同时还需要在思想上进行根本性转变。

可持续的学习型组织要将文化变革视为一种“由内而外”的过程。

如果某个学习型组织，首先不去转变并不断改进自己的策略、流程及实践的话，那么在推动组织转型方面，其很难成为可靠的合作伙伴。在“文化主导”战略中，有一点十分关键，那就是要不断提高自身技能、更新装备、更新思想并调整职责。

■ 案例分析

背 景

田纳西州人力资源部属于政府级部门，是田纳西州的核心人力资源机构，同时也是田纳西州最大的“雇主”，是一支铁军团队。田纳西州人力资源部的总体职责是向州内政府部门、董事会和委员会等行政部门提供人力资源流程和服务等战略支持，并为立法和司法部门提供技术和人员发展服务。除此之外，该部门还会就人力资源问题向州长办公室提出建议，还要负责建立和维护全州的人力资源政策、指导方针和秩序，为政府机关提供人事方面的指导、咨询和培训服务，并为工薪阶层进行专业指导及领导力开发培训。

培养战略型人力资源领导者，并与客户共同合作寻求创新型解决方案，是田纳西州人力资源部的使命所在。最后，该部门不仅完成了自己的使命，还在整个州政府的人力资源方面发挥了重要作用，并为其他部门输送了125名员工及1150万美元的预算。其部门领导有两项重点任务：一是为客户提供服务（主要是行政部门内部）；二是对部门本身进行管理，包括对流程及员工发展进行持续改善。

田纳西州人力资源部在州政府中的角色十分复杂，需要员工具备扎实的技能，并能够在不断变化的环境中工作。在这种环境中，系统思维和出色的客户服务至关重要。在田纳西州人力资源部的职责中，有一点十分关键，那就是建立一种具有一致性及协作性的平台，用来对典型项目及政策进行开发、实施及解释，从而使员工和政府机构领导人受益。作为田纳西州最重要的人力资源机构，田纳西州人力资源部将州政府视为一家企业，然后在组织发展、员工职业学习、领导力开发和政策落实方面，与各个机构一同合作制定战略政策。

无论在国内还是国外，田纳西州人力资源部都获得了极大的认可，被公认为十分优秀的人力资源机构，并且在2015年获得了由美国国家人事管理协会（National Association of State Personnel Executives）颁发的最佳人力资源贡献奖。该部门的部长还获得了2009年尤金·鲁尼奖，并在2014年获得了由国家人事管理协会颁发的最佳贡献荣誉奖。2010年，该部门获得了由国际人力资源公共管理协会（International Public Management Association for Human Resources）颁发的2010年度最佳机构奖，还分别于2012年和2013年获得了由田纳西绩效卓越中心颁发的最佳人力资源战略与学习/发展奖，以及最佳贡献奖。

之所以能够获得这些奖项，是因为该机构一直在连续的学习型环境中对某些过程及程序进行开发、实施和实践，其中还会接受客户反馈及不断进行过程审查。我们还对崔西·霍利迪博士进行了采访，她向我们说明了田纳西州人力资源部和战略性学习解决方案团队如何发展成为创新人力资源和学习实践方面的领导者，以及如何为州政府打造一支高绩效的工作团队。该团队5年多的经验向我们展示了“可持续性周期”中的几个阶段。

识别阶段

作为田纳西州的人力资源部长助理和首席学习官，霍利迪说，她的主要工作就是为行政部门培养职员，并为他们提供必要的工具和资源，以成功地应对州政府中的人才挑战。人力资源改革的最初愿景始于2009年，当时，人们吃惊地发现，面对即将到来的退休期，许多重要岗位出现了后备队人才短缺现象。当时还出现了许多其他人才挑战，比如领导力差距、关键职位人才的技能短缺、激烈的人才竞争、经验和知识资本的流失、婴儿潮一代的高流失率，以及在员工招聘或专注度方面的技术过时问题。由于管理人员对人才短缺、技能缺口和招聘实践过时等问题所造成的负面影响进行了一致反馈，所以田纳西州人力资源部和战略性学习解决方案团队便开始创建学习型组织，想“真正”实现战略性人才发展，提高员工专注度，并持续进行改进。要想培养并留住人才，我们需要建立一种学习型文化，让他们可以在其中得到成长并发挥才能。

2009年到2012年间，该部门在创新员工发展实践方面取得了一些进展，这也使得该部门离学习型组织的愿景更近了一步。然而，2012年“田纳西州质量、责任及管理制度”（T.E.A.M.）的颁布像是“打开了闸门”，让那些有前瞻性的机构能够开始转变政府文化，以适应正在推进的公务改革。所有州级机构和州政府领导者都希望建立一个更有效率的客户中心型政府。

提高政府的声誉，使其成为用表现说话的雇主，成为一支铁军团队，成了所有州级机构的首要议程，这其中包括改善就业和经济发展、教育和劳动力发展、财政实力、政府效率、卫生及福利、公共安全等方面。

对于田纳西州人力资源部来说，在解决招聘难问题及改变发展方式方面，该州的公务改革使我们看到了更多的落实可能性以及政府的大力支持。随着“田纳西州质量、责任及管理制度”的落实，我们可以看到政府的大力支持，比如将霍利迪从首席学习官升为行政官员，负责监管州级行政部门员工的学习与发展情况。田纳西州人力资源部负责在政府中进行所有的专业和领导力发展培训。田纳西州是美国第一个将首席学习官提拔为行政官员的地方。

机 会

为了使学习与战略重点相一致，霍利迪认识到，需要将重心从事务处理型、以活动为主的培训转向更具变革性的、以绩效为基础的培训。新的目标、名称及声明旨在表明，学习型组织已经不再是传统的培训型团队，而是进行了转型升级，将学习及绩效视作重点（见图3-3）。

图3-3 战略性学习解决方案团队（SLS）的目标

田纳西州人力资源部的使命：开发战略型人力资源领导力，并与客户一同合作，寻找创新性解决方案。

田纳西州人力资源部的愿景：通过创新型人力资源领导力及实践来推动战略转型，从而为政府培养最优秀的人才队伍。

战略性学习解决方案团队的目标：与机构领导者一同协商，共同重新制定有针对性的战略，使其能够培养并保持一支优质的人才队伍。

在向学习型组织过渡的过程中，战略性学习解决方案团队利用持续改进的视角创建了一种通用语言及愿景（见图3-4）。这有助于使战略性学习解决方案团队找到自己的目标，朝着共同的方向努力，同时也强调了这样一个现实，即变革是一个不断演进的过程，而非一次性事件。

霍利迪称，“由于长期以来，人们一直处在终身任职的环境中，所以我们还有很多空间来更新或改变过时的雇佣行为”。“我们一直都是这样做的”这种心态可能会阻碍发展。

霍利迪说：“我们希望自己不仅仅是人力资源专才或学习专家，还希望能

图3-4 之前及将来的状态

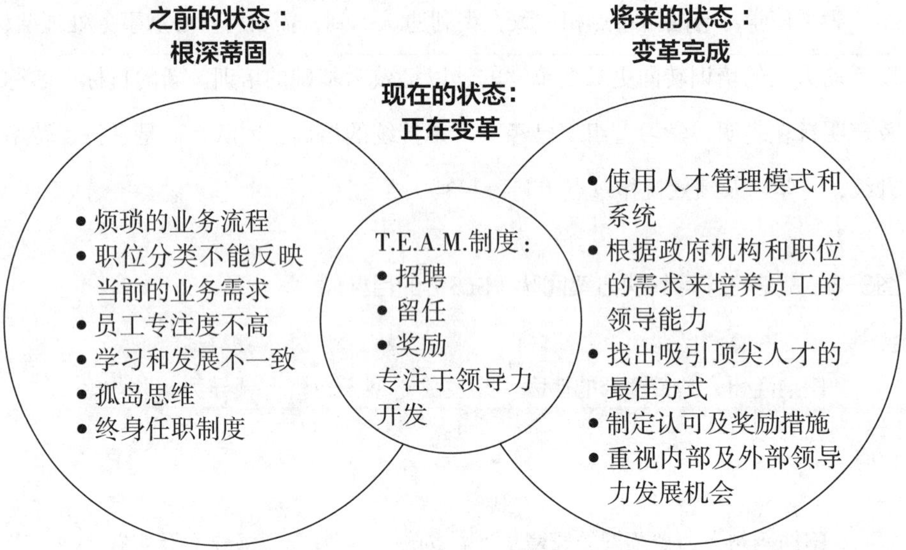

够增加更多的价值，并进行更多的合作。我们把这种文化变革看作是一种机会，希望自己能够站在战略决策的前端，而不仅仅是对已经做出的决定作出应答。我们的最终目标是，能够辅助我们的商业领袖来雇用、培养及留住人才，从而将所有的组织都转变为客户主导型、高效率的及可持续型政府。从一开始，我们的愿景和战略设计中就出现了可持续性的问题”（见图3-5）。

愿景与一致性

在更加以客户为中心的情况下，在探索如何支持标准化学习和发展的业务需求的过程中，战略性学习解决方案团队成员意识到，他们自己对“真正”客户到底是谁持有不同的看法。在创建以客户为中心的学习策略时，弄清终端用户、优质客户和主要利益相关者的不同需求能够加速这一过程，在其中：

- 当局和机构领导者是主要相关利益者。

图3-5　创建可持续的学习计划

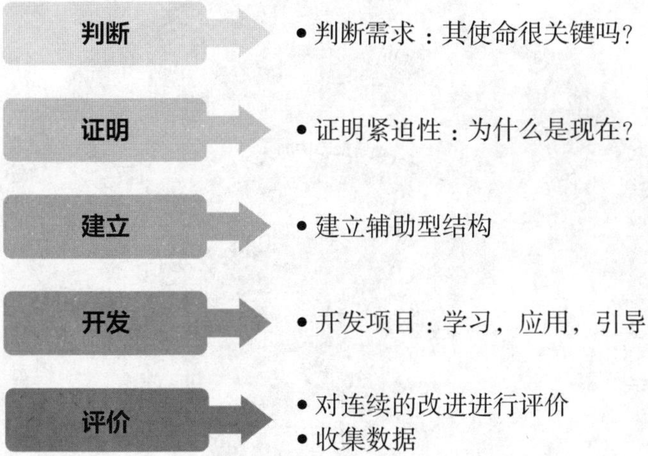

- 机构培训官员和人力资源官员是优质客户。
- 所有政府雇员都是最终用户。

无论学习策略和解决方案如何迭代，这一框架在其中都一直坚持“客户至上”的原则。它提供了一个框架，使得战略与解决方案能够与现有的业务规划、关键人才需求和现有的人才管理实践相一致。例如，战略性学习解决方案团队曾致力于对43000名终端用户进行服务，后来他们将重心放在41个主要利益相关者（每个机构的指定官员）的学习、绩效和人才管理需求上，而这些利益相关者则负责对终端用户群体进行监督。

正如图3–6所说明的那样，战略性学习解决方案团队开发出一种“人才管理轮”来作为框架，用以统一核心人才管理实践，其中包括：

- 职业规划
- 能力管理
- 高潜能人才培养
- 学习及发展
- 绩效管理
- 领导力开发
- 继任规划
- 招聘
- 专业发展
- 留任

图3-6　人才管理轮

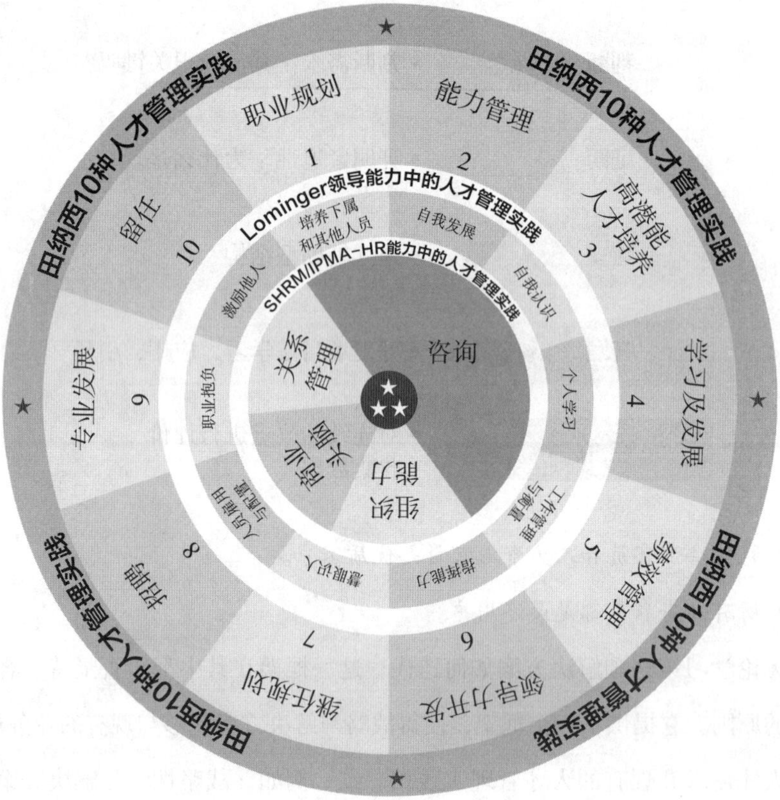

注：SHRM即人力资源管理协会，IPMA即国际项目管理协会

战略性学习解决方案团队成员经过培训，可以改进及更新自己的绩效咨询能力，以便能够在不断变化的、以客户为中心的环境中更好地提供必要的专业技能及专业知识。

学习解决方案及设计

随着战略一致性的实现，接下来就要为学习及发展功能以及组织来制定及落实变革计划。该团队认为，每个团队都需要具备基本工具、资源和信息，以帮助他们在“巨大的文化变革”中，从终身任职制度过渡到绩效中心制度，对相关工具及必要的学习解决方案进行开发，然后对州内的重点事项进行解决，而在这其中，首先要与机构负责人进行焦点对话，讨论各自的业务需求、学习或技能差距。霍利迪说：“我们与机构领导人和政府领导人进行了讨论，内容主要是关于如何帮助他们打造出高绩效的人才队伍。从高管层开始，我们不再采用传统方式，将重点放在对个体员工的常规培训之上，而是转变成去探索如何在整个机构中推动有针对性、有组织性的学习。”关键是为新的绩效和培训过程提供适当的管理支持。

针对性计划。通过在早期与利益相关者进行对话，战略性学习解决方案团队总结出一些有针对性的工具及计划（见表3-1）。

表3-1　有针对性的学习规划

专业发展	增加留职人数的工具
在全州开展客户服务培训	田纳西政府领导（所有州级领导力项目的成员）
G.R.E.A.T顾客驱动型卓越	田纳西政府领导委员会
G.R.E.A.T客户服务统计原则	全州学习与发展委员会
进行S.M.A.R.T绩效规划	

标准化促进模型。霍利迪称：“将学习价值和责任提升到行政级别是一种巨大的文化转变。”将学习设计及评估的主要职责交给首席学习官及其战略性学习解决方案团队，使得该州各级政府和部门发生了重大变革。之前通常的情况是，专家需要为其部门设计并提供非技术培训。由于这些专家在需求分析、促进或咨询中各自具有不同的技能水平，因此，对于各部门应该学习什么、做什么才能整合现有计划或客户服务要求，存在很多不一致的地方。因此，战略性学习

解决方案团队最终开发出：

- 标准化的促进准则。
- 有些战略性学习解决方案职能以外的员工，他们想要并且有资格去培训他人，所以为他们设计了一种培训教员认证模式。

学习总结

在早期战略和解决方案开发过程中，霍利迪及其团队有了这样一种关键性认知，那就是要始终将重心放在使命及最终目标之上，即利用学习型文化来提高政府部门的绩效。在识别阶段，有一些赋能策略能够帮助团队取得进步，其具体内容如下。

1. **评估现状。**“为了对目前所面临的问题有所了解——我觉得这太棒了——每个州级政府机构的最高长官（最高长官就像该机构的首席执行官一样）都在其机构内部进行了彻底审查。他们对所有程序、实践、政策、人员队伍及组织结构进行了全面分析，以明确客户主导型文化要如何转变才会对业务产生最大影响。对我们来说，这是一个非常重要的开端，能够使我们了解到内部政策所传达的信息，也能让我们看到可能会阻碍我们前进的不协调之处。”

2. **明确方向。**“我们应该以客户意愿为导向，然后进行实践。在这一变革过程中，因为大家已经能够拧成一股绳，所以明确方向及使命至关重要。起初，我们为实现可持续性而设计了一些举措和流程，而现在我们已经将其进行了落实。”

3. **遵循参与的规则。**“我们像进行重塑品牌运动一样来进行文化变革，并创造了进行对话和讨论的机会。我们开始了一场‘倾听之旅’，在其中机构领导者、董事及团队领导者能够与客户进行接触，了解他们的需求、挑战和难处。这些积极的对话很有帮助，能够使‘客户中心型’员工队伍更好地为客户服务，因为我们不是在探讨对于某个政府部门或人力资源进行改变，而是想进行彻底的变革。接下来，人们便开始希望加入我们。”

4. 根据特定需求来调整策略。“首先，我们从目标客户及‘倾听之旅’中收集一些数据，然后根据这些数据来制定学习策略。通过这种方式，我们取得了成功，因为我们不仅能够从此成为真正的合作伙伴，而且还能够改进不足之处。”

5. 吸引行政支持。“我们将谈话内容从对于43000多名员工的培训改为谁该真正来推动学习。因此，我们不再进行常规的员工培训，而是在行政层面推动针对性学习。对我而言，这是一个转折点。如今，学习的起点是每个机构的指定官员，而我的主要利益相关方是其机构的负责人。除了人力资源官员和人才管理总监之外，我还有41个重要的利益相关者。为了满足他们的需求，我们进行了一些探讨，主要关于其在创造愿景、使命和战略时，要弥补哪些学习差距，满足怎样的人才需求以及需要具备哪些关键能力。”

抗拒阶段

无论怎样设计、辅助及执行变革策略，变革之路都不会一帆风顺。以下是该团队在变革过程中遇到的一些障碍和困难，以及对其有所帮助的一些赋能策略。

一线员工。一开始，战略性学习解决方案团队没有很好地向其利益相关方或客户（尤其那些身处第一线的）就学习型组织的各个方面进行推广或示范。一般情况下，很少有一些诱因或文化规范能够激励员工成为终身学习者。在整个企业中，大部分人都没有进行持续改进及发展的意识。此外，员工们在面对新的业务模式或新兴变革要求时，往往不愿意去冒险。

在整个变革过程中，该团队在探讨如何从终身任职型文化转变为绩效中心型学习文化时，首先与一线员工进行了面对面会谈。“为了便于交流及传递消息，我们开发出一种共享词汇，并将我们的变革管理策略进行了统一，来让大家清楚我们的目标。”霍利迪说道。确保其主要客户能够清楚地理解变革背后的原因，被认为是维持这种变革的重要因素。“但即使现在，在转型的这一阶段，所花的时间也比我们预想的要长。也许我们该在早期问更多为什么。”她补充道。

负责培训队伍。负责培训的队伍由6名全职工作人员组成，由于“它没坏，为什么要修”这种心态，所以霍利迪在开始时有点担心其无法满足新的绩效需求。一直以来，培训都是以目录为导向，进行常规的“对号入座”练习，并且以员工为主导。学习和人才发展没有很好地与组织价值观、使命和业务需求进行联系，以培养和吸引一群有能力且有竞争力的领导者。霍利迪认为：“要想解决这一关键问题，我们要提高学习和发展团队成员的技能，这样他们就拥有了适当的信息和工具来有效地调整、设计并提供绩效中心型学习（和非学习）模式的解决方案。在关系管理、商业头脑、组织领导力及咨询方面，尤其在对客户需求与希望的辨别咨询方面，我们要提升战略性学习解决方案的技能（SHRM/IPMA能力）。”另外，还要开发一种通用语言和统一的绩效咨询方法，如“您想解决什么业务问题”与“您需要什么样的培训”，因为作为战略合作伙伴，与客户和利益相关方进行合作是建立信誉的重要基础。

中层管理人员。据霍利迪称，早期变革过程中，最大的过渡障碍就是她所称的政府中“被遗忘的人”——中层管理者。从学习和发展的角度来看，有些高层管理人员会发出一些有关创新政府的信息，而州政府中有8500多名监督者掌握着这些信息的传达及支持程序。“中层管理人员决定着信息的内容及受众，以及在整个组织中的传达方式。与此同时，中层管理人员决定着发送员工的哪些消息给高层领导。所以我们要对此进行变革。对我而言，这是我们所面临的最大挑战。我认为中层管理人员是组织的核心，是成功进行变革的关键所在。”霍利迪说道。

在抗拒阶段，有些赋能策略帮助该团队克服了这些常见阻力，具体包括：

1. 考虑经营目标。“我们真的必须打破旧的方式，要通过培训，把重点从‘提供哪些课程’转变为‘学习如何满足领导者的使命和需求，才能使人员队伍与之相匹配’。在我们的战略中，有一点十分重要，那就是不再用‘培训’这个词，而是去学习和发展。这可能听起来变动不大，但其实不然。因为与培训不同的是，学习是一个过程，是一段持续的旅程，而非一次活动。”

2. 对变革过程进行规划。高层领导者对战略性学习解决方案团队所实施的整体变革过程进行了认可和批准。“我们必须从一线员工开始。我们不能在某一天宣布要进行变革，然后说，‘在日历中标好，记住，我们从今天开始将成为一个学习型组织！’我们要关注的是，如何将终身任职型文化转变成绩效驱动型学习文化。我们开发了一种共享词汇，用于进行交流和信息传递，我们还对变革管理策略进行了统一，以帮助大家了解我们的发展方向。在过渡时期，我带来了一些威廉·布里吉斯的作品。想让员工们看到，尽管在变革过程中会出现一些不确定性或矛盾性因素，但依旧会有所收获，最后实现突破。另外，在整个变革过程中，我们还将会一直与各级客户保持积极联系。”

3. 培养能力。“我们也知道，不能只空谈变革之事。我们必须要去具体行动，向一线员工亲身传达我们的信息。我们要强调，学习是大家职责中的关键部分。另外，我们还要对监督者进行培训，教他们如何编写S.M.A.R.T.［具体的（specific）、可测的（measurable）、可实现的（achievable）、相关的（relevant）、有时效性的（time-sensitive）］绩效规划。而且我们要从绩效评估中获得主观性，这样就可以用客观数据来评估绩效。同时，我们还教大家如何去编写S.M.A.R.T.目标。现在，下到州级雇员，上到每个机构的指定官员，都有了S.M.A.R.T.目标。另外，有些员工想要成为认证服务者，但在早期其通过率较低，所以我们还会提前教授基础服务课程并提供职业帮助。”

4. 做有意义的事。“在州级学习和发展委员会的帮助下，我们确定了行动方向，了解了他们需要哪些工具才能成功实现过渡。然后，我们为州内监督人员创建了一种在41个机构均可通用的，分为四种级别的领导证书。第一级要求监督者学习一些基础的管理知识，第二级要求具备高级管理技能，第三级要求掌握领导力相关基础知识，第四级要求具备高级领导能力。这创造了一个双赢的局面。我们使管理者和监督者进行了学习，掌握了核心能力，而这对他们的发展至关重要。领导者现在可以让监督者利用自己所学来负起责任，这就是我们以前的文化中所缺失的东西，人们没有掌握恰当的知识、工具或能力去发挥职能，也没有让员工或领导者负起责任，所以他们便一直不去提高相关技能。”

更新阶段

正如第二章所说，当学习型变革成功通过最初的考验时，一切都会发生改变。在可持续性周期的这一阶段，通过进一步加强学习与战略方向的联系，并在需要进一步学习支持之处集中精力进行合作，学习型组织进一步实现了其在学习和绩效中心型文化方面的最初承诺。在这里，对于该机构如何重点进行更新活动，其如何稳步推进新型学习及人才培养过程和实践的全面整合，霍利迪进行了具体说明。

在早期阶段，该团队首先就其愿景向一些重点高级利益相关者进行了说明，同时制定了相关执行策略，并突破层层阻力，最终实现了变革。“这并不简单，并非一蹴而就。但我们还是逐渐创造出一种全新的绩效局面。”霍利迪说道。

据霍利迪称，该部门开始形成了真正的学习文化，并且十分重视持续改进及反馈。通过系统的、协作的方式，他们成功地指导了23个政府机构将学习与发展战略同绩效管理、领导力开发、人才培养和持续改进过程进行结合。最近，战略性学习解决方案团队改进并定制了一套绩效指导课程，用来教授监督者如何对员工进行指导，以满足工作和团队绩效的不断变化的期望。“我们开发出一套自己的培训模式，并教授监督者们如何对其员工进行培训，其中重点是不断改进其S.M.A.R.T.目标。通过将绩效管理和培训联系起来，以及为人们提供发展所需的信息和工具，我们利用学习推动了变革，逐步发展成为客户主导型组织。”

如前所述，重要的是，该部门所取得的成就一直被公认为人力资源界的一大突破，并获得了若干奖项，包括2013年由田纳西州卓越表现中心所颁发的最佳贡献奖。

保持动力

据霍利迪称，政府公共部门环境中的可持续性意味着，变革并不能单纯由某个政治议程或政治人物来推动。例如，在每四年一届的政府，最多每8年（在田纳西州，政府官员最多只能连任两届）一届的政府中，高层领导会有任职变化。“那么，我们如何创建和维持这样一种文化，使人们在其中不会常有不安之感，不会觉得没有持续性？有员工曾告诉我，在你来之前我们就在这了，你走后我们还会在这，”霍利迪说道，“这种心态说明，事情通常不会以某种可持续的方式进行。”

在这种情况下，战略性学习解决方案团队有意以不同的方式来实现这种文化变革。从发展的早期阶段，他们就有意将变革制度化——灌输一种新的学习文化，使其成为一种常态，而非新型“时髦”之举。这个团队还创建出一种较为灵活的文化框架，其能够根据领导的变化而变化，或者让某个新的行政机构来介入，同时还能确保框架的真正本质不会受到影响。

“我们不想让这一体系过于密集，以至于无法适应新的领导者或新的要求，”霍利迪说道，“要想保持可持续性，就不能与政治挂钩。我们的领导力项目——田纳西政府管理机构，田纳西政府行政机构，负责田纳西州所有的州级领导力项目，已经在管理改革方面取得了成功。新领导人已经认可了这个框架，因为他们能够有所收获，并让这些项目为自己所有。这就是我们在设计时希望达到的效果。”

将新的学习和绩效文化与现有的质量标准和卓越绩效框架相结合，在整个发展过程中，对于保持转型后的学习型组织的价值和领导力支持十分关键。在任何持续进行的改进过程中，学习都被广泛认为是不可或缺的一部分。在学习型组织的转型过程中，要想实现持续更新及发展，关键是借助于下面这些委员会。

- 在由部长丽贝卡·亨特和部长助理兼首席学习官霍利迪所领导的州级领导力项目中，由其中一些成员组成州级政府领导力委员会。该委员会每月都会召开会议，主导着五大战略领域。

• 州级学习及发展委员会。

这些委员会加强了各组织间的联系，使其员工能够不断进行学习，并让他们分享自己是如何应用新的技能、规则和方法，然后实现卓越绩效目标（这些目标与组织文化密不可分）。

评估、测量及持续改进

"我们一直认为，当领导者使用恰当的数据来调整业务及人员战略时，人才管理才能推动机构向前发展。"霍利迪说道。图3-7表明了转型工作的预期结果，其中，组织的品牌形象会得到提高，财务活力、生产力以及客户满意度也得到了提升。

图3-7　预期结果

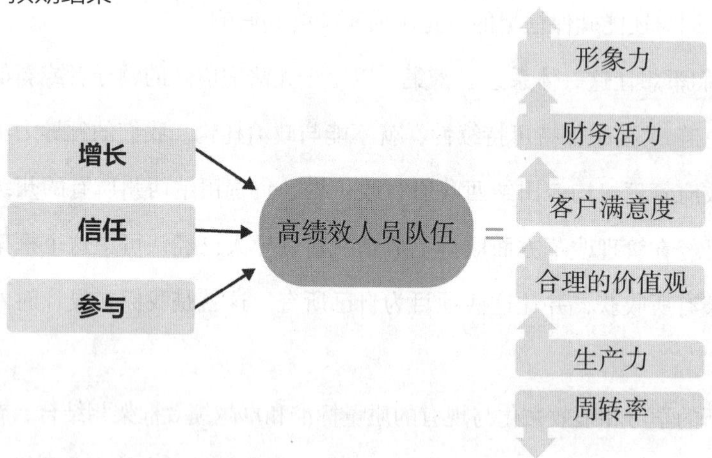

有23个政府机构对自己的连续改进过程进行管理，包括为确保问责制而定制的时间表，他们最初对个体机构的成功措施进行收集和整理。这些措施将作为该机构年度绩效规划的一部分提交给州长。图3-8是战略性学习解决方案学习方法的一种样板。

图3-8 样板

州级领导力项目参与度		
测量名称	**每季度测量指标**	**当前测量结果**
三种州级领导力项目参与情况	参与州级领导力项目的机构、董事会和委员会的数量（LEAD，TGEI，TGMI）	45家全部参加
领导力黑带项目参与情况	新领导力项目成员参加该项目的数量（目标：25）	88位新成员
田纳西州政府领导力会议的参与情况	参会人数（目标：375）	518位参与者
学习效果：相关性	认为所学技能在日常工作中有用的学习金字塔认证培训师的百分比（目标：90%）	94%
学习效果：相关性	在领导力项目中，认为所学技能与日常工作相关的客户的百分比（目标：90%）	91%
过程测量：发展型组织		
测量名称	**每季度测量指标**	**当前测量结果**
参与机构数量	自2016年3月31日起所举行的TM行政系列会议的数量	19
机构满意度	对TM行政系列会议满意度为4-5分的新机构的数量（满分5分）（目标：4）	9
机构学院参与度	自2016年3月31日起，目前仍在继续的领导力学院的数量（目标：90%）	6
战略性学习解决方案所负责领导力项目的质量	为学习项目打4-5分的被调查的参与者所占百分比（满分5分）（目标：90%）	87%
变得更加S.M.A.R.T	认为或特别肯定已经完成学习目标的管理者及监督者所占百分比（目标：95%）	92%

霍利迪称，要想使测量数值更加准确，应该更多地在整个组织中对客户满意度进行跟踪，而非仅仅停留在某一部门或“小型企业”级别。“作为学习型组织，这就是现在我们进行持续改进的目标。另外，我们还希望进行更多的基准测试。总的来说，我们在迈向高效、以客户为中心的学习型组织方面已经取得了很大的进步。但这段旅程还在继续，我们的愿景依旧不变。在达到学习、绩效及责任方面这些新的期望的过程中，人们所利用的方式令人惊叹。”

在更新阶段，下面这些赋能战略使得这一铁军团队进行了更加成熟、有价值的学习实践。

1. **保持灵活**。“在公共部门中，一直都会有变化出现：重心、领导者、结构、预算和法规都会发生变化。这一问题值得关注，组织领导者一定要注意其可能会造成的摩擦。我们必须创建一个文化框架，使其能够灵活应对新的领导者及新的需求。”

2. **加强联系**。“我们一直在探讨何为要事，并且帮助人们去理解自己与要事的联系，还会去探讨我们自己的学习及成长模式，以及将他人视作内部客户的重要性。如果我们不花时间去建立这些联系，那么我们可能无法取得想要的结果。学习委员会还帮助一些人参与到了一个正在进行的学习群体当中，现在，这种学习群体已经‘在我们的文化中根深蒂固’。”

3. **增加职责**。“我们建立了责任时间表，这使得情况有了好转。这正是我们以前的文化中所缺失的东西。这些措施最后都被写进了机构绩效计划。”

4. **重点进行持续改进**。“我们的任何行为都应该以客户的意愿为准。现在，我们的持续改进目标应该是在企业范围内让客户满意。”

图3-9　关键举措

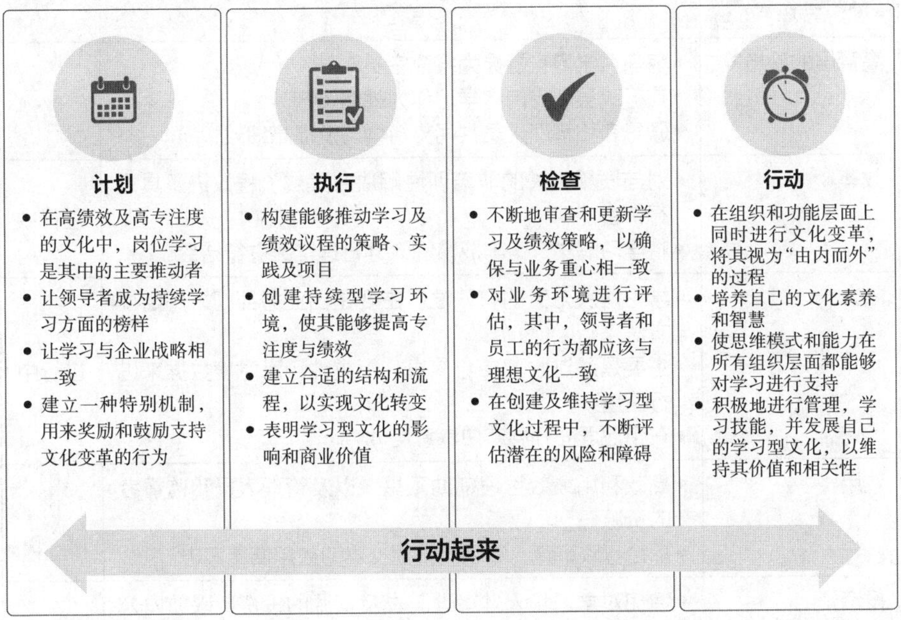

▪ 案例回顾

这个例子向我们展示了，一个具有开创性的公共部门机构是如何转变为一支铁军团队，以应对关键的人才管理挑战和公务改革需求。无论对于整个组织，还是对于变革的推动者——学习和发展团队来说，努力发展成为更负责的客户主导型政府，说明这里正在发生一场复杂的、全面的文化变革。

“以文化为主导”既是这场大规模行动的目标，又是我们在其中所利用的方式。在从终身任职型环境转变成绩效主导型环境的过程中，为了帮助员工能在其中有所发展，霍利迪和她的团队将重点放在对于适应性学习和发展结构的创建之上，使其能够与不断变化的业务需求相协调。表3-2中列出了成功的可持续学习型组织的突出特点。

表3-2　可持续学习型组织的特点

特点	事例	
高管层的参与度	• 将首席学习官提拔为行政官员 • 在行政层面支持将学习作为战略资产 • 领导者和管理人员共同支持学习及提高绩效	√
效率	• 对与质量相关的非培训性解决方案或流程改进工具进行综合使用 • 将学习解决方案与成熟的人才管理实践进行结合	进行中
效力	• 学习解决方案的有效性，主要是由业务部门采用定性方法来衡量 • 主要是通过收集参与信息、相关性和满意度数据来进行衡量 • 在企业层面开展客户满意度调查	进行中
效用	• 高效利用绩效管理辅助工具，以及管理人员和监督者的资源 • 配合行政审查，每季度都提交学习效用衡量报告	√
投资	• 增加对学习和人才管理工具及资源的投资，以助力公务改革，实现改进目标 • 增加对“增技”员工的投资，以满足不断变化的业务需求和新的绩效要求	√
可信度	• 可信度较高并且曾获过奖的学习型领导者，在组织内外都会受到认可 • 可信度较高、获过奖的学习型组织	√
需求	• 各个层次的利益相关方对田纳西州人力资源部在咨询或培训服务方面提出了更高的要求，所以这一组织需要不断改进流程、改进决策过程并进行更加有效的人才管理	√
治理	• 由跨职能治理委员会来确保学习及持续改进过程能够反映固定的质量标准，并确保整个企业都能一致对其进行应用	√
不断改进	• 学习和人才管理过程建立在不断完善的质量标准之上 • 学习委员会定期召开会议，对需要改进之处进行评估	√
弹性	• 设计灵活的、可扩展的学习和绩效框架，以适应不断变化的政治环境	√

由于衡量过程和实践没有得到充分实施或优化，所以田纳西州人力资源部这支铁军团队还没有进入最终完善阶段。具体来说：

效力。田纳西州人力资源部一直在改进其衡量方法及实践。每季度的数据都集中在产出度量（参与者的数量）和对于学习效力（满意度、相关性、实用性）的（第一级）反馈。但目前，采用何种量化方法来评估学习型组织的组织影响及其对客户的贡献，还没有被开发或采纳。

效率。对于该铁军团队来说，其对于时间、使用情况和成本指标的监控已经较为完备，但还要努力达到更高的效率指标，探究更佳的跟踪方法。该团队正在对基准数据进行研究，以制定效率标准。

第四章

修炼 2：培养并共享领导力

你越爱学习，领导得就越成功。

优秀的领导者遵循的一个信条就是：永不停止学习。

——科林·鲍威尔

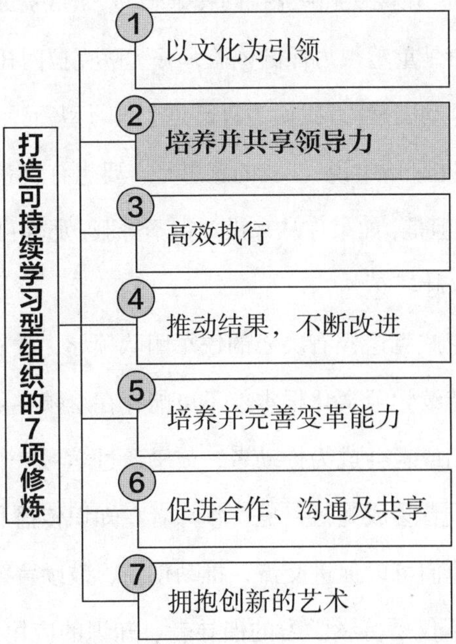

本章要点

- 高层领导在营造并维持学习文化中所发挥的作用
- 如何让领导者和管理者成为活跃的业务伙伴和学习伙伴
- 解决领导力的问题后，为何管理人员会更加支持可持续学习型组织
- 如何通过学习培养整个组织的领导力，并共享领导力

2015年10月，凯特·伦威克担任美国视力保险计划（VSP Vision Care）的第一位女性总裁。从会员数来看，美国视力保险计划是全美最大的医疗保健机构，也是VSP Global五大产品线中规模最大的一家。美国视力保险计划的总部位于加利福尼亚州的兰乔科尔多瓦市，在全球拥有7500万名会员，32000名医生，眼科护理医生拥有量全美最多。23年前，凯特·伦威克获得经济学学士后，就开始在该公司工作，并一步一步走到了现在这个职位。为了做好从首席营销官到总裁的转变，凯特·伦威克启动了为期3个月的“倾听与学习之旅”，与客户、医生等利益相关者见面。在接受《萨克拉门托杂志》（*Sacramento Magazine*）采访时，她认为，自己的使命是重塑视力保健体验，并为萨克拉门托创造更美好的未来，其中学习是重要的推动因素。“我认为自己是个学习型领导。我觉得一个人就得让自己不舒服，”她在采访中说，“我的意思是，要想有收获，必须要有所付出。可能过程不太舒服，但是，如果你从来没觉得不舒服，那你可能根本就没有学习，你可能并没有全力以赴。”

没有像凯特·伦威克这样有决心的铁军团队领导，没有他们尽心宣传学习的价值，高效的可持续学习文化根本就不可能存在。领导是企业文化、结构和氛围的塑造者，他们或者会成为推动者，鼓励通过学习来交流想法，并在工作中实现这些想法；或者会成为拦路虎。领导者在知识传播和创意构思中发挥着至关重要的作用。他们可以促进交流，推动创新，鼓励冒险，激发人们创造性地解决问题。他们不仅是持续学习的倡导者、知识的应用者、学习的捍卫者，

也是学习的榜样。简单来说，领导者积极投身学习，并成为学习的象征和化身，学习型组织发展壮大得越快，员工的积极性和绩效提高得越快。

来自一线的声音

作为负责人才培养和开发的人员，我们的任务，就是要让领导把学习、发展和重要的创新措施融入企业业务中。

——拉胡尔 · 瓦尔马，埃森哲（Accenture）首席学习官

让领导者支持嵌入式学习文化，并致力于营造这样的学习文化，不可能一劳永逸，而需要不断发展、不断建立关系。在整个过程中，您需要问自己两个问题：领导们是否能够将学习有效融入业务结构？学习型组织是否能够让领导者参与学习，并培养他们的领导能力？

▪ 高层领导倡导学习

众所周知，通用电气这一铁军团队的高层领导在支持学习文化营造方面发挥了积极作用。通用电气的领导者将学习视为领导工作的一部分。他们经常花时间和精力培养员工的才能。他们让员工去不同的部门锻炼，拓展他们的视野，提高他们的技能，并让他们接受有意义的挑战，从而培养他们的才能。通用电气也希望其领导者能为自己制定年度发展计划，并按计划实现自身发展。虽然通用电气强调通过实践来学习，但也鼓励员工接触组织内外的思想领袖来学习。

因为通用电气的高层领导公开或私下表示愿意积极支持学习和发展，这就说明团队重视学习，认为学习可以提高个人和团队绩效。在这种情况下，高层领导重视将业务要求和学习要求统一起来，在学习和发展上投入资源，消除障

碍，为组织各级领导赋权，以取得丰硕成果。

不过，像通用电气这样的铁军团队的例子并不常见。更常见的是下面这种情况：组织内只有首席学习官或人力资源部门对发展负全责，只有极少数领导认为自身应该发展，也只有极少数领导将发展作为自己应该承担的重要工作职责。不过，如果高层领导认识到自己应该培养所有员工的能力，他们就能够扭转乾坤。

米勒啤酒公司（MillerCoors）的学习和发展高级总监劳拉·哈克特表示，要想成功实施商业战略，培养能够“让我们脱颖而出”的能力，高层领导的支持是关键。在TD访谈中，哈克特提到，北美合资企业米勒啤酒公司启动实施了强劲的混合型人才管理战略，其重点在于推广“由领导者来教授”的持续学习理念。根据哈克特的说法，“两家合资公司都没有形成值得一提的学习文化”，两家公司的发展都完全依靠传统的、现成的东西。为了在瞬息万变的酿造业保持竞争力，米勒啤酒公司的首席执行官积极与学习和发展团队合作，持续培养并保持企业内部员工的关键能力，创造了可持续学习文化。

发展由管理人员负责，这个理念源于某些人所谓的“成长型思维”。具有成长型思维的公司看重潜力、能力和学习，反过来又让他们的盈利能力更强，更能吸引、留住人才。很早之前就有事实证明，可持续的学习文化可提高绩效，增加财务收入，提高员工积极性。例如，美国女装零售商奇科公司（Chico’s）

来自一线的声音

可持续学习型组织的高管有什么不同呢？他们会问“我能做些什么”而不是“你需要我提供什么”，这就是所谓的责任感。

——罗尼·雅诗兰，施乐公司（Xerox）谷歌光纤计划（Google Fiber）体验式学习倡导者

将学习和发展视为首要战略，连续34个季度实现了同比增长。其铁军管理团队认为，如果企业内全部员工都得以发展，那么公司的业绩将更好，利润将更高。

■ 争取到高层的投入与参与

对于学习型领导或首席学习官来说，高层领导的支持至关重要。如果没有首席执行官的眷顾，估计连职位都保不住。不管是要持续开展某个项目，还是花几年时间来推动变革，或是营造完全嵌入式的学习和绩效文化，学习型领导都需要争取到管理层的支持，以便获得时间、资金、专业人士和资源。需要有那么一位领导，他希望学习和绩效项目、流程和实践做法能够按计划实施，而且他还要有批准的权力。此外，还需要组织内外的利益相关者（员工、经理、客户、董事会成员、工会、社区成员、出资者）的不断支持，他们要根据自己的职能划分，领导或支持加大投入来促进学习，提高绩效。这些人代表了关键业务部门的需求，是未来人才的重要来源。

建立、维持学习型组织需要上面所说的领导和利益相关者的支持。例如，学习型领导必须和上面这两个群体携手合作，才能满足发展需要，形成适用于整个企业、企业文化价值、能够提高绩效的流程——招聘和保留、学习和发展、继任规划、职业发展和变革管理。要想让高层领导和经理人支持倡导学习，最好的办法是解决那些让他们夜不能眠的问题。

■ 领导的头号挑战

根据2015年发布的《世界大型企业联合会首席执行官面对的挑战》（*The Conference Board CEO Challenge 2015*），人力资本是首席执行官面临的头号挑战，2013年、2014年也是如此。为了应对这个难缠的挑战，首席执行官和各大机构在人才开发，特别是领导力培养方面投入了大量资金。例如，美国每年大约投入1300亿美元用于培训，然而，大多数组织认为，这些投资没有起到作用，或者说创造的价值不大。

研究还表明，当今高管还很重视加强后备的建设，以更好满足未来的需求，所以首席执行官们在人力资本方面会优先考虑四项战略：

- 提高高层管理团队的效率。
- 改进领导力发展项目。
- 提高一线主管和经理的效率。
- 改善绩效管理。

学习型领导可以向领导提供解决方案，帮助他们应对关键挑战，从而对人力资本战略施加影响，并提升其战略价值。接下来我们探索一下，学习型组织如何持续对上述四个战略施加影响（见图4–1）。

图4-1　解决领导面临的挑战

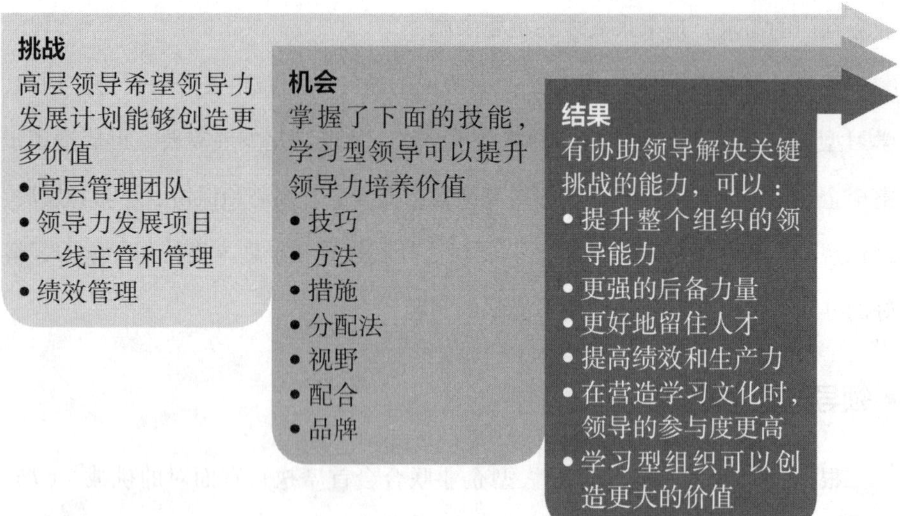

▪ 提高高层管理团队的效率

高层领导们发现，最常见的技能差距涉及最根本的商业营运技术，比如如何进行战略思考、领导变革、激励员工，以及如何从企业角度制定决策。当今商界动荡多变、充满不确定性，领导者是否具有这些能力，是否能够应用这些能力，是他们能否提前制定规划、适应未来的关键。优秀的铁军团队如何利用学习来缩小这些技能差距呢？优秀的铁军团队如何让高层领导参与构建这些最基本的能力呢？

在伯灵顿北方圣太菲铁路公司（BNSF），高层领导积极主动与学习和人力资源部门合作，使人才管理和领导力发展战略在组织内获得的关注度更高，更有效。例如，执行主席和首席执行官每月参加高层人才管理讨论会，了解最新战略进展，了解继任计划的最新变化，并解决因为高层领导退休而造成的迫在眉睫的领导缺口。因此，高层领导空出的位置中，90%以上是由内部员工填补，这样铁军团队伯灵顿北方圣太菲铁路公司得以保持自己的后备力量。

再举一个铁军团队美国职业棒球联盟芝加哥小熊队的例子。在《人才管理》（*Talent Management*）的一篇文章中，芝加哥小熊队人力资源副总裁布莱恩·罗宾逊，曾在通用电气任职，他说，芝加哥小熊队主动推出了几项改革举措，来吸引人才，发展组织文化。例如，小熊队与西北大学的凯洛格管理学院（Kellogg School of Management）进行了合作，罗宾逊和他的团队——一群“战略执行者”定期参与管理和领导力发展活动，以提升自身发展，并提高组织的人才发展实力。

再看看铁军团队领导者弗朗西丝·赫塞尔贝恩的例子，她是女童子军（Girl Scouts）的前任首席执行官，现任弗朗西斯·赫塞尔贝恩领导力学院（Frances Hesselbein Leadership Institute）的总裁兼首席执行官。1976年7月4日，赫塞尔贝恩开始在女童子军工作，当时会员流失得很快，志愿者也很难招募。她领导女童子军，就像领导IBM或通用电气（GE）一样，经常说服各个领域的顶尖人才为她的事业贡献一份力量。她相信，女童子军需要转变，而成功转变需要高水平的学习和发展。她邀请了一些思想大家与女童子军的领导层面谈、合作，比如教育和领导先驱约翰·加德纳、领导力专家沃伦·本尼斯，以及管理大师彼得·德鲁克等。她与哈佛商学院建立了合作关系，帮助培养当地委员会首席执行官和国内员工的战略规划、财务管理、谈判和专业管理技能。

因为女童子军是个特许经营组织，赫塞尔贝恩没有选择、解雇或提拔委员会领导的权力，所以她必须充分利用现有的条件，实现自己的愿景。在她任职期间，女童子军的会员人数增至225万，靠78万个人运行，其中大多数是志愿者。1998年，她被授予总统自由奖章，获奖理由是：她引领女童子军实现了转机，并增加了少数民族会员。

像芝加哥小熊队和女童子军这样的铁军团队建立的合作模式，可以提高高层管理团队的效率，特别是对于预算和资源有限的学习型组织来说，建立合作的价值不可估量。在本章的案例分析中，我们将再次举例说明有远见的高管如何利用学习文化来提高高层管理团队的效率，并创造可持续的领导力。

▪ 改进领导力发展项目

真正可持续的学习型组织会不断加大投入，发展组织的领导力，以满足不断变化的业务需求和技能需求。想想下面这一点，肯在高质量的领导力发展计划上花时间的组织，领导的参与度更高，后备力量更雄厚，组织更能从中获益（见图4–2）。

图4-2　高质量领导力发展项目的好处

实施了高质量的领导力发展项目的组织：

拥有积极投入的领导，并且留住这些领导的可能性是领导力发展计划质量较差的组织的7.4倍	有高质量领导层和后备力量的可能性是领导力发展计划质量较差的组织的8.8倍	如果领导掌握了对组织至关重要的领导力技巧，经营业绩排到前20%的可能性增加了3倍

为了使高层领导在领导力发展上的投资最大化，可持续的学习型铁军团队必须将重点放在以下几个方面——使用正确的方法，聚焦合适的技能，让团队各个层面的员工共享领导权力、责任和技能，有长远的眼光，衡量发展成果。

使用正确的方法

能够有效培养领导能力的方法有很多，包括：综合运用自我反思练习、360度反馈、辅导、指导、行动学习和在线学习平台，如大规模开放式在线课程，以及能够让参与者身临其境的、基于游戏的模拟仿真学习等。使用这些方法，学习型组织可以让高管和业务合作伙伴支持学习，并开始将学习文化制度化。

大型公立大学的领导力发展

加利福尼亚大学戴维斯分校拥有世界知名的教职人员，在校学生超过35000名，在公共教育和研究方面表现出色，其学术水平在美国公立大学中排名第11位。学校在人才管理方面需要应对的挑战包括，教职员工老龄化，很多员工即将退休，由于私营机构的竞争，一些需求度高的职位的人员可能有流失的风险。因为对工作的要求越来越复杂，为了形成领导梯队，提升技能，大学坚持吸引、留住并发展人才。

学校的人才管理团队将正式和非正式的方法相结合，培养领导，并促进跨职能、多元化的职业流动。针对高潜力的领导者的发展计划对参与者的要求非常高，没有提名不能参加。除了由培训师主导的培训外，采取的方法还包括：

- 延展练习：每3个人一组，完成项目。

- 混合式学习：包括课堂教学、电子学习、写作练习和阅读。
- 团队项目。
- “每日生活”分享会：领导者分享自己的专业知识，以及在职业生涯中收获的经验教训。
- 网络午餐会：有潜力的员工可以与高层领导见面，提高他们的知名度。

高层领导的参与度很高，也会经常亲自出面担任导师和学习倡导者。他们与人才管理团队紧密合作，打破了孤岛思维。之前有些管理者不愿意培养自己的员工，因为害怕他们被其他部门和机构挖走。

据该学校人才管理专业中心主任称：“最近，30%以上的参与者在各岗位中进行了流动。管理人员已经开始看到让人们在不同岗位间流动的好处，只有这样做，我们才能把人才留在学校。这些方法非常成功，改善了员工的参与度、留存率和流动性等衡量指标。我们已经获得了常规资金，可以将项目继续开展下去。只有满足当下及未来对有能力的领导者的需求，我们的学习文化才能慢慢扎根，我们的学习型组织才能更具可持续性。”

从项目设计的角度来看，领导力项目举行的活动通常很传统、极具仪式性，这么多年来活动变化不大。例如，许多领导力项目，特别是高层领导力项目，都要持续几天，而且都是面对面的活动，而综合性或混合式学习方法可以减少课堂时间，增加现场学习、行动学习，提高参与度。这样，领导就不再是“坐在台子上的圣人”，而是项目的推动者，可操作项目的观察者。一些优秀的学习型组织还会进行实时重新设计，即要求领导们在领导力发展项目快结束的时候，重新设计项目，供下一批参训者使用。马西中心学习协会（Masie Center’s

Learning Consortium）主席兼首席学习官艾略特·马西，就要求学习型领导不断研究领导力发展项目的设计，以提高项目的效率和有效性。

最后，发展领导力，还要提供适当的环境，便于人们应用学到的知识和技能。对于高质量的领导力发展项目来说，场景很重要，因为领导可能在某种情况下效率很高，但在另一种情况下效率很差。通过采取下面的行为，学习型领导可以帮助领导者提高能力：

- 确保领导将正式学习、向他人学习和体验式学习结合起来。
- 更加重视有助于提高创造力和创新的项目。
- 根据不同领导层（一线、中层、高层）的实际需求，教授适合的技能。
- 要求领导者审视自己的发展思维。
- 不再设计传统的学习活动，转而设计强大的学习之旅。
- 注重提高整个组织的整体领导能力。
- 整合网络工具，以便跟进发展计划，并在培训结束后保持沟通。

聚焦合适的技能

适合一个组织的技能可能并不适合另一个组织。为了获得最佳效果，领导力发展应该聚焦：与组织的使命、愿景和文化相适应的技能；与个人和组织能力需求相适应的技能；与其领导制定的战略业务目标相适应的能力。

例如，推特（Twitter）就聚焦有助于发展的合适技能。在采访首席学习官、铁军团队领导梅丽莎·戴姆勒（她是学习和组织发展的负责人）时，梅丽莎表示，各个正式培训计划和团队培训计划都要既符合本地需求，又能在全球推广。她说，学习和组织发展这个职能的理念和宗旨是——创造学习环境，“不仅要让推特成功，而且要让全体推特人成功。我们如何帮助推特人发展技能，让他们不仅能搞定推特工作，而且也能搞定其他事情？”为此，梅丽莎表示，她和团队合作开发了推特核心五技能，也就是所有管理人员都应该学习实践的五项技能——指导、分配、决定、领导和发展。

此外，伯灵顿北方圣太菲铁路公司表示，公司不断改进，促进员工从服从转变为主动承担，在此过程中，其能力培养计划旨在提高员工保证工程安全和识别风险的能力。为了帮助公司从很安全的公司转变为一流的安全公司，铁军团队花了4年时间，使公司“彻底改头换面”，将学习和发展方法与公司运行所需要的领导力技能更好地统一起来。

让组织各个层面的员工共享领导权力、责任和技能

我们认为，共享领导权力，意味着要敢于放手，与他人分享领导任务、责任和发展机会。共享领导权力与传统的授权和委托类似，与“指挥和控制”相反。许多组织只把领导力发展机会赋予高管和有潜力的员工，因而损害了其他员工的发展。著名的RBL集团合伙人、人力资源思想领袖大卫·乌尔里奇曾写道，当今领导力发展的主要问题是过度关注某个人的领导力发展，而对组织整体领导力发展的关注不够。当然，即便组织整体领导力得以发展，只有满足下面的条件，才能真正发挥作用：

- **领导**。领导者必须愿意放弃作为专家、问题解决者、决策制定者的定位。
- **员工**。并非每个人都愿意承担更多责任。优秀的候选人过去应该主动承担过新的、更大的职责，处理过模棱两可的问题，并拥有强大的解决问题及制定决策的能力。
- **组织结构和系统**。一个组织如果能够促进组织整体领导力的培养，并共享领导力，说明组织能够通过流程，将领导力嵌入运营和人才管理系统。
- **工具和资源**。如果没有适当的信息、工具和资源，员工就没法做好领导的准备，包括相关的发展机会，持续、可用、及时的绩效支持和反馈。
- **方向和价值**。强生、谷歌、西南航空、沃尔玛等公司的管理人员有很大的自主权，但仅限于部门内部，他们制定决策时，基于清晰的界限，而且使命、

愿景和价值观非常明确。

上述条件成熟的铁军团队，在培养领导力方面已经大有作为，且收益颇丰。例如，泰勒斯电信（Telus）、海沃氏家具（Haworth）和Vi就通过培养组织的整体领导技能，并让所有人共享领导权力，从而实现了卓越绩效，提高了创新能力。

泰勒斯电信

泰勒斯电信这样的铁军团队让企业所有员工不单单可以学到领导技能或产品知识，而是以“拥有”世界级的持续学习机会而自豪。这种培养方式让公司在全球同等规模的公司中，员工敬业度位列榜首，同时，企业在卓越客户和股东总回报方面大获成功，公司将其归功于各部门的高绩效团队的创新领导技能和特性。

海沃氏家具

铁军团队海沃氏家具是荷兰家族企业，位于密歇根州，主要设计、制造、销售办公家具和部件，拥有650个经销商，为遍布120个国家的客户提供服务。企业与创意领导力中心于2010年建立合作关系，随后企业成立了海沃氏领导力研究院，以培养领导能力，而领导能力对企业在当前及未来取得成功至关重要。研究院为经理、领导者和高管以及有抱负的领导者提供个人发展机会，以实现企业70%的职位都要从内部提拔的目标。“有抱负的领导”项目鼓励多部门、不同人员的参与，所有希望未来能够走上领导岗位的员工都有资格参加这个项目。

Vi

Vi位于芝加哥，在全国范围内经营退休人员住宅社区。Vi采取的学习策略致力于将学习和能力培养机制化。Vi的领导自己热衷于学习，也提倡组织员工广泛进行学习。Vi的学习负责人是行政管理团队的一员，并与其他高管合作，制定整个公司的学习计划。入选Vi一线管理开发项目的员工会收到Vi高管专门为他们写的信，祝贺他们入选。高层管理人员还会和员工们面谈，提供个性化指导、领导讨论、分享知识。2015年，Vi连续第五年荣获《首席学习官》杂志颁发的学习精英认证，以表彰其卓越的学习和发展能力。根据《首席学习官》研究和咨询服务主管莎拉·基梅尔的说法，在进入前10名的公司中，Vi规模最小（排名第7位），这表明就算是小型组织也可以产生影响，成为铁军团队。基梅尔表示："这与企业规模和范围无关，而关乎企业是否对学习有热情，领导是否热衷于发展人才。"

有长远的眼光

虽然没有一种领导力发展流程能够适合所有企业，但最重要的，是要记住领导力发展是个过程，需要长期培养。那么，学习型领导如何能够在关注未来的同时满足当下对领导力的需求呢？再看看获得学习精英认证的另一家企业。《首席学习官》对纽约人寿保险公司副总裁兼首席学习官迈克尔·莫里纳罗采访时，莫里纳罗描述了他和他的团队制定加速领导力计划的过程，该计划旨在培养下一代领导者，并在员工职业生涯早期就挖掘出他们的领导潜力。这个发展计划为期14个月，综合了体验式学习与学术学习，让员工走出舒适区，挑战自我，将领导力行为应用到真实的工作中。

莫里纳罗说，在他担任首席学习官的头4年里，学习型组织致力于制定发展计划，应对人才挑战。随后，工作重点转为构建合适的基础设施，以充分整合发展文化，确保所有人能够以"容易理解的方式"合作。"我们必须尊重企业的历史遗产，并继承发扬最重要的部分，但我们也必须为长远发展考虑。这意味着，我们一定要向前看，要保证100年后或更久以后，企业还能存在并发展。"从莫里纳罗的话中，我们可以看出，企业要有长远目光，致力于营造成熟、可持续的学习文化。

衡量发展成果

事实证明，为领导力发展投入绝对会有所回报，但许多学习型领导仍然在苦苦挣扎，想明确确定投资发展的商业价值。首席执行官和支持者们希望能够看到数据，证明这些投资有助于提高敬业度、生产力、熟练程度、客户满意度以及销售额。然而，四分之三的组织并没有正式评估领导力发展项目的效果，也没有想着把领导力发展项目和重要的业绩或业务影响指标联系起来。有些项目会测评其有效性，但大多数报告使用课程、参与人数、培训时间等常规数据，目的也是证明培训的影响力。

学习型组织需要调整衡量标准，以长期参与企业决策。衡量、评估领导力发展的过程，可以：

- 找出提高个人和组织能力的机会。
- 向利益相关方展示项目的价值。
- 为制定未来的投资决策提供数据参考。
- 增强团队满足组织需求能力的信心。
- 帮助主管提高团队绩效。
- 缩小妨碍学习转化的差距。
- 找出有助于或不利于工作绩效的因素。

衡量领导力发展计划，可能难以立即见效，但学习型领导者要学习铁军团队——美国运通（American Express）、西门子（Siemens）、埃森哲（Accenture）和卡特彼勒（Caterpillar）等公司的做法，提高标准。除了热衷于领导力发展外，这些世界一流的企业自首席执行官以下，不断测量领导力发展与业务的联系、领导力发展的影响力，从而衡量项目是否成功。在第七章，我们举了几个例子，说明学习型领导者可以通过有效的测量评估，证明学习的商业价值，并促进对可持续学习型组织的支持。

提高一线主管和经理的效率

首席执行官们清楚，要想确保质量、服务、创新和业绩，一线主管和经理至关重要。沃顿商学院人力资源中心主任彼得·卡普利等学习专家认为，一线经理现在的重要性无与伦比，因为他们控制的范围更大——每个经理监督的人更多——而且，对一线员工的期望值也提高了，希望他们能够承担更多责任，更积极地回应客户的需求，交叉销售，解决问题。

为什么让一线领导掌握更好的领导技能，有助于企业发展呢？下面列出了几个原因：

- 一线领导往往管理80%的员工队伍。不管是客户满意度、员工敬业度，还是生产力，不管从哪个绩效指标来看，企业成功都离不开一线领导，他们的作用极为关键。

- 人才短缺。公司不断发展，高层领导大量退休，所以企业要不断加大力度，建立人才库，满足重要岗位的需求。大多数组织都没有采取措施，在一线领导和脱颖而出的领导身上投入足够的力量和资金。发现一线和中层有晋升潜力的候选人，进行系统培训，让他们承担更大的责任，培养更好的技能，有助于领导梯队建设。

- 让各级领导有能力培养积极投入的员工，最终不但会让员工个人的能力更强，更可持续，同时也会让组织的整体能力更强，更可持续。

可以采取多种方式来提高这个重要群体的效率，比如在职培训、课堂培训、个性和领导力评估、在线学习、360度反馈、辅导和指导等。以毕马威（KPMG）为例。毕马威是一家专业服务公司，通过指导提高了经理们的效率。毕马威实施了领导者配对激励计划，将指导融入企业文化。领导者配对激励计划将最优秀的60位经理与管理委员会成员、董事会成员以及管理合伙人进行了匹配，保证每个人都有一位导师，导师旨在向学员介绍可以利用的领导机会。这也有助于毕马威的领导层熟悉管理人员。如果没有这个计划，他们可能根本没有交集。

然而，许多组织未能提供足够的领导力发展项目。2014年《哈佛商业评论》对一线经理进行了调研，在610名受访者中，77%的人表示，一线管理人员对于组织实现战略目标极其重要，但只有12%的人表示，所在组织对一线管理人员（向他们直接汇报的都是不承担任何管理职责的员工）的投入可以满足越来越有挑战性的工作要求。

此外，针对一线经理开展的领导力发展项目往往是临时发起的，过于分散、简单。近44%的人表示，这样的培训每年最多一次，有时还不到一次。大多数人认为过程管理“基本上没有效果”。

因为对培养一线经理人的投入不够，目前这方面的工作不足，导致领导力梯队建设存在严重的问题。根据《全球人力资本趋势报告（2015）》，86%的受访者（其中包括很多高层领导）表示，非常担心领导梯队的建设。虽然各个组织对影响领导力和绩效因素的看法不同，但学习型领导都应该优先关注与各种运营情况相关的领导行为（见图4-3）。根据麦肯锡公司2015年发布的报告《解码领导力：真正重要的因素》（*Decoding Leadership: What Really Matters*），领导力是否有效，89%取决于这些行为。确定最重要的技能和行为后，学习型领导可以让组织进一步充实人才库。

图4-3　成功领导力所需的技能

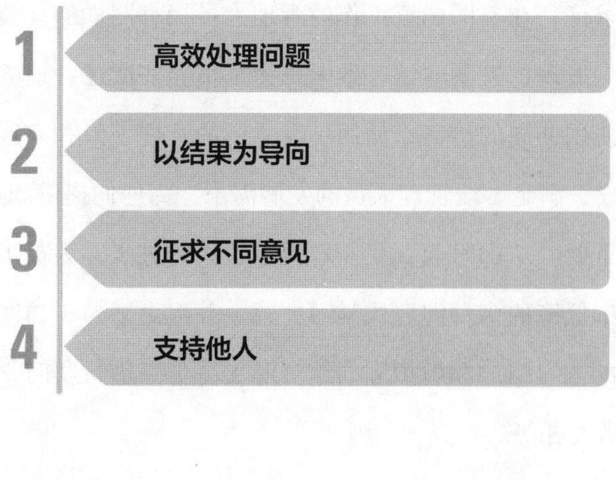

来自一线的声音

在科技行业，培养顶尖人才、留住顶尖人才是非常关键的商业需求。我们的人才开发团队不断与高层领导合作，确定哪些关键角色和岗位最能影响公司在全球市场上的竞争力。

人力资源团队定期与高层领导人合作，借助人才管理软件工具，通过员工与领导不断对话，在适当的时间让适当的人走上适当的岗位。

对于在最有潜力的岗位上工作的员工，领导力发展是首要任务。高层领导明白，人才开发需要长期投入资金和其他支持，甚至得牺牲其他战略性可能看起来不那么强的计划。

我们还与高层领导合作，重点培养一线管理人员的领导力。因为我们新招的员工中很多都是千禧一代，所以，我们要确保经理们有技术、有能力管得了他们，从而实现员工生产力和敬业度的最优化。

我们发现，为不同国家或地区专门发展计划，不但太冗余，而且费用也增加不少。因此，我们的人才开发团队和组织发展团队花了些时间，向重点群组求证，在不同国家工作的管理人员拥有同样的技能和工具是否重要？我们发现，答案非常一致——为了培养并留住各地的人才，管理人员需要使用共同的语言，使用一套通用的管理工具和实践做法。为保证梯队建设，满足一线管理人员的发展需求，为他们提供职业流动性，这一点非常重要。从那时起，我们取得了很大的进步，为员工提供了功能强大、成本低廉的多种混合式学习方式，并提供了易于访问的自助学习门户。自助学习门户和虚拟图书馆资源支持员工进行实时学习，如绩效评估、有效委托等。

针对低成本学习解决方案和技能开发的需求，高接触的文化对面对面学习的偏好，如何在二者间进行平衡，是我们当前面临的挑战。这是我们重点关注的事项，所以我们的组织发展团队一直与高层领导以及其他利益相关方合作，提高认识，提出最优解决方案。现在我们正在考虑让业务部门提供更多面对面的学习机会。

——玛丽·卡索塔基斯，甲骨文人力资源和人才发展部高级总监

改善绩效管理

有效的绩效管理流程是高绩效学习文化的特点。企业面临的压力越来越大，要提高执行效率，要更好地实施商业战略，要用更少的投入办更多的事，要保持竞争力，高效的绩效管理流程至关重要。然而，人们对绩效管理的传统做法越来越不满，绩效管理在职场的未来似乎也受到了质疑。例如，德勤的一项调查发现，58%的公司认为绩效管理是浪费时间。

绩效管理流程结构不完善，后果非常严重。个人绩效目标和企业的商业战略不匹配，是对时间和资源的浪费。如果不管绩效高低，员工的评级、发展机会和待遇没有差异，那么士气就会受到影响。如果评估、奖励标准不一致，就会导致生产率下降，参与度降低，消耗增加。如果绩效数据不公开或者很难看到，那么学习和发展的重点放在哪，该如何分配学习资源，这些决定可能会受到影响。

反过来说，如果绩效管理得当，绩效管理可以为员工、经理、高层领导人和公司创造各种收益。例如，如果组织能够将学习和发展与绩效管理有效整合，它们能够让：

- 员工表现优秀的可能性高出3倍。
- 人才管理整体情况优异的可能性高出55倍。
- 业绩优异的可能性高出100倍。

通过以下方式，领导者可以评估测量个人绩效并优化生产力：

- 将员工的日常工作任务与商业战略目标相结合。
- 对绩效目标进行问责。
- 跟踪个人绩效表现，以确定薪酬，并制定职业规划。
- 确立学习和技能发展的重点。
- 为年度绩效考核提供辅助材料。

帮助领导解决绩效管理问题，可以提高学习型组织的可持续性。高效的绩效管理流程可以加强业务战略目标与日常工作之间的联系。那么，学习型领导者如何改进绩效管理并强化这些联系呢？

重新设计年度绩效考核

2013年，企业执行委员会经过研究发现，86%的组织正准备或已经对绩效管理体系进行了重大调整。在改进绩效评估过程中，学习型领导可以发挥重要作用。下面我们看看三家有远见的铁军团队是如何做的。

通用电气（GE）。通用电气摒弃了正式的年度绩效考核过程，而是采用了个性化的实时考核方式，正好反映了速度、灵活性和合作精神，而这三点都有助于推动企业文化发展。新的考核方法强调经常对话、辅导与持续发展。通用电气充分利用移动技术的进步，使用一个简单的应用程序就能记录重点事项，记录对话，分享反馈信息，从而实现绩效考核。

康尼格拉（ConAgra）。过去，康尼格拉评估绩效，要进行评级，主要是让管理人员与员工进行系列对话，让管理人员了解员工正在做的项目，并了解他们的工作过程。现在，康尼格拉正在测试新的无评级绩效评估流程。使用新的评估流程，管理者更像是教练而不是裁判。

纽约人寿保险公司。该公司设计了“真诚对话学习计划”，让经理和员工积极参与绩效管理。自2012年实施计划以来，管理人员和员工制定的目标更少了，但更具战略性了。此外，根据员工满意度调查，员工对绩效管理的好感提高了11%。

重新考虑使用同伴反馈

许多组织发现，基于同伴的绩效管理确实很有价值。事实证明，多让同伴进行反馈，可促进员工间的协作，而且能让更多人了解员工对绩效的贡献。例如，位于明尼阿波利斯市的人力资源软件提供商Ceridian利用技术协助同伴评审，并帮助他们理解收集到的信息。它开发了一个实时征求、收集反馈意见的系统“对话”（Conversations）。这个系统与传统360度的反馈模型不同，后者只能在设定时间收集反馈信息。使用传统方式收集反馈信息，在项目完成到项目评审之间存在时间差，信息可能已经被员工的经验歪曲了；而采用新的实时同伴评审方法，收集到的信息可能更接近实际情况。

尽管同伴反馈能够改进当前的绩效评估模型，但一定要记住，设计、实施新的模型还面临一些挑战：

- 确定同伴反馈的目标如何才能符合组织的目标。
- 在评估同伴绩效时，确定该使用什么样的标准。许多专家建议完全取消评级量表，让员工不再关注数字，而关注对其行为的评价。
- 确保员工有能力提供可信的反馈信息，然而，像马库斯·白金汉等思想领导者却认为，即便经过训练，即便给了时间，经理或同事对其他人的绩效评价既不可信，也不可靠。
- 确定如何将新的同伴评价方法应用于整个组织。通用电气迭代推出了新的绩效管理流程。传闻社交公司（Hearsay Social）正在制定一项五年计划，将同伴反馈纳入绩效管理流程。

选择合适的

尽管绩效管理领域有众多创新，令人兴奋，但一定要记住，适合这家组织的不一定适合另一家组织。像改变组织结构一样，学习型领导者必须确保绩效管理流程的变化符合组织文化和高层领导的战略目标。

■ 领导力从内部形成：建立自己的品牌

成熟的学习型铁军团队的一个关键特征是可持续品牌能创造价值并实现卓越绩效。对于一个学习型组织而言，它的学习型领导者必须建立以业务为中心，注重结果的方法。三角洲全球服务（Delta Global Services）的首席学习官霍布鲁克·汉金森在接受《首席学习官》采访时表示，通过将学习定位为企业成功的关键推动因素，并将自己确立为高级会员的重要成员，他吸引了三角洲新任总裁和领导团队的其他成员。在与业务部门领导和首席执行官见面时，他询问了与财务、运营和管理挑战有关的以业务为重点的问题。通过这些会议，以及与IT部门合作创建集成软件，从而增强了他作为学习型铁军团队领导者的可信度、价值和品牌。这些措施现在是向利益相关方提交的月度报告的一部分。

可信度有很多层次，但一个共同的主题是要相信你所说的和所做的。可靠的学习型领导者必须锻炼和利用相同的领导能力，帮助他们的组织在竞争激烈的全球市场中生存和发展。毕竟，如果人们不相信这个信息，那么技术上合理的领导力发展战略的信息就毫无意义。为此，学习型领导者如果没有承诺塑造自己作为领导者的个人品牌，就不能期望影响领导行为。这意味着要对企业的所有职能进行自我教育，以确定他们的学习型组织如何最好地与高层领导人接触，并为有效的领导力发展工作作出贡献。

在本章学习型领导者的许多范例和最佳实践行为的支持下，以下是获得作为商业领导者的可信度并与高管建立有效的伙伴关系的一些具体方法：

- 对别人的需求敏感。
- 建立和分享你的知识。
- 超出预期。

- 像企业领导者那样思考，而不是学习的领导者。
- 带来新的想法。
- 促进成就。
- 负责。
- 建立关系。

学习型组织的可持续性和长期价值取决于学习型领导者的商业头脑和主动性，他们需不断努力提升个人品牌和学习型组织品牌的可信度。

▪ 小结

首席执行官继续优先考虑人力资本战略，重点关注领导力差距和提高领导能力。效率低下，缺乏领导力是一个主要的问题，因为它会导致员工敬业度低下，客户服务质量差，营业额下降，最终导致收入损失。学习能够帮助领导者解决团队面临的人力资本挑战并更有可能提高他们的战略价值，并且随着时间的推移构建和维护对学习文化的行政支持。

研究表明，缩小领导力差距并帮助高层领导者更好地应对未来挑战主要是通过改进领导力发展和绩效管理流程、实践和计划来实现的。这只有在组织领导人在各个层面和功能上的学习的明显投入和积极体现的情况下才会发生。在最佳实践中，在可持续学习型组织中，高层领导将学习视为领导的一部分，并积极支持“持续学习”文化。将积极参与的高层领导嵌入学习文化不是“一劳永逸”的被动活动，而是一个持续发展和培养的过程。学习型领导还必须建立真正的商业领导者的可信度，而不仅仅是成为学习和绩效、人才管理或人力资源专家。

使用附录二中的自我评估来确定在自己的组织和学习功能中开发和共享领导能力的模式和可能性。

来自一线的声音

为了建立和发展一个有活力的员工队伍和可持续发展的学习文化，重要的是要找到哪些是你的优秀员工，并确保他们有他们需要的支持。支持意味着员工有机会在一个安全的环境中成长，在这样的环境中，承担风险甚至是失败是可以的，并且资源随时可用。

第二个可持续性挑战涉及如何在工作场所传达和示范学习的价值。伟大的组织将从顶层的承诺开始培养学习和发展文化。他们还可以在组织的各个层面提供学习机会。

第三个挑战是绩效改进如何与学习和发展联系起来。奖励学习的愿望很重要，但可持续学习文化是一种使学习与实际绩效改进相一致的学习文化。

——凯文·谢里丹，员工敬业度专家、畅销书作者

可信度要综合考虑个人特征和技术能力。在这两方面你都要可靠才行。可信度来源于自信，你必须要了解自己的品牌，并知道如何发挥自己的才能和优势。你的品牌代表了你的立场、你擅长的事情。对于客户来说，能看出你的工作方式多么简单，你多快就可以搞定一份合同，你多么真诚。还能看出你如何进行流程管理，如何进行咨询关系管理。在一个地理上分散的大型全球性组织中，寻找机会让人们了解你的品牌可能会更具挑战性。赢得它需要很多工作，但在短短几分钟内就会丢失。

——杰森·德利昂，施乐综合服务经理

图4-4 关键行为

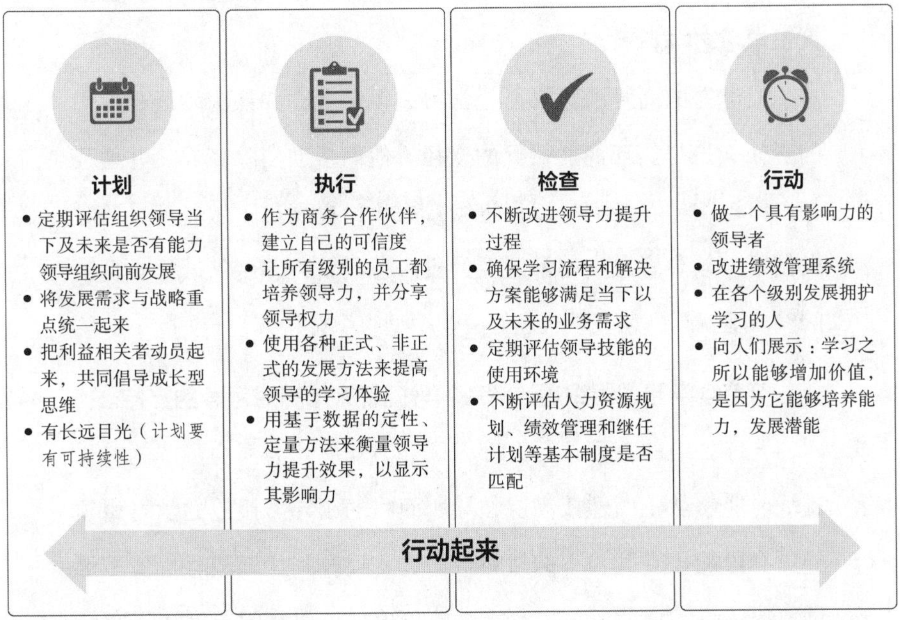

重点回顾

领导参与并支持可持续学习型组织。

虽然说好的领导有不同的表现形式，但大多数专家都认为领导力很重要，对于学习文化来说，尤为如此。参与并支持学习的领导将学习视为战略资本，同时也是提高个人和组织绩效的主要推动者。

积极投入的领导本身就是终身学习者，他们支持学习，也投入于学习之中。

最优秀的高管认为自己是学习型领导者，并认为发展是他们的责任，也是实现商业目标的途径。他们帮助消除障碍，并增强整个组织的学习能力，以促进绩效增长，提高员工敬业度，并激发创新。领导者在支持学习上的投入越频繁，态度越诚恳，员工的参与度就越高，表现也越好，学习型组织可持续性越好。

可持续学习型组织通过解决领导问题来培养对领导的支持。

全球各地的首席执行官都将领导力发展列为人力资本的首要挑战。能够从正面迎接高层领导所面临的领导力挑战的学习型领导更有可能提升其当下的战略价值，并提升其长期战略价值。帮助解决关键的商业问题，创造战略价值，可以赢得首席执行官们的尊重和赞赏，从而赢得行政支持，将学习列为取得商业成功的关键。

可持续学习型组织在各个组织层面培养领导力，并共享领导权力。

管理、辅导、激励并建立后备领导力量所需要的投资取决于各个层面。然而，许多组织没能给所有管理人员提供足够的培养领导力的机会。一线领导人尤其需要特别关注。学习型领导可以弥补这些差距，帮助组织培养起集体领导力。

可持续学习型组织要评估培养领导力是否产生了影响。

首席执行官们在人力资本管理方面面临着诸多挑战，但他们已经认识到，自己必须缩小领导力差距，并提高领导能力。因此，首席执行官们不断增加在培养领导力方面的投资，同时，行政部门又担心这些投资没有得到回报。虽然在培养领导力方面所做的工作的影响力可能需要一段时间才能显现出来，但大多数组织做得还不够，它们没能实现战略目标，没能提高高层管理团队的效率，没能提高一线主管和经理的效率。

就算不是大人物，你也可以产生深远的影响。

并非所有组织都成立了企业大学，也不是所有组织都有充足的预算、丰富的人力资源、先进的技术来设计并实现一流的学习。为了应对这一挑战，许多组织通过和内部机构或外部机构共享资源来培养领导能力，共享领导权。

成为你期望影响的领导者。

领导力培养要从自我开始改变。将你的专业知识转化为个人品牌，并从战略上提升你个人和学习型组织的能力。要重视全面才能和商业头脑，这样你的学习专长才不会让你失望。要不断表现并展示你的个人品牌的价值。

▪ 案例分析

以下案例内容主要来源于对铁军团队——地平线上的房子（Horizon House）前首席执行官鲍勃·安德森和深刻结果咨询公司（Profound Results Consulting）总裁兼首席执行官罗恩·莫雷的采访。

创造"亲切空间"，形成学习传统

鲍勃·安德森10多年前开始认真思考他在当领导时所形成的传统。安德森是地平线上的房子的前首席执行官。地平线上的房子位于西雅图地区，为550多名退休居民提供服务。在他的设想中，地平线上的房子应该成为老年人服务行业公认的领导者和创新者，成为模范社区，致力于让老年人有尊严地老去，实现生活目标，并为更广大的社区服务。

为了实现这一梦想，安德森邀请深刻结果咨询公司总裁罗恩·莫雷和公司整个执行团队（首席运营官、首席财务官、医疗服务官员和首席营销官）参与，并成立了一个战略计划规划小组——未来委员会，其成员组成非常广泛。为了实现可持续的未来，他们制定了一个十年计划（一直到2017年），随时监测、更新这一计划，并进行年度审查。这个计划构建了一个框架，由三大因素支撑：战略（关键优先事项和必要条件）、策略（执行战略所需要的资源和方法）和人员（实现公司愿景和使命的所有利益相关者）。与所有利益相关者，如董事会、管理团队、经理、董事、一线员工、居民和社区成员合作，对于实现未来愿景至关重要。此外，也有助于应对来自本地区和全国大型私立退休社区日益激烈的竞争。

地平线上的房子与竞争对手的区别在于，它为居民提供了"亲切空间"，确保老年人可以享受社区生活，并能保证生活质量。它让每个人都参与进来，让每个人都从内心深处热情好客。同样，安德森和执行团队也制定出了以未来为导向的战略，促进"亲切空间"的建立，并让大家共同重视学习，从而促进沟通，激发创新。安德森说，为了持续改进，也为了可持续发展，地平线上的房子致力于成为一个"将团队、合作和信任作为标语"的学习型组织。他认为，个人、团队和组织学习的基础不坚实，组织就不能发展，不能改进，学习的战略地位必须与十年计划的三大支柱保持一致。例如，学习成为战略要求；学习成为执行战略的优先策略；为公司各级人员营造能实现个人抱负的环境方面，学习投资发挥了至关重要的作用。在此背景下，地平线上的房子与深刻结果咨询公司合作，确保学习始终与战略价值、愿景和方向整合在一起。咨询服务包括共同制定战略工作计划，促进每季度一次的执行团队会议，以跟踪目标完成情况。

莫雷说：“从董事会到各部门经理，再到所有部门的员工，都必须了解全局，并知道自己在其中发挥的作用，这一点很重要。同时，有成功所需要的合适工具、信息和资源也很重要。”

这9年来，尽管其间有过挑战，有过干扰，包括2008年至2010年的经济低迷，但该计划及其原则和实践一直就是企业的行动指南。然而，在经济衰退期间，地平线上的房子并没有停止发展，正是因为企业内部的重点一直很明确，而且一直坚持其战略方向不变。在经济衰退期间，由于财政压力大，许多组织把它们的战略学习计划停掉了，但地平线上的房子从未减少在领导力和人员发展方面的投资，所以，企业在经济衰退期间财务一直很稳定，而且在经济衰退期结束后，反而比以前更强大了。“当时，很多人决定推迟退休，老年人的入住率比以前低，但领导对持续学习、发展和可持续发展的投入从未动摇过。他们信念一致，相信‘长远眼光’，这使得他们把精力放在‘极少数’必须要做的事情上，而不是那些‘紧急的事情’上。”莫雷说。

当时可持续发展面临的另一个挑战就是和工会的谈判战线拉得很长，而且颇有争议。安德森说：“在这场分散注意力、分裂组织的谈判过程中，我们都坚持执行‘亲切空间’的核心领导原则，最终找到办法缓和了局面，并达成了双赢的劳工协议。在践行‘公开学习’和‘邀请陌生人’的承诺方面，我们团队做得比别的团队好，我们也保持了领导层的完整性。”在服务了16年之后，安德森于2015年6月退休，他的继任者、首席执行官莎拉·麦克维说：“安德森给团队以及整个养老院产业留下了令人瞩目的光辉。”地平线上的房子的行政团队被公认为该行业在本区域乃至全国最强大的管理团队之一。地平线上的房子的行政团队继承了安德森的“遗产”，将领导力和专业发展作为战略的必要组成部分。本地区以及全国的居民生活中心认可“亲切空间”这个领导模式是最佳模式。“现在回头看，过去10年来，战略规划的重要目标都已实现。”莫雷说。从财务表现、入住率和居民满意度这些行业关键指标来看，地平线上的房子在各方面的表现都达到最好。2015年年中，首席执行官平稳换届，行业领导力传统得以传承，并得到强化。

安德森设立了三个主要目标：一是制定立场坚定的领导传承计划；二是确保公司未来几十年都能获得一定的慈善支持；三是制定战略路线图，让企业的愿景、使命和价值观成为企业未来增长和发展的基础。

例如，为了实现公司的使命，安德森倡导慈善文化，保证居民就算寿命很长，付不起生活费，也没有人会被抛弃。高管、经理、员工和居民每年都要筹款，努力实现筹款目标，以充盈公司的捐赠基金。2014年，公司设定了筹集900万美元的五年目标，在两年内，也就是在安德森退休前，已经筹集了800万美元。

“在成功的背后，是传承计划和建立学习社区的决心。他们把挑战视为机遇，本着公开和真诚的精神公开解决问题，并通过协作来创造性地解决问题，”莫雷说，“2015年，他们的入住率从2009年的90%提高到了97%，相对于行业标准来说，这个数据非常惊人，也充分证明了安德森所传承下来的战略领导力”。

在领导地平线上的房子的16年间，安德森学到了很多东西。有一次，在参加全国性会议时，一位营利公司的首席执行官在演讲中陈述的使命让他深受震撼。“当我听到他的座右铭时，我心想：‘这说的就是我呀，这就是我的信念，这就是我一直努力工作想要实现的目标’，”安德森说，“他说的话是这样的——爱人，服务人，增加价值，玩得高兴！”最后一句听起来好像是玩笑话，但实际上，是让你“磨好锯子，以便于你热爱服务他人，并在做任何事情时都可以创造价值”。

▪ 案例回顾

在这个案例中，以未来为导向的管理人员利用学习文化提高了高层管理团队的效率，与组织各个层次的人员共享领导力，并创造了可持续的领导力传统。在构建学习型铁军团队的过程中，如果不打下个人、团队和组织学习的坚实基础，组织就不可能发展，也不可能改进。首席执行官安德森、执行团队和一位顾问合作，将学习融入十年计划的三大支柱之中。

此外，铁军执行团队在实施十年计划的初期，打下了相互信任、共享领导力的坚实基础，使得公司在2008年至2009年这个挑战期和混乱期（抗拒阶段）顶住了经济下滑和与工会关系破裂所造成的压力。为了确保成功（更新阶段），地平线上的房子开发了一套严谨的目标和任务管理体系，在组织的关键层面启动继任计划，以确保领导的连续性和管理权的顺利交接，并实现了目标会员数量，以保证未来的入住数量。从这个例子中，我们可以清楚地了解到，组织领导者明确承诺要学习，并积极投入，可以促进组织绩效增长，提高员工敬业度，确保组织可持续性发展。

10多年来，铁军团队地平线上的房子逐步更新并完善其学习和领导原则、做法和结构，现在已经彻底整合到企业战略中，并进行了最优化（改进阶段）。具体而言，地平线上的房子已经具有成熟、可持续的学习型组织的所有特征（见表4–1）。

表4-1　可持续学习型组织的特点

特点	事例	
高层领导参与	•高层领导都相信并践行“仆人式领导”的原则 •领导力是渴望领导的人主动做出的选择 •领导层将权力分配给所有主管 •所有人都有共同的使命、价值观和目标，都积极参与构建战略愿景，形成了长远计划，员工、托管人、居民和社区合作伙伴都致力于实现可持续发展	√
效率	•始终致力于确保财务状况能够满足战略目标的实现：“没有利益就实现不了目标” •保证财务实力和稳定性，将其纳入季度评估报告 •学习效率指标与财务指标（如经营净利润率）有着内在联系，这是地平线上的房子战略计划的根本驱动因素	√
有效性	•领导能力和董事会效率要通过平衡记分卡来衡量，要按季度来评估一些“关键少数”定性和定量指标（如利润率、入住率、预算人员配置、在整个社区的表现）	√
投资	•领导者保持投资，为有能力的人配备所需的工具，以便他们长期留在公司。 •领导者不断选择对定制的或现成的学习解决方案进行投资，以便于取得预期结果，满足业务需求 •高层领导积极参与，推动培训	√
实用性	•组织各个层面都采用了严谨、严密的目标管理体系 •采用使领导连续参与的方法来强化实用性，即高级管理人员和经理们每月参加3至4小时的定制培训，共同学习 •领导者规定：参与培训后，参与者要把学到的知识向所在部门传达，并应用于实际工作 •所有领导、管理人员、员工和董事会成员都塑造并使用和“亲切空间”相关的词汇和原则 •使用强有力的绩效管理系统把员工的个人目标与组织目标联系起来	√

续表

特点	事例	
可靠性	•领导和管理人员定期一起学习，倾听对方所面临的挑战并相互提供支持，这种“亲切空间”领导模式在彼此间建立了信任和公信力 •地平线上的房子因其优秀的领导力模式而获得本地区和全国协会的认可	√
需求	•在一些老年人生活社区中，对“亲切空间”领导模式的需求很大	√
治理	•董事会使用平衡记分卡来监督运营情况以及政策遵守情况。平衡记分卡是一种持续的流程改进方法，可正确制定并调整组织目标 •董事会运用记分卡来管理工作计划，并增加8个委员会的职责	√
持续改进	•领导在应用史蒂芬·柯维的“不断更新原则”时，整合了持续改进和更新 •地平线上的房子采用了由全国老年人生活协会设定的“质量第一公约”	√
适应能力	•慈善文化加强了抵御能力，并坚定致力于筹款，以确保即使居民用尽住房生活开支，也不会被抛弃 •扩大其捐赠基金是地平线上的房子的一个重要组成部分，体现了其可持续发展观和使命 •领导者致力于保持和超过偿债备付率，以确保公司的收入和资产足以获得高借贷利率 •领导者致力于实现潜在居民的目标成员规模，使未来的养老服务行业能够蓬勃发展 •在组织的关键层面启动继任计划，以确保领导层的连续性和管理权的顺利交接	√

第五章

修炼 3：高效执行

没有战略，执行就没有目标。而不去执行，战略将一无是处。

——张忠谋，台湾积体电路制造股份有限公司（TSMC）首席执行官

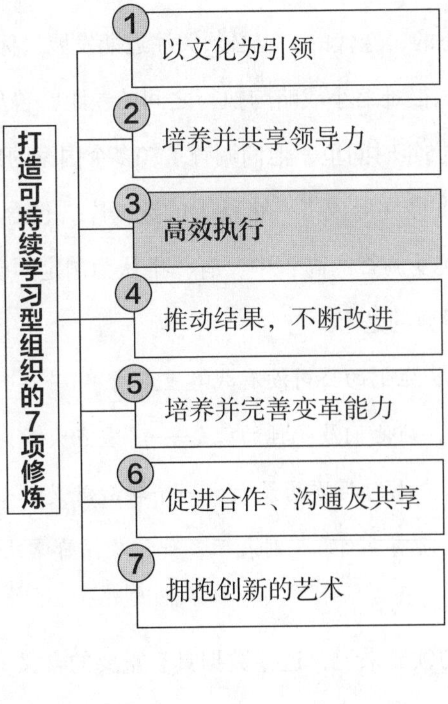

本章要点

- 高效执行如何将企业战略转化为成果
- 高效执行为什么对学习至关重要
- 执行为什么会瓦解？该怎么解决
- 学习文化如何塑造并推动高效执行

首席执行官和高层管理者好像很清楚企业战略的内容，也明白其重要性，但他们似乎对如何执行战略知之甚少。大多数管理人员表示，他们对组织执行战略的能力没有信心。原因有很多。首先，一个组织中，制定战略的部门往往与执行战略的部门不是同一个部门。这些高高在上的“空想家”们坐在公司办公室里，和各部门、各职能、各区域的领导没有多少联系。其次，一直以来，战略发展都是一个静态、线性的过程，主要关注长期发展目标，而且其信息来源主要是企业外部（市场和竞争对手）。然而，当下商业环境复杂多变，战略制定和执行必须是动态的、迭代的，也必须关注近期发展目标。

为什么各类组织很难缩小战略与执行之间的差距？普华永道为此进行了广泛的研究。在过去的5年时间里，他们调查了50多个国家的1000多家公司、政府机构和非营利组织，最终形成了一个巨大的数据库，包含125000份组织档案。调查结果显示，在接受调查的高管中，有一半认为制定明确、有差异性的战略是巨大的挑战。更重要的是：

- 49%的人表示，他们的公司没有战略重点清单。
- 64%的人表示，让他们最受挫的就是——“重点太多，而且相互冲突”。
- 56%的人表示，他们面临的最大的一个挑战就是，如何分配资源以真正有助于战略的实现，而有55%的人则表示，如何确保日常决策与战略保持一致，这是他们面临的最大挑战。

对于主管学习的领导来说，这些数据具有重要的含义。制定的战略和执行之间存在差距，正为主管学习的领导者提供了绝好的机会。他们可以通过提高高层领导和整个组织的执行能力，从而为企业创造可持续的价值。然而，如果企业没有战略重点，或战略重点不明确，分配的资源不足或者整合得不好，制定战略被认为是浪费时间，那么，负责学习的组织又怎么让学习策略和提高绩效的战略与企业战略重点保持一致呢？这个任务可能很艰巨。同理，负责学习的领导想把战略与执行用相关、可靠、可持续的方式联系起来时，也会遇到类似的障碍。

在学习和发展这个领域，人们往往重视如何实施某个方案，提出了很多最佳策略。例如，如何设计并执行某个学习策略的实施方案（如领导力发展），设计某个计划的变化步骤，或者实施学习转化策略，从而确保某个学习解决方案或绩效解决方案能够保持一定的水平，在这些方面，已经出版了大量著作。但是，如何在组织内营造一种成熟的学习文化，而不是只提供单独的学习解决方案？这方面的策略往往少之又少。我们只知道，有计划地、系统地执行策略很重要，但很难。从这个角度来看，负责学习的领导要想创造价值，最好是先了解清楚执行的概念，导致执行不力的原因有哪些，如何解决这些问题。

定 义

实施：执行或实现计划、方法、设计、想法、模型、标准或政策所需要采取的行动。实施是根据初步计划所采取的行动或系列行动，是把一个想法从概念变成现实的构建过程。

执行：把行动转化为操作和效果。执行是表现出来的方式、风格或结果。真正的执行能够衡量出采取的行动对预期结果的影响。

▪ 执行什么？为何执行

很多人说，策略就是要决定做什么，执行就是要把策略变为现实。《执行》（*Execution*）一书的作者拉姆·查兰和拉里·博西迪认为："执行是企业为了获得竞争优势而必须掌握的一套特定的行为和技术。"总的来说，良好的执行要做到三点：一是要有明确的目标；二是要定期评估进展情况；三是要建立明确的问责制。

除此之外，要想成功，执行过程必须有序、系统，并且要靠数据来驱动。过程有序是指规则和期望清晰明确，过程可预测；此外，为了保证结果的一致性，随着时间的推移会不断选择并优化战略执行方法。这显示了执行的可持续性。学习解决方案要有可持续性，其规划和执行必须规范，并由数据来驱动。当然，结果就更优化，也更一致。一个学习型组织如果不能长期为多个学习解决方案执行数据驱动的策略和过程，将是不可持续的。

▪ 执行为何不力

经过无数次调查，数百家公司的管理人员，都清楚地说出了策略执行不力的原因。典型的障碍包括有缺陷的信息传达、决策错误、协调不力、有限责任和问责制、未能减少投资。

有缺陷的信息传达

公司上下对公司战略的理解程度如此之差，常常令高层管理者感到震惊。当下，许多中层管理者抱怨，大家不但不太理解战略目标，而且各个战略之间没什么联系，好像彼此并不相关。

原因之一是这样的：公司高管们以为，只要不停地发电子邮件，不停地开会，不停地进行公开讨论，就能把战略传达下去，他们以为这是成功的关键。

但信息量大，并不能说明他们是在沟通重点。为了简化关乎战略的信息传达，提高执行力，管理人员需要先确定重点事项，然后用所有员工都能理解的方式传达下去。用史蒂芬·柯维的话来说，就是“装罐子的时候，先放大石头”。

虽然战略执行通常要靠中层员工，但确实需要高层领导的指导。大多数管理人员都愿意尽力执行公司的战略，但许多人表示，尽管他们想把公司整体战略转化为有意义的行动，但他们往往百般受阻，因为高层领导提供的支持不够。如果信息在公司不同部门间沟通不畅，各个业务部门就像孤岛一样，让事情雪上加霜。即便在那些执行有力的组织中，仅有55%的人觉得信息可以在不同部门间自由流动，对于执行不力的组织来说，这一比例下降到了22%。最终，组织失去了培养一批精通公司各项业务的有前途的经理人的机会。

如果信息不能自由流动，信息太混乱，分不清哪些是战略重点，那么负责学习的领导者同样也会困惑不已，他们不知道该把重点放在哪里，也不知道怎么把学习策略和绩效提高策略联系起来。如果重点错了，那么就算执行方法是对的也无济于事。

决策错误

错误的决策会干扰信息流动，从而会破坏正常的工作汇报模式，并造成时间和精力的浪费。在执行力差的公司，决策已经制定下来了，人们往往才事后诸葛亮，对决策提出批评，这种现象非常普遍。是否属于事后诸葛亮，取决于所处的位置。如果处于高层，能从整个企业的角度对政策提出批评意见，很可能会对决策有价值，而较低层次的管理人员评头论足，可能就毫无益处。相反，他们可能过于干涉下属的工作，让他们失去了自己的判断能力，从而阻碍了进展。

看看一家大型学习机构提供的下面这个例子。有一家零售公司，已经传到了第三代，在两个国家开展业务。新领导上任后，各类项目的深度和广度相应迅速扩展，公司的迅速发展给日常培训业务造成了额外的压力。这家学习型组织中的许多管理者都是从基层一步步干上去的，所以对很多学习和发展项目有很强的个人情感。任务，甚至是最普通的任务都根本分配不下去。随着组织的发展，由于管理者无法有效分配任务，导致组织决策功能瘫痪，整个公司责任感缺失。如果不知道该由谁做决定，人们就不停地开会，但会上又不会做出任何决定。就算最后终于做出了决定，也没有人负责，因为太多人质疑这个决定了。

在新建地区中心和地区优异中心时，通过向地区管理者提供主题专家的方式加快决策进程的努力陷入另一个僵局。关键管理者不知道如何利用这些优异中心，所以并不能有效操作。最终，学习型机构的领导团队重回制图板并引进绩效顾问。团队负责绘制决策图，帮助说明各管理级别的决策权，同时明确不同类型的决策。该项操作有几项明显的好处。当人们知道他们应作出哪些决策，不应作哪些决策时，问责制再一次兴起。明确说明决策权和责任后可将新能量和战略重点转移到团队的服务任务上，而团队能够更好地追踪个人成就，帮助绘制新职业路径图，同时改进学习和绩效效果。

协调不力

在复杂的大型机构内，执行管理者通常包括承担企业内部关键职位的中层经理人员，以及负责把事情做好且在非正式网络内占据重要地位的技术专家。这些机构内至少有一套可向下级传达任务的形式系统，同时会设置跨部门委员会、服务级别协议和中心项目管理办公室等措施，以管理不同领域的责任承担事宜。然而，大多数经理人员认为这些系统并不能很好地发挥作用，因此需要设置更加完善的结构来协调不同部门之间的工作。

在基础水平上，执行在于抓住机会统筹战略，并在一贯的基础上协调机构内的其他部门。有效协调是高效执行的关键。学习型领导的角色至关重要，可帮助管理层创建结构完善的流程，进而促进协调，同时强化管理层和其他高层管理者引导合作和团队工作。第八章讨论了学习型领导如何提高整个机构的协作能力，并促进协作成为优越执行的驱动力。

有限责任和问责制

即使执行活动已得到充分协调，责任承担情况也是确定机构战略执行充分度的另一个重要指标。管理者更可能将未充分履行的责任义务归咎于其他部门未提供足够的支持，而不是责怪他们自己的团队。一项由8000名管理者参与的补充调查发现，很多机构均缺乏支持性资源和职责规定（见图5-1）。

图5-1　现况概要

22%	20%	59%
22%的管理者认为他们的机构能够有效地放弃执行失败的方案	20%的管理者认为他们的机构能够有效地调动不同部门的人员，为战略执行提供支持	59%的管理者认为，统筹执行战略时，大部分时间可依靠其他部门的同事

你经常见到执行失败吗？学习型领导可帮助管理者辨识和消除阻碍个人合作的障碍。根据第六章的讨论，塑造一种问责制文化是确保学习型领导可持续执行的关键。

另外，通过评估人才管理流程是帮助还是阻碍协作和责任承担，学习型领导可创建附加价值。例如，当机构制定与招聘、晋升和非财务认可有关的决策时，其更可能奖励过去的表现，而不是追踪协作情况。然而，虽然表现至关重要，但若以牺牲协作为代价，则可能会破坏执行。大多数管理者相信他们的机构可以容忍已达成目标，但其间并未与其他部门同事合作的管理者。若公司支持的核心价值是重视团队工作，但未能认可、奖励和示范协作行为，团队日常表现和整体执行结果将受到影响。

未能减少投资

对于不断耗尽资源且远未达到预期影响的方案，组织常常会尽力减少投资。很多管理者抱怨称，他们的公司不能从衰退的业务中退出，也不能迅速地遏止失败的方案。知道何时收缩，是有效执行的重要因素。例如乐高集团，通过削减无盈利能力的领域，更多的投资应用于打造全球乐高社区等重要的方面，乐高集团从2004年每天损失100万美元的局面转变为2015年世界最大玩具公司。

然而，在投入预算、大量时间和精力制定计划后，很多管理者并不愿意背离战略计划。他们将背离看作是失败或缺乏纪律的表现。同样，学习型领导通常也并不愿意放弃无效的学习类计划、政策或流程。但是不放弃无效的战略计划或学习战略存在很多缺点。第一，公司或业务部门会不断地浪费资源，而这些资源本可用在别处。例如，高层管理者经常会在增幅有限的业务上投入不成比例的时间和精力，将人力投入在挽救早应终止的项目上。第二，高层管理者在削减无效项目上犹疑不决的时间越长，中层管理者对其丧失信心的可能性便越大，而中层管理者的支持对于执行来说至关重要。这一点也适用于学习型领导及其员工。

▪ 如何应对：高效执行的要素

虽然改进战略执行的方法有很多，但已被证实的最佳操作包括目标一致性、一致、协调的行动、敏捷性、利用专业知识以及反思、回顾和学习。

目标一致性

有效执行重大战略的公司（和学习型机构）会把精力集中在那些他们的身份、价值主张和目标使他们远离竞争的领域。对于这些组织来说，需要一个稳定的、一致的目标来保证可靠的执行。在不断变化的海洋中，一个始终如一的目标可以作为指南针和灯塔。例如，加拿大电信公司——泰勒斯电信，这支铁军团队通过稳定透明的战略落实方法和文化塑造方法实现了业务转型。作为全球电信公司中股东利益创造方面的世界领导者，泰勒斯电信公司的收益从1999年的45亿美元增长至2015年的92亿美元，收益几乎翻倍。泰勒斯电信的客户流失率较低，客户满意度评级优秀且员工敬业度分值较高。公司取得的成功在很大程度上可归功于传统的管理实践，即聚焦于人、人才与目标执行，但主要的差异在于公司在其贸易战略和文化方面的“重点一致性”。例如，公司的战略激励措施、核心价值和企业责任举措在过去15年的时间内始终保持不变。

为什么一致性是战略执行的关键区分因素？当公司不断改变目标或根据趋势采用最新执行战略时，管理者和员工很难决定什么是工作重心，因而经常会抱怨战略和方向上的改变。在很多组织内，人们通常会倾向于快速行动，而不对行动进行规划。很多管理者感觉他们在执行任务时更有成效，而且通常认为规划活动浪费精力，尤其在时间紧迫的情况下。这种倾向对于人才管理和整体绩效结果是不利的，其中原因有很多。第一，始终不变且方向有误的行动会使员工过于疲惫，不愿意学习新的东西或应用他们已经知道的内容。第二，始终准备应对下一次变动，员工没有反思的时间，员工无法反思哪些做得对，哪些

来自一线的声音

我从一位客户身上学到了很重要的一点。我们更愿意修复已经损坏的东西，忽略仍有改善空间的好的东西。有时，改进仍有改善空间的好的东西比尝试修复已损坏的东西更有价值。已经损坏的东西可能已经失去价值，所以才会出现故障。

——罗尼·雅诗兰，谷歌光纤和施乐公司体验式学习倡导者

做得不对。而且，反思是有效执行的关键因素和持续改进心态的标志，我们会在之后的章节对此进行讨论。

一致、协调的行动

当计划执行与人员流程一致时，更可能取得理想的结果。从短期和长期来看，成功的执行都依赖于严格的流程，在这些流程中，执行策略的方法被明确并优化，以获得一致的结果。下方是两个案例。

对于一家在全世界80多个国家内拥有10000个经销点的大型知名汽车租赁公司来说，为了提高运营效率和市场竞争力，需要一个处理全球业务流程的集中式结构。这种转型需要一种不同的人力资源模式。为了开启这一转变，公司的人才管理职能部门启动了一个执行计划。

公司部署了一个来自各职能领域的多样化专家团队，帮助整合人才管理基础设施。该基础设施设计逐渐演变为一服务机构，转型战略包括证据类数据和分析的常规使用，旨在展示人类驱动因素如何影响财务驱动因素。通过纪律完善且协调一致的战略执行活动，人力资源、人才管理人员，以及学习与开发职能人员均主动地将他们自己变为业务推动者，重点关注持续整合、适应性和灵活性，使他们拥有持续影响并创造价值。

有一家拥有230位工会员工的工业制造公司想从批量加工转变为单件流水作业，以应对不断变化的市场需求。该公司聘任了第一位人力资源经理，帮助运营经理落实这一转变。当时公司内并没有人力资源管理系统，积压了将近50份的公开请购单，管理人员和主管人员并未接受关于处理员工问题的培训，而且在加速增长的压力下，公司运营艰难。为了支持公司的战略目标，人力资源经理开始从事全面的战略阶段性工作，以此支持转型工作，同时创建和打造一个合格的机械工团队。

通过与运营经理及其团队达成战略伙伴关系，人力资源经理在13个月的期限内执行了很多关键的业务发展战略——例如创建和推出了专门定制的机械师学员和主要作业人员培训方案，以此使内部的工会成员劳动力储备满足绩效需求。

由此创建的机械工职业路径已被正式认可为内华达州中部地区同类行业中的最佳创新实践。人力资源经理将公司达成战略目标方面的成就归功于运营经理与其领导团队之间一致、协调通知且充分规划的行动上，且所有相关人员均已就创建学习和绩效文化的愿景达成共识。

通过一致、协调的行动来执行计划，采用已得到证实的项目管理方法也至关重要。很多学习型领导——例如佛罗里达蓝色计划（Florida Blue）、佛罗里达蓝十字计划和蓝盾计划——根据ADDIE模型管理和执行学习和绩效项目，其中ADDIE模型作为框架指导设计和提供学习计划或学习项目的应用历史悠久。项目管理（发起、规划、执行、控制和结束）和ADDIE（分析、设计、发展、落实和执行）周期都包含一个不断迭代的过程，其中“执行”和“落实”代表管理项目风险的独特阶段。各阶段均提供了在进入下一阶段之前进行自我调整的机会。多年来，从业者对项目管理和ADDIE模型进行了多次修改，旨在使其更加灵敏，互动性更强且更有活力。

敏捷性

在足球场上，面对对手时的战术以及做出调整可取得胜利或导致失败。例如，参加世界杯的球队经常会变换新的队形，以抓住新出现的机会，向前进攻、向后退和进行防御。若战略并未取得成效，他们知道如何迅速旋转队形、变换位置和更换替补选手。成功取决于事先预期和评估接下来会发生什么的能力。团队应对的充分程度，以及调整战略的迅速性均可区别“优秀”和“非常优秀”。

敏捷性也可提供经营、学习和发展方面的竞争优势。缺乏敏捷性会导致很多学习型领导和管理者无法有效地执行业务。这与其说是一种适应失败，不如说是一种反应太慢的倾向，以至于转瞬即逝的机会无法抓住，或者反应太快，以至于失去了对整体战略的“视线”。

在反复变化的环境中，资金、人员和管理关注点的分配并不是一次性决策，必须不断进行调整。与其将资源分配看作一系列一次性选择，管理者和学习型领导应重点关注资金、人员和关注点的重新分配，尤其是很多学习型组织，其并不能足够迅速地重新将资金分配到正确的地方，导致资金陷入无效使用活动中，而且无法利用新出现的机会。学习型领导可帮助管理者创建相应流程，为敏捷灵活的资源协调提供支持，进而提高可持续发展的价值。

与顶级教练一样，敏感性最高的学习型领导已做好适应和改变方向的战略准备，随时可应对意外状况的发生。提高可持续价值意味着知道如何预期和应对变动的性质和速度，果断地应对任何意外或不确定状况，以及帮助高层领导。

利用专业知识

史蒂夫·乔布斯曾经说过，“雇用聪明的人并告诉他们做什么是没有道理的，我们雇用聪明人是为了让他们告诉我们该做什么”。虽然经常和直接从高位插手业务可提高短期的绩效，但自上而下的执行方式有很多缺点，包括强大的首席

来自一线的声音

当我们以顾问的身份制定项目计划时，我们会制定一个时间表，并将项目任务作为指导方针。但我们也会谈论应对需求的必要性。适应性和灵活性是关键。例如，我们可从6项关键任务开始，随后确定鉴于当前的状况，其中的4项不再合理可用、不可行、不实际或无法管理，所以只有两项任务可以完成。

——莎拉·汤普森，施乐公司商业服务学习与发展部高级经理

执行官离职后的公司解散风险。这种运营方式也会削弱公司的长期运营能力，因为它削弱了中层管理者的决策技巧和主动性。

在复杂的大型组织内，高效执行取决于不可计数的决策、权衡以及不同级别和职能人员采取的行动。前线员工，尤其是直接参与制造、销售、交付和提供服务以及与客户交流的人员，经常处于发现和解决问题的最佳位置。即使在支持“精益思维”的组织中——一种使所有员工参与其中的流程改进方法——标准工作惯例很少发生变化，并且只有专家的建议才可以得到实施。

企业有时会过于狭隘地定义“专家”，依赖于头衔、学位和多年经验等指标。虽然经验可提高效率和效能，但它也能让人们拒绝改变，排斥与自己观点冲突的信息。不同类型的经验——包括在前线、客户或应对特定人员上耗费的时间——有助于理解状况和创建解决方案。毕竟，正如约翰·布鲁克斯在2014年世界杯美国队与加纳队比赛中赢了头球，有些进球由替补球员达成。布鲁克斯可能不是明星球员，但他已证明了自己不可缺少。高效学习型领导知道如何帮助管理者创建和培养冠军阵容，确保长期发展和成功，而不是仅仅取得一个赛季的冠军。他们授权并指导团队内的各级员工不断培养自己的优势，并利用其专业知识实现更大程度的成功。当所有员工被赋能后，组织整体可更好地运营。

反思、回顾和学习

一旦将战略落实到实践操作中，必须识别哪些有效，哪些无效。应用所学到的经验教训可持续改进未来行动规划。

通过反思，管理者和学习型领导可识别执行瓶颈并采取纠正措施。有些组织正在寻找将反思纳入到其常规活动中的方式。其中一种非常强大的方法是将反思看作一种事后分析工具，以此来了解成功和失败的驱动因素。例如以行动后反思著称的美国陆军。为了确保过程严谨，应由项目助理而非项目领导来执行这些反思活动。有效反思涉及对比真实发生的与应发生的，然后仔细地找出差距，不论是正差距还是负差距。在私有企业中，为了反思过去的执行情况，英国石油公司设置了一个由5位人员组成的事后项目评估小组，审查重大投资项目，撰写案例研究。

■ 小结

对于全世界范围内的首席执行官来说，高效执行是一项重大挑战。成功执行战略的关键包括：

目标明确：将资源投入到体现组织特征、价值主张和核心目标的战略中。

遵守纪律：执行常规跟进和后续行动，处理可能影响进度安排、范围或资源需求的偏差。

图5-2　关键行动

敏捷性：进行相应调整，以面对变动、风险、失败的结果或错误的假设。

通过附录二第五章中的自我评估，辨识改进您所在组织内战略和解决方案的执行情况的模式和可能性。

重点回顾

最匹配的学习战略并没有意义，除非已准确执行该战略。

精确执行需要纪律完善的数据驱动流程，其中执行战略的方法在特定时期内已得到明确界定和优化，旨在取得一致的结果。作为纪律完善的经营流程，管理和执行学习可提高与战略目标的匹配度，同时提高可持续发展的价值。

高效执行由高层管理者指导，但由中层管理者推动执行。

权力集中到高层管理者手中可在短期内提高绩效，但会削弱机构长期运行的能力。在复杂的大型机构内，大多数执行由中层推动，即执行关键业务和承担关键职能的中层经理，以及做好事情且在信息网络内占据重要地位的技术专家。

高效执行意味着知道如何根据需求进行整体转变、适应和更改方向。

知道何时坚持，何时放弃，如何进行整体转变或何时需要更改执行方向的学习型领导更可能提高其组织或业务部门的附加价值。若管理者将关注力放在错误的事情上，则学习战略无法提高直接价值或长期价值，即使执行方法恰当准确。

可持续发展学习型组织使高效执行成为日常经营活动的一部分。

与未设置执行系统的组织（包括学习型组织）相比，已设置正式执行系统的组织表现更佳。始终使用数据驱动型原则、方法、工具和技术缩短战略和执行之间的差距，这不仅能够改进学习解决方案的可持续性，同时也可确保学习型组织作为战略业务合作伙伴和价值创建者的长期可持续性。换句话说，为了提高和创建可持续发展价值，必须始终如一地通过这些流程执行业务，而不是只将其用作项目执行方式。

■ 案例分析

达科他州社区医疗保健协会是一个初级保健协会，为北达科他州和南达科他州提供服务，也是铁军团队的一个案例。协会使用以提高绩效为目标的方法来管理项目。这个例子展示了公共部门如何保证战略执行。

达科他州社区医疗保健协会

达科他州社区医疗保健协会（CHAD）是在北达科他州和南达科他州由联邦支持的医疗诊所组成的初级护理协会。达科他州社区医疗保健协会共有11个会员，北达科他州4个，南达科他州7个。南北达科他州位于边境，多为乡村，人口分布很分散，作为初级保健协会，达科他州社区医疗保健协会为各个社区保健中心提供咨询、技术支援、培训、资源开发、财务管理和人力支持等服务，目的是提高这些中心的能力和可持续性。总的来说，社区医疗中心发挥着至关重要的作用，因为它们可以为病人提供高质量的初级医疗服务，并预防疾病。如果没有这些社区医疗中心，这些患者可能没法得到治疗，尤其在美国没有医疗保险的人数逐步增加的情况下。初级医疗保健大多是由这些经过联邦认证的医疗中心提供的。达科他州社区医疗保健协会的使命是通过提供公共政策和社区医疗服务，成为达科他州高质量初级医疗保健领域的领导者。因为达科他州社区医疗保健协会服务和专业已初具规模，所以其愿景应受到认可和重视。

达科他州医疗诊所大量增加，对达科他州社区医疗保健协会的要求也相应提高，会员要求达科他州社区医疗保健协会提供更加多元化、更加规范的培训和技术援助。鉴于人们对实用性和效率的要求更高，政府部门的资源和预算愈加紧张，董事会衡量了提供给会员的培训和技术援助所产生的价值和回报，进而确定了战略重点。经过改进，服务应该能够更好地满足会员的需求，并且能够指导达科他州社区医疗保健协会将精力和资源集中在最有潜力的技术援助上。根据本章所提到的高效执行策略，达科他州社区医疗保健协会这两年努力解决了以下问题。

目标明确

这项努力的主要目标是创建、实施和标准化基于结果的评估模型，以确保达科他州社区医疗保健协会的培训和技术援助服务取得预期的结果，并最优化利用机构和合作伙伴的资源。达科他州社区医疗保健协会试图确保任何新的模式或流程与其作为服务提供商的主要使命和目的保持明确和一致的联系。期望的结果包括：收集、组织和呈现关于机构成果数据的更好的方法；改善资源分配；提高会员对该机构技术援助服务的满意度；提高社区医疗中心提供高质量初级和预防性卫生保健的能力和可持续性。

一致、协调的行动

为了实现其战略目标，该机构聘请了一名顾问。该顾问采用了一种以数据为导向的改进方法，帮助组织采用并整合基于结果的服务模式，以提高利益相关者的相关性、灵活性和价值。图5-3概述了与此方法相关的关键操作。

图5-3 绩效改进方法

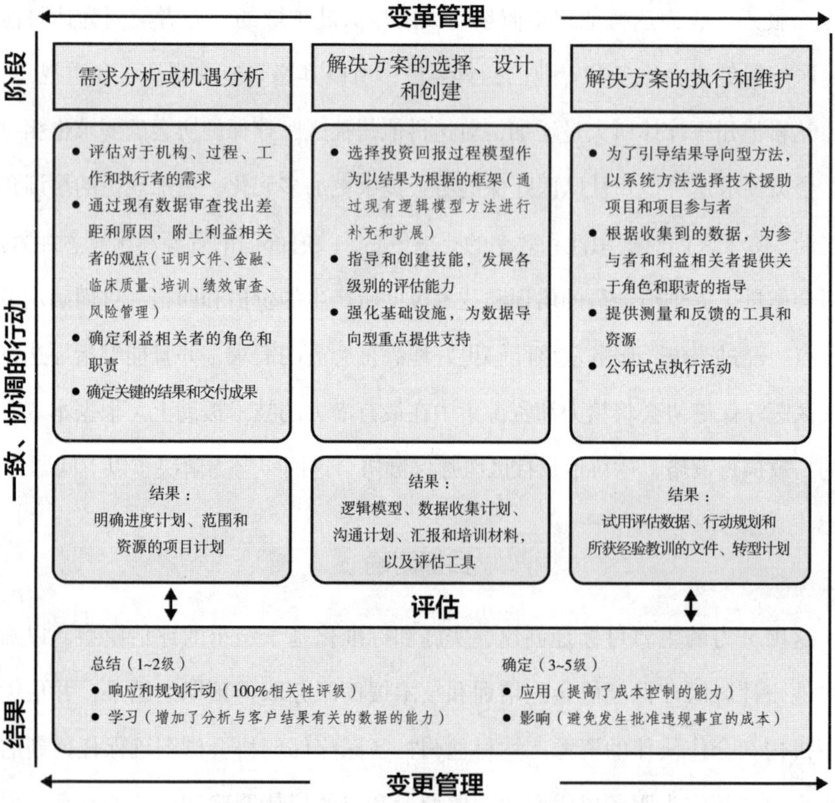

敏捷性

考虑到与创建、执行和维系这种结果导向型服务模型有关的众多变量和限制，顾问与机构的利益相关者进行了广泛合作，包括框架落实方面的合作。由于最终结果需要很多年才能被看到，而且使用传统评估方法很难衡量理想的结果，所以此时尤其需要一种不断发展的灵活方法。为了实现这一目的，关联直接、中间和最终结果与项目活动和进程的逻辑模型是一种至关重要的规划和沟通工具。

利用专业知识

在分析、设计、研发、落实和评估解决方案的各个阶段，与机构内外部的专家和利益相关者合作至关重要。我们主动寻求拥有不同类专业知识、经验、职责和任职期限的利益相关者的意见，从而对状况和需求有更好的理解。

执行、反思和学习

完成以结果为根据的模型试点应用后，已根据项目各阶段收集、分析和报告的评估和反馈数据，辨识所学到的内容和持续改进的机会。评估数据来自各影响级别的数据。

反应和规划行动。结果比较成功，所有的参与者都表示，试点参与代表有价值的时间投入，而且参与者声明他们会向其他人推荐这些方法，并确定因参与而会采取的规划行动。

学习。使用1分表示“失败”和5分表示“完全成功”的五点量表，参与者报告了在以下学习目标上的最高成功率：

- 改进机构结果相关数据的收集方法。
- 改进机构绩效相关数据的收集方法。
- 改进客户结果相关数据的分析方法。

应用。在试点参与最常使用的行为、技能、资源和材料中，财务管理（成本控制）工具、文件控制和医疗记录管理工具、绩效评估所用人力资源材料和风险管理资源最常见。据报告，时间和人力资源方面的限制是使用所习得内容最常见的阻碍。

影响。通过调查问卷收集与影响有关的数据，而调查问卷应向试用项目参与者询问其行动对特定工作措施的影响，所采取行动对特定工作措施的已感知成本效益，以及所应用知识和技能的无形效益。这些措施受专门设计的工具和资源的影响显著。

- 遵循融资（授权）要求。
- 成本控制和成本转换。
- 运营绩效。
- 风险管理。
- 遵循健康中心项目的要求。
- 客户（患者）满意度。

改进对资金需求的遵从性是应用新工具影响的最常见的经营测量指标。这种经营效益可转化为与返工有关的成本节约，以及缩短与授权违规事件有关的劳动时间。

▪ 案例回顾

本案例说明了如何使用数据驱动方法来执行、评估基于结果的服务模式对确保联邦资助的社区和合作伙伴服务的效率和有效性的影响。执行明显得到了领导的积极支持，成员网络之间广泛地进行沟通和协作，专家代表和工作组代表的忠诚承诺体现了真正的伙伴关系精神。不幸的是，技术援助组织越来越难以持续地执行数据驱动的方法和基于成果的流程来实现多种学习解决方案，从而影响组织成功实现其许多与其相关的长期目标机构和成员的可持续性。

第六章

修炼 4：推动结果，不断改进

> 没有数据，你只不过又是一个只有想法的人。
>
> ——爱德华兹·戴明博士，质量管理专家

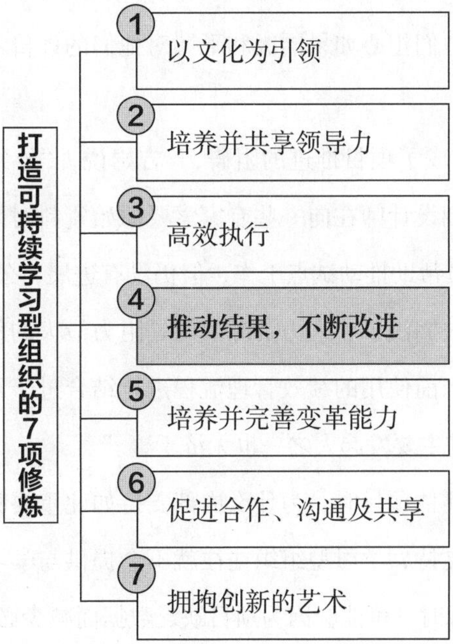

本章要点

- 注重结果为什么可以让一个学习型组织绩效好且可持续
- 学习型文化如何利用评价来达到持续改进的目的
- 负责学习的领导者如何开发可持续的评价流程，并付诸实践

要营造并保持一种有助于组织发展的学习文化，就必须有绩效和敬业度的实时数据。然而，许多负责学习的领导尽管想评估组织的发展，但往往得不到负责提供、使用绩效数据的关键利益相关者的支持。

这样的情况听起来是不是不陌生呢？吉姆是一家国际电子公司的培训总监，刚参加完一个非常昂贵的流程改进认证项目，这个项目由公司负责运营的副总裁支持，他希望使用这个项目的工具和技术来分析、开发、运行公司的所有流程。在整个企业推广这种流程改进方法之前，公司同意先在一个50人的培训小组试用这种新方法。随着试点项目的展开，需要进行360度评估，这时候，部门经理们开始紧张起来，他们担心如果同级和下属对他们的评价不好，他们可能会丢了饭碗。

“他们的恐惧变成了项目推进的阻碍，”吉姆说，“导致我们失去了很多运营人员的支持。培训设计师在向一些专家索要原始资料时困难重重。运营副总裁指派一些管理人员帮助推动试点工作，但仍没有进展，公司内部根本不支持，所以试点工作最终被搁浅了。人力资源部门是阻力最大的部门之一。该部门声称，把评估数据和当前使用的绩效管理流程进行结合过于复杂，就算另外一位高级副总裁是项目的主要发起人之一也无济于事。”

在实施持续性评估项目时，为什么内部支持如此重要呢？这是因为，一旦缺乏利益相关者的支持，学习型组织往往就不会提供与学习效果相关的实证数据。组织在分配资源时，可能会因为项目缺乏数据而减少必要的资金支持。

图6-1　小事实

36%	80%	52%	46%
36%的人才发展专业人士认为他们的评估工作有助于实现业务目标	80%使用4级或5级评估的人才发展专业人员认为其对组织具有高或非常高的价值	52%使用3级评估的人才发展专业人员认为其有助于实现学习目标	46%的人才发展专业人士表示，无法获得更高级别评估所需的数据是一个主要障碍

要想最大限度地利用现有学习资源，并能长期不断获得稳定的资源投入，关键在于，一定要知道这些内部资源和外部资源对什么的影响最大，在哪方面最有用。

要想确定学习资源会在哪方面产生最大影响，就不能局限于某个项目，而应该持续不断地发挥学习资源的作用，并不断评估学习资源的影响。研究表明，与绩效差的公司相比，绩效好的公司往往更愿意不断投入资源来评估学习和人才管理的影响力。绩效好的公司理念好，积极主动、以绩效为先，他们认为，评估不应该是被动的、多余的活动，也不应该是在计划完成后再做；相反，评估应该是学习管理过程和人才管理流程必不可少的部分，可以为项目增值，同时，评估也是持续改进的关键。

使用系统的方法来评估绩效和能力，可以创造价值，这是因为，通过评估，学习型领导者及其组织可以明确以下几点：

- 他们关注的问题是否正确？推动的战略是否正确？
- 他们是否已经竭尽全力？
- 企业绩效是否受到了组织限制或文化隔阂的影响？
- 他们是否把适合的员工放在了合适的位置？他们是否拥有合适的工具和资源？

梅根·里歇尔是纽约梅西百货的人才评估评价总监，也是《人力资源高管》2016年评出的人力资源领域的新星。梅西百货总共有172500名员工，她成功使用标准化指标将员工与职位相匹配。里歇尔将自己描述为一名“科学家和实践者”，她将心理学与“冰冷的硬数据”结合起来，对高管进行评估，并预测他们未来的领导潜力。随着科技和社交媒体的发展，消费者的购物习惯发生了天翻地覆的变化，像梅西百货这样进行过重要重组的公司，只有进行可靠连续的人才评估评价，才能确保领导者的技能能跟得上业务的动态变化需求。

■ 对标、目标和影响力：这些基本因素仍然适用

96%的首席执行官希望能得到数据，了解负责学习的组织对整个企业的影响，但实际上，只有8%的首席执行官拿到了这样的数据。此外，74%的首席执行官希望看到学习的投资回报率，但只有4%的人得偿所愿。

并不是只有首席执行官想从负责学习的组织所进行的评估中有更大的收获。根据一项研究，在接受调查的330名首席学习官中，大多数对评估不满意，认为完全执行了学习策略的首席学习官的比例不到一半。因为学习策略贯彻不彻底，所以大多数首席学习官觉得自己在确定组织的重点战略方面，战略影响力很弱。只有学习与企业业务目标保持一致，在学习上的投资（不仅仅是对某个学习计划的投资）才能在短期和长期内推动企业发展。

经验丰富的学习主管和绩效主管都知道，要想保持学习与组织业务目标一致，各种解决方案、计划、项目和倡议在起步阶段的定位就要做好，然后还要进行相应的评估。所以，一开始往往需要明确利益相关者的需求以及他们渴望得到的结果。

例如，假设你所在的组织希望提高区域店长的销售业绩。首先，你需要确定哪些指标可以反映出业绩提高，如月销售额、商店利润率或每季度的新增客户数量。接下来，你要确定哪些绩效指标会影响业务指标。例如，其中一个绩

效指标可能是员工的销售技能应用得怎么样（如谈成一单生意）。通过这些绩效衡量标准，员工知道自己需要如何表现，采取何种行为，并进行什么样的调整。继续深入下去，你就可以确定，要满足绩效要求，员工需要了解哪些知识或学习哪些技巧。在上面的例子中，员工可能需要了解谈成一单生意需要的相关步骤。先明确业务需求，然后一步一步，从业务需求到绩效需求，再到学习需求，完成整个过程后，你找到合适的解决方案（或一整套解决方案）的机会大大增加，同时，你也可以找到最佳投资机会来实现目标。此外，你已经为设立有意义的目标奠定了基础，这些目标可以：

- 定义成功的衡量标准。
- 向参与者传达某项目或计划的内容，并告诉他们原因。
- 为发起人、团队领导和项目经理指明方向，让他们知道实现业务目标需要哪些关键知识，并采取哪些关键行为。

通过确定需求，并制定能够体现利益相关者重点关注的目标，学习主管可以展示他们知道哪些事情是关键所在，有利于组织发展。明确、一致的目标也为有效的项目评估奠定了基础，从而确保公司会采取正确的措施。最后，学习主管通过制定这些目标，使得学习成果可以由组织内外共享，最终让人们认可学习对公司业务的贡献。下面我们引用了比尔和梅林达盖茨基金会在2016年对合作评估所作出的积极评价：

> 从启动赠款流程开始，我们就和合作伙伴共同确定希望实现的总体目标，并确定衡量是否实现了这些目标所需的数据。我们将这种方法称为成果投资。为了让合作伙伴可以自主决定如何实现这些目标，我们不要求他们事无巨细地汇报。相反，我们有目的地只关注那些最关键的进展指标，从这些指标中可以看出组织是否在持续学习、调整和对标……评估也是一种学习协作工具，通过评估，我们和合作伙伴可以得到反馈信息，明确该如何改进、调整才能最好地实现目标。

高绩效的可持续学习型铁军团队会根据目标的重要性来规划其测量方案，并对测量内容进行优先级别排序。虽然目标测量标准往往会为利益相关者创造最大的价值，但与其他常见衡量标准（如效率和有效性）相比，学习主管对它们的跟踪反而最少。常见的效率衡量标准包括项目数、参与者数、使用率、完成率、人均成本（学习者）和单位时间成本。一般来说，如果不进行比较，从这些数据中看不出这个项目有没有产生效果，对比数据包括历史数据、历史趋势、基准数据，以及项目目标。这些数据主要是为了确保学习项目的质量。所有组织都会采用一些标准的数据测量项目，确保学习计划、学习流程或解决方案能够实现组织的预期目标。理解这些项目的重要性，不断进行数据测量，有助于得到为学习项目分配资金的高层领导的支持和信任。

下面我们罗列了一些学习型铁军团队测量效率和有效性的方法。这些学习型铁军团队曾因此屡获殊荣。

万加德大学（Vanguard University，VU）自2009年起一直用净推荐值来评估学习效果。万加德大学的旗舰课程《带领团队走向成功》（*Leading Crew to Success*）净推荐值达98%。一旦学校认为某门课程的净推荐值太低，就要对这门课程进行调整。例如，企业定位计划的净推荐值只有73%，学校就对计划重新进行了设计。重新设计后，课程净推荐值提高至81%。

联邦储蓄保险公司致力于改进有助于实现学习目标的行为变化的测量方法。其为即将入职的银行审查员启动了一个项目，项目为期两周，在项目开始前、项目过程中、项目结束后评估他们对于银行审查概述的写作与分析能力。为了跟踪并观察实际操作过程中会发生何种变化，项目对参与者和主管进行了跟踪采访。

西联公司开展的领导力发展计划知名度高，深具潜力，为提高计划效果，公司每两周对接触点评估一次，包括和高层领导的里程碑报告。领导力发展计划旨在为领导层提供培训，寻找新的投资项目。此外，项目紧密围绕公司业务需求，为公司挽留有潜力的员工。据报道，从本项目毕业的员工，离职率比公司平均水平低9%。那么，测量什么，何时测量呢？首先得制定评估计划。测量图这个评估计划工具很有用。从测量图上，我们能看出学习、绩效目标与重要商业目标之间的关系。测量图也可以展示出人员投资与商业目标是否保持一致，相互间的逻辑关系如何，学习领导者和利益相关者可以清楚地看出可测量的成果。为了保证最佳效果，在构建测量图时，务必要做到以下几点：

- 让合适的人参与（指那些有权访问进行影响力分析所需业务数据的人）。
- 就战略目标或优先事项达成一致意见。
- 确保所有指标均可衡量。
- 要同等重视流程和产品。
- 在构建测量图时，要注重协作，注重建立相关联系。
- 用测量图来证明在学习上投资的价值，并提高其价值。

图6–2是一个测量图样本。请记住，测量图会因学习型组织及学习投资的不同而各异。

图6-2　测量图样本

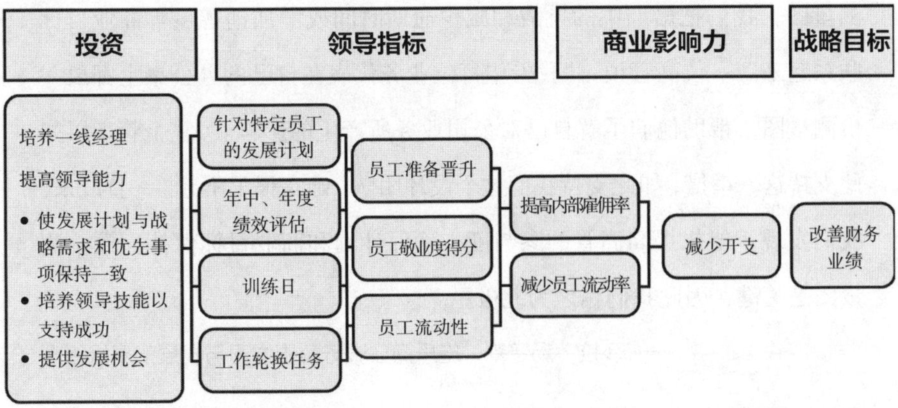

来自一线的声音

过去10年来，我一直担任咨询顾问，帮助组织确定如何才能实现卓越。我和各位客户合作，帮他们确定学习和发展的流程，以及人才管理流程。这些组织通常刚开始，尚未成熟，根本不确定如何才能发展。要获得高管支持，关键在于要向他们展示学习对组织绩效的影响。不管是入职培训还是绩效改进计划，如果你可以将其与商业目标联系起来，你就能获得更多支持。例如，我们可以用测量图告诉高管：“你需要从学习的视角，将其与你降低成本的目标联系起来。”或者“你需要从学习的视角，将其与你增加收入的目标联系起来”。如果你向高管展示学习和商业目标间的关系，你就可以从领导层那里获得支持。

最近，我们给一家组织重新设计了入职培训计划，大大增加了其可操作性。“正规的宣讲少了，课后的指导多了。”我们在早期就与管理人员建立了沟通，让他们知道，我们仅仅利用触手可及的“电子学习”，就能帮助员工在入职培训中提高能力，以应对客服中心的真实挑战。通过测量图，我们把培训中的挑战和减少通话时间或增加销售量等商业目标联系起来。一位高管说：“我希望每位业务代表在自己的办公桌上都放一份测量图，帮助他们了解自己对公司业务所产生的影响。”整个管理层如此支持这一举措，如此支持我们这个设计团队，确实很了不起。一直以来，我们发现，要想提高高管的参与度，确保计划和商业目标保持一致，测量图是关键，因此我们称之为北极星。

——莎拉·汤普森，施乐商业服务负责学习与发展的高级经理还有一些更详细的评估计划工具（如数据收集计划或逻辑模型）也有助于员工对关键目标达成一致。这些评估计划工具可以说明：

- 需要投入什么，需要多少投资。
- 将收集哪些成果数据。
- 如何收集数据。
- 何时收集数据。
- 谁负责收集数据。

可持续学习型组织通常已经将测量图或类似工具的使用标准化，因为这些工具益处颇多。首先，推动整合并确定商业成功的衡量标准对创造价值至关重要。其次，公司对人力进行投资，都是由于其有潜力满足业务需求。如果学习领导者可以一直高效地表明人员战略如何助力重要的商业战略，那么这些学习领导者更能被视为可靠的业务合作伙伴。最后，使用测量工具和策略能让学习领导者和利益相关者预测到未来的投资趋势。组织可以利用预测性分析优化投资，使学习领导者成为面向未来的战略合作伙伴，创造更多价值。本章随后会详细介绍。

▪ 提升投资回报率

当下，对知识型员工的竞争异常激烈，首席执行官们希望利用学习型组织从战略、数据和分析方面来应对当下的人才资本挑战，并确定人才投资是否有所回报。不过，尽管首席执行官们给学习型领导施加的压力越来越大，但不管是在公立组织、私立组织还是非营利组织，学习型领导还是很难界定并追踪可衡量的业务目标。看看下面这些数据。根据2015年美国管理协会和i4cp全球领导力调查，87%的受访者表示，他们没有衡量过学习和发展对绩效的影响。只有18%的受访者认为所在的学习型组织在评估整体学习效果方面做得很好，主要原因是缺乏合适的技术来衡量培训工作并改善沟通和收集数据。

有合适的工具和技术很重要，但如何使用这些工具和技术也很关键。尽管有些学习专家善于收集数据、分析数据和战略思维，但很多学习型组织和人力资源部门往往因为缺乏准确的员工数据，缺乏分析和战略规划技能，导致职能受阻。很多机构似乎不会向首席执行官们解释，从现有数据中能否看出组织现有的人才是否具有实现其目标的能力，或者说是否需要引进更多人才才能实现其目标。根据2015年对362位首席执行官和首席人力资源官的调查，24%的人表示，他们在制定或参与制定基于数据的战略决策时，最大障碍在于分析技能缺失。表示已经积极采取改进措施的不超过30%。

趋势表明，由于对问责制的期望较高，使用投资回报率进行评估有上升趋势。根据2015年进行的一项测量和指标研究，近50%的首席学习官计划未来使用投资回报率。投资回报率的使用呈上升趋势，可归因于六大因素：

- 对资金和资源的竞争加剧。
- 有通过衡量投资回报率来确定非资本性支出的趋势，非资本性支出和资本性支出使用的财务和会计公式相同。
- 财务总监（CFO）在监督组织不同职能的价值方面发挥更大的作用。
- 转向实证投资，也就是说，管理层需要用数据来证明投资已经产生的价值或预计将产生的价值。
- 为发展领导力，人力资本投资的成本快速增加。
- 公司内外的利益相关者日益重视价值、问责制和透明度（投资回报率研究所2015）。

那么，学习型领导者能得到什么呢？采取更加严谨的方法不断进行影响力分析和投资回报率分析，而不是心血来潮，好处很多。首先，通过分析，能够发现怎样才能创造更大价值，从而改善项目。在经济困难时期，知道哪些方面可以创造价值，可以节约预算。其次，学习对企业做出一定的贡献有助于与管理人员建立核心关系，因为学习的首要目标是对业务产生影响。最后，致力于

来自一线的声音

受商业环境所迫，人力资源部门必须真正挑战当下的问责文化。企业中存在严重的合规问题，让我们认识到，我们给员工付了薪酬，但并不能一定让他们负起责任来。有时候，我们付薪酬的做法和流程确实会驱使人们采取错误的行为。我们不仅仅限于薪酬，而是仔细调查了人才管理的各个组成部分，搞清楚所有工作流程、方法和产品怎样才能达标，并创造最高价值。

我们也扪心自问，作为人力资源部，我们是否称职。这涉及很多部门、很多领导。我的团队咨询了很多部门领导、薪酬和福利负责人、招聘负责人、员工关系负责人和合规负责人。我也是团队一员，带领人力资源部探索如何应用分析来揭露风险问题，并积极制定持续改进和问责制流程。

——全球银行机构高级学习分析顾问

提供实证数据，证明学习发挥的作用，会提高学习专家和人才管理专家的公信力、信心和士气。大多数团队成员都想知道他们所做的工作对其服务的客户和业务单位产生了怎样的影响。

评估方法和途径虽然值得肯定，但现如今80%–90%的模型使用的是柯克帕特里克和菲利普斯的框架。正如第二章所述，他们的评估框架在不同时间从不同角度收集测量数据，从而显示了横跨多个影响层面的影响价值链。根据菲利普斯的投资回报率方法论，首先是有零级输入。这些数据确保人们有效地在系统内循环。第一级是反应，确保参与者对学习计划作出适当反应。第二级是学习，参与者获得新的知识和技能。第三级是应用，即参与者在离开学习环境后，应用学习的内容采取一定的行动。第四级是业务影响，把学习与业务指标联系起来。第五级是投资回报率，将货币收益与成本进行比较。每个级别都可以测量，也可以不测量，但组织和赞助商往往要求测量应用能力和影响力，偶尔也会要求测量投资回报率。

需要注意的是，投资回报率的应用增加并不意味着所有项目都需要在投资回报率水平上进行评估。我们建议，衡量学习效果，开展投资回报率影响研究占到组织学习计划的5%–10%即可。希尔顿全球首席学习官奇摩·基彭表示，希尔顿的学习团队每年都会精心挑选一个项目，进行严格的投资回报率研究。通过仔细挑选要在投资回报率水平进行评估的项目，采用既节约成本又节省时间的方法来收集和分析数据，学习型领导者可以以最少的资源把基于结果的评估流程全面整合到学习型组织中。本章末尾的案例就使用了柯克帕特里克和菲利普斯的框架。

▪ 测量与持续改进

有规律且持续的测评实践对于以企业方式运营的学习型组织至关重要。采用以结果为导向的测量重点，最佳理由之一是可以确保实现你所承诺的结果，并不断改进项目、流程和产品。为了可靠地证明学习投资对业务的贡献，测量方法必须符合质量标准，并且必须始终如一地应用同一种方法。有些测量方法相较于其他测量方法而言更可信。最佳测量方法的标志性特征如表6–1所示。

随着测评流程变得更加成熟、标准、清晰可见，绩效变得更加动态化，需要制定持续的改进机制，以确保测量实践所产生的结果能够持续增值。有一种改进机制适用于许多学习型组织，它采用绩效记分卡或展示板跟踪单个项目、一系列项目或整个学习型企业的微观和宏观评估结果。一般来说，宏观指标是用于推动战略执行的整体组织指标或跨职能指标，通常反映在公司记分卡或管理展示板中。微观指标用来追踪特定项目、计划或倡议是否能够成功。

表6-1　有效测量方法的标志

特征	描述
相关性	以结果为导向，并与战略性关键业务目标相关
综合性	可识别关键问题和根源，考虑会对结果产生影响的所有相关变量，并充分跟踪整个解决方案结果与所选部分
及时	能够在正确的时间进行衡量
透明	向受其影响的所有人开放，而不仅仅是为了管理层的观点而私下使用
成本效益高	实际可靠，并易于使用现有数据对运营单位进行跟踪
可控	用来追踪受其影响的人创造的结果，这些人从结果到措施均具有清晰的思路
可执行	可创建易于解释并转化为管理和员工行为的数据
有用	服务于预期用户的实际信息需求
可收集	可以在检索与被追踪措施的有效性成比例时收集
明确	为实现有效跟踪、分析和报告，提供清晰明确的措施
以可持续性为中心	考虑短期和长期的绩效支持需求
可靠	为管理层和关键利益相关者提供有效、准确的信息
合乎道德标准	针对受其结果影响的人的福祉而采取
持续改进	可以定期监测和更新，以维持其相关性

许多资源都有助于记分卡的开发。例如，非营利机构人才报告中心引入了人才培养报告原则（TDRp），作为制定和实施关键人力资本流程（如学习与发展流程、领导力发展流程和人才获取流程）内部报告和管理标准的框架。该中心由卡特彼勒大学执行董事兼前总裁大卫·万斯创立，采用常见的行业措施制定了三项标准声明和三项标准管理报告，使从业人员能够像企业一样管理人才，确保有计划、可衡量的成果得到有效实施。

图6–3展示了实际评估问题的解决如何帮助学习型领导进行持续改进。

图6-3 解决评估问题

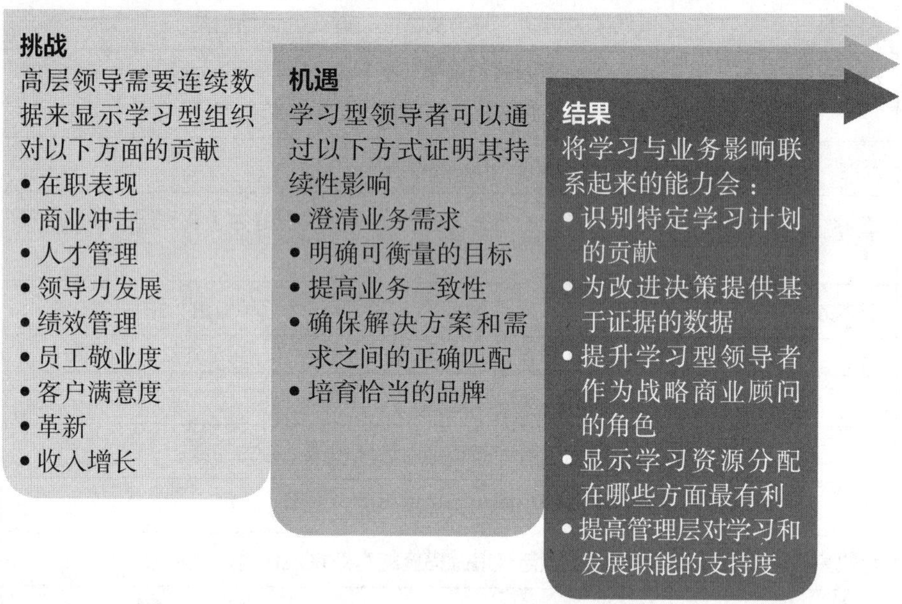

■ 分析的作用

如果你读过《点球成金》这本书或看过这部电影，那么你就一定知道比利 · 比恩和彼得 · 布兰德通过一种称为棒球统计学的方法改变了运动分析。他们没有依靠自己的直觉和传统的方法发掘棒球人才，而是改变了职业棒球队招募人才的方式。现在，职业棒球总会的每个球队都会以某种方式用到这个棒球统计学。例如，奥克兰田径运动使用实证分析棒球统计来衡量游戏中的活动，并帮助预测运动员未来的表现。根据球探亚历山大 · 莱维特的说法，芝加哥小熊队使用一组非常具有说服力的运动员数据，以及广泛的社交和网络数据分析，作出最佳的棒球人才发掘决策；数据分析是团队决策的核心组成部分。

同样，学习型组织也正在转向人才和人力资本分析，以帮助他们的团队在招聘和培养人才，以及尝试开展符合战略目标和员工能力的工作时更快速地作出更明智的决策。这些分析是指使用复杂的数据挖掘和业务分析技术来探索人力资源数据。在当今的数据革命中，学习型组织越来越依赖高级分析法来传达其价值，并根据数据做出有关人才获取、人才培养、员工敬业度和留存率的战略决策。

事实表明，预测性分析的应用可以改善学习和人才培养流程，有效地将其与业务优先级相关联，并为关于持续改进行动的决策提供信息。成本更低、速度更快的技术使得收集和分析远远超出传统措施力所能及的大型数据集（比如申请人数、项目数量或被视为高潜力人才的数量），变得更加经济实惠。这会让人觉得这些可用的大数据非常难处理。事实上，为了充分发挥人力资本分析的潜力，学习型组织需要经过多年的改进和完善。在人力资源和人员分析方面具有领先能力的公司一般都花费了3年甚至更长的时间来吸收技术，重新设计团队，并根据数据做出每个与人事有关的重大决策。

以下是将分析作为战略工具且使用频率不断增加的两个铁军团队示例。

——Footlocker使用预测性分析提高公司招聘效率，并提高销售业绩。最初的分析团队由人力资源、财务和销售人员组成，他们在300多家商店实施了为期18个月的试点项目。尽管在开始时遇到了一些来自店铺经理的阻力，Footlocker仍将该项目推广到另外的300家商店，然后在所有商店实施了试点项目。该项目的优势包括招聘流程简化、管理人员在面试期间可以做好更充分的准备、大幅降低员工流动率，并改善客户反馈。

——英特尔利用大数据分析提高客户洞察力，从而在两年内实现了近10亿美元的增量收入和生产力。IT团队和市场销售团队合作创建了一个预测性分析引擎，以识别具有巨大销售潜力的客户；由此，销售团队便能够拓展英特尔的经销商渠道业务。通过分析，英特尔改进了不同业务部门协同工作的方式。

来自一线的声音

我们派了一名专职人员去学习评估。因此，他带来了一些非常复杂且细致入微的工具。此外，在分析方面，我们也做了大量的定性和定量工作，以确保我们专注于组织内部的关键指标。例如，我们可以将员工敬业度转化为组织内部一些非常有价值的指标。我们知道，如果员工在转向商店管理之前通过为期6周的混合式在职店铺经理培训计划，那么平均而言，该店铺经理的团队将比未经过培训的经理团队更加积极10个百分点，即使未经过培训的经理团队有更多的经验。因此，我们知道，员工敬业度的每个百分点都对应着客户满意度和销售额的增加，以及商店内商品缩水、破损等情况及安全事故的减少。因此，我们使用广泛的定性和定量方法对我们的业务进行评估，并表明我们正在不断改变现状。

——大型家居装饰零售连锁公司领导力发展总监

无论您现在使用的分析技术多么复杂或先进，每个学习型组织如果希望在随时间不断变化的用户和利益相关者需求中保持相关性和灵活性，就需要将一些标准的、统一的测量和分析水平应用于其目标设置和战略决策制定方面。例如，人力资本数据的战略性使用一直是铁军团队马萨诸塞州百健生物科技公司（Biogen）在高度监管的医疗保健和制药行业中区别于其他公司的因素之一。百健的全球学习型领导者和高级管理人员经常依靠测量数据推动决策制定，并推动组织的业绩发展。

▪ 可持续性与测量连续性

整合以结果为导向、不断提升价值的测量实践是一项特别的可持续性挑战。尽管可以使用影响研究或记分卡来衡量单个项目或一系列项目的有效性，但在单一项目或影响研究的生命周期之外嵌入一套全面的评价流程是可持续性经常忽略的一个方面。这样可持续性就不再仅仅是为维持一项举措的绩效成果而设计的学习迁移方法。无论是一种战略能力，还是支持能力，又或是两者的结合，增加可持续学习价值意味着要始终采用以指标为导向的方法来衡量进度，并在每个学习场景期间改进质量、速度和成本效益，而不仅仅是采取单一的举措。重点在于检查整个学习过程中的长期耐力和业务价值，而不在于单个项目获得的业务价值。

这种方法需要将可靠、持久的测量标准、政策和数据收集系统与组织和职能业务流程完全整合在一起。基础结构的构建至关重要。据一位投资回报率专业人士称，“我们最大的障碍是……我们在组织尚未建立起坚实的测评基础时跳到了投资回报率”。以下是关于建立可持续评价流程和方法的其他指导方针。

发现你的价值链

正如引言所述，可持续性常见的一种主流方法以精益思维为中心，即对与业务流程生命周期有关的所有活动、产品或服务进行审查，以改善价值和效率，并消除浪费。成功打入学习型组织内部，并能够继续用数据持续推动该学习型组织发展的学习型领导者都能够适应精益思维原则。他们会定期检查学习和绩效过程的整合程度，并将其视为增值战略业务流程，而不仅仅是一种学习和绩效流程或人力资源流程。他们知道什么样的指标或关键绩效指标对他们的组织最为重要。

非用即失

“我看到很多数据被收集起来，然后就像麻袋里的肥料一样堆积在那里，毫无用处。”一位经验丰富的测评专家说。未被发现或使用的绩效数据对组织或负责支持与资助学习和发展职能的利益相关者而言，几乎没有任何可感知到的价值。这意味着要确保利益相关者在需要时可以获得他们所需的信息，以便做出明智的决定。可持续学习型组织不仅会根据所取得的成果对绩效数据的多种用途和使用者进行预测，还会参考关于不良后果的调查结果。学习型和发展型产品与服务的效用及其绩效数据的效用是可持续学习型组织的一个关键特征。

培养能力

许多学习型领导者认为他们没有足够的资源开展统一的综合测量实践，但是可用资源本身并不足以推动可持续性。如果资源能力强大，那么资源只是一项资产。学习型领导者应该对商业和金融概念有一定的了解，以提高他们的评估能力和商业头脑。例如，杰克·菲茨·恩兹建议具有社会科学背景的人参加入门会计课程培训，以便他们对收益表、资产负债表和现金流背后的基本概念有清晰的认识。他还建议学习型领导和人力资源专业人员增加对统计数据的了解，以便他们能看得懂数据，并了解何时需要使用基本描述性统计——虽然他们并不一定理解如何使用，但应知道何时需要使用。“此岗位的职能应该是提供战略性见解。虽然对内的人力资源指标很有意思，但就对组织的巨大贡献而言，最初的重点应放在战略上。”他说道。

开发内部资源能力也很关键，因为许多组织已经开始通过核心团队的主题专家来启动和领导综合评估工作。可持续学习型组织通过以下方式培养能力：

- 就学习和业绩影响对业务的重要性与中高级管理人员召开简介会和研讨会。
- 邀请主题专家和经理作为评审员和评估人参与其中。

- 建立一个跨职能的咨询小组或实践测评团队。

为测量团队提供持续性的教育和绩效支持，以促进协作和创新，这一点非常重要。根据一位测评专家的说法，“现在我们让业务部门负责开展影响研究。我们制定了一个两年计划，试图将此制度化”。

完善问责机制

正如开头的场景所示，许多学习型领导者在评估和达成绩效目标时都会遇到一些问题，因为负责提供绩效数据的人员并不能确保学习型领导者无论何时都可以轻松地访问数据。另外，组织内部或个别业务部门内部的管理人员或主管为绩效改善或改变承担的责任有限。或者要求个人或部门对实现绩效目标负责可能会带有一种惩罚意味，从而对支持绩效改进工作产生恐惧和消极态度。然而，员工更希望成为问责分明的组织中的一员。那些让员工对学习和绩效负责的公司更有可能提高生产力和参与度。2015年的一项“走向成熟”基准研究发现，与平均水平的学习型组织相比，顶级学习型组织将学习责任分配给企业领导者和管理者的可能性要高出两倍。问责方式越好，完成绩效指标并取得预期结果的能力就越强。

采用经证实的项目管理方法

有效的项目管理意味着评估计划要具备可管理性、灵活性，并能够与已确定的业务需求相一致。最好是注重实事求是，从小事做起。一位投资回报率专业人士表示：“回头看看，我觉得选择5个投资回报率评估项目可能太多了。”其他人也表示，想实施得太多太快也是一个问题。如第五章所述，有效的项目管理也意味着实施计划要包括态势评估和风险管理评估，以解决诸如员工流失、领导层变动、资源限制或意外的要求变更等突发事件。

确保与其他人力资源和人才管理流程相一致

在这种情况下，协调一致还包括将整个学习型组织的使命、价值观、策略、流程、实践和标准与业务的其他职能部分相结合，以提高效率、价值和可持续性。大型政府卫生保健机构的测量协调员对其机构的一致性战略描述如下："整个评估过程，包括其基础结构、理念、标准……与我们开展业务的所有方式交织在一起。它建立在问责制和循证决策理念之上。评估技能组合是证明客户价值和满足客户需求的核心能力。"

用数据讲述成功案例

可持续学习型组织通常以案例研究或项目报告的形式向组织呈现成功案例。一位投资回报率专业人士说："只要我们确保投资回报率活跃在我们的组织内和领导者面前，他们就可以成为冠军。……我会一直与我们的项目经理、教学设计和团体实践团队分享影响力研究，因为这是我们内部共享的一部分。"另一位高级评估领导者在交流分享经验时说道："我们已经从与该领域的个别项目合作转向……在更高层次的委员会和计划会议上讨论更具战略性的投资回报率流程。"

经证明，采用实证数据讲述成功的案例可以赢得资金和赞助商的支持，获得利益相关者的更多承诺，为关于项目价值的决策提供信息，并有助于发现改进机会。布林克霍夫评估研究所的评估专家和创始人罗伯特·布林克霍夫创建了成功案例法，成为讲述学习成效故事的结构化评估方法。

为实现目标，共同承担责任

如第二章所述，在确定业务影响测量并将这些测量转化为货币价值时，需要主题专家、参与者和项目经理提供专业技术知识。参与者和管理者通常是通过调查问卷、调查、访谈、焦点小组、跟进会议提供相关学习成果数据和在职学习应用数据的。可持续学习型组织为利益相关者设定了期望，以便他们了解构建文化所需的承诺，以及改进问责制所需的能力，并对测量实践进行充分整合。“迁移策略矩阵”是记录学习型领导者、赞助商、管理者和参与者在整个测量工作开展“之前、期间和之后”责任的有效工具。它还有助于消除对评估的错误认识，使其成为一个简单的附加性事后任务。共同承担对定义、收集、分析和报告绩效数据的责任，不仅可以对测量工作进行验证，还可以确保对学习和绩效解决方案的持续支持与合作。

评估适当学习型解决方案和非学习型解决方案的有效性

要解决绩效差距或问题通常需要多种解决方案。领先的组织通常选择几种混合解决方案，将几种解决方案合并或同时使用，以解决问题的各个方面。与学习或培训解决方案结合使用的其他解决方案类型有工作设计、组织设计、绩效支持或绩效管理。有效的评价流程必须能够评估某个问题所应用每个解决方案的有效性，并能够展示每个解决方案与某项措施的预期绩效目标之间的关系。

强调将测量作为一个长期的流程改进工具

可持续学习型组织利用结果数据创造价值，从而不断改进和制定决策，并推动创新。例如，苹果不断地从产品发布中吸取教训，以创造新的、更好的产品。如果实施得当，高质量的评价流程可以：

- 为团队内学习奠定基础。
- 为学习型组织提供追踪其进展的方法。
- 启用数据驱动决策。
- 帮助确定资源的优先顺序。
- 有助于提高团队绩效。
- 提供关于项目价值的证据。

对其真正的含义及其对你和你的学习型组织所做的贡献进行测评。进行日常标杆管理，以持续评估人力资本支出和相关成功措施是否具有实际可操作性，以及是否得到充分利用。最后，最好将一个高质量的测量系统视为一个活的过程，不断进行维护、培养和改进，以确保数据、经验教训和调查结果始终保持相关性。

图6-4　关键行为

▪ 小结

学习型领导者面临的压力越来越大，他们需要展现学习投资会对生产力、成本、质量和时间等关键工作指标作出了什么贡献。虽然大多数学习型领导者都认为强有力的测量策略和实践很重要，但大多数学习和发展测量仍然停滞不前，并且主要集中在策略性地以当前为重点的指标，如课程、学生和培训时间，而忽略了对学习影响的评估和未来需求的预测。对循证成功标准（包括基于分析的标准）的期望越高，对首席执行官和学习型领导本身目前的测量实践就会越不满。不过，这对于学习型领导者来说是一个激动人心的时刻，因为他们比以往有更多的机会来展示学习型组织如何为业务增加相当可观的价值。在附录二中使用第六章的自我评估确定在自己的学习型组织内部实现结果导向改进的模式和可能性。

重点回顾

测量文化与学习文化齐头并进。

评估学习和绩效影响的措施和方法对一个相关的可持续学习型组织或人力资源组织而言至关重要。例如，一个学习型组织可能具备完全一致的策略，且策略的执行完美无瑕。但是，如果在向主要利益相关者和投资者传达这些策略的有形和无形价值时，缺乏以数据为导向的流程和方法，那么他们对学习的支持将会减弱。在很多方面，对测量的坚定承诺为组织学习奠定了基础。通常需要花费数年时间才能将测量和分析能力融合到一个学习型组织中。

可持续学习型组织始终如一地对学习投资进行衡量和监测。

学习型领导者必须能够清晰地描述学习投资与业务目标之间的关系。使用实证数据表明学习资源得到有效利用是获得和维持高层人员对持续性学习和发展的承诺的最佳途径之一。很多首席执行官和首席财务官要求对业务影响和投资回报进行衡量，以证明学习成本的合理性。预测性分析可用于提高统计严谨性，优化高风险投资决策。

测量和指标的最佳实践是围绕责任文化确立的。

不要想当然地认为领导者知道如何让别人承担责任。采用赋权问责制模式，可以对其进行培训、指导和聘用。有助于确保领导者在所有交流中贯彻实施问责制。将学习和绩效改进工作与问责标准联系起来。

测量最好是一个增值业务流程。

测量是一项战略性业务流程，应和预算编制、财务监管同等重要。虽然与人力资本相关的成本通常是公司最大的开支——人才通常被视为组织最重要的资源——但许多公司并没有为评估工作投入足够的资金或精力。那些确实投入了资金的公司倾向于将资源分配至1级和2级评估上面，而普通组织的资源只有25%用于3级或更高级别的评估上面。增加对更高层次评估的资金投入与学习和业务效率的提升及学习功能成熟度和可持续性的提升密切相关。

▪ 案例分析

本章以铁军团队美国飞安国际公司为例，展示学习型组织如何以指标为驱动，采取系统方法支持并维持其注重安全和持续改进的文化。该团队的评估策略着重于忠诚度和功效。功效是指一个组织实现期望结果的力量和能力。确保有效性意味着学习型领导者采取严格的实证方法以实现最佳效果。

真实的结果数据很有必要，高层领导可以从中了解过去做过哪些事对战略产生了影响，或者说过去本应该做哪些事。课件支持小组的原创意指导主管唐高利和项目总监乍得·雷尼主动分享了他们的故事，展示了他们的成果，从他们的经历可以看出可持续发展周期的各个阶段。

美国飞安国际公司如何确保学习的精准性和灵活性

美国飞安国际公司是全球首屈一指的专业航空培训公司，为商业机构、官方机构和军事机构供应飞行模拟器、视觉系统和显示器。该公司每年为来自167个国家和地区的飞行员、技术人员和其他专业人士提供100多万个小时的培训。60多年来，该公司一直进行技术和人员投资，并投资建立、扩大全球学习中心网络。美国飞安国际公司的培训网络包括1800多名高素质的教员，他们使用300多种高级模拟器为135种飞机类型提供3500多门培训课程。美国飞安国际公司的学习中心和培训点遍布世界各地，其高级模拟器数量全球第一。

美国飞安国际公司的经营理念是“飞机上最好的安全设施是训练有素的机组人员”。根据美国国家运输安全委员会的统计，大约80%的航空事故是由飞行员操作失误造成的，所以为了满足客户的安全需求，产品和服务必须随时改进。为此，美国飞安国际公司与监管机构合作，确保培训产品、计划和流程的安全度最高。面对不断变化的商业环境，美国飞安国际公司必须不断应对挑战，不断升级换代产品，以适应航空电子和飞机综合系统的技术进步。美国飞安国际公司在行业内一直保持竞争优势，是成功的典范，关键在于公司形成了不断学习和改进的文化。此外，公司也推崇衡量标准和衡量文化。

识别阶段：项目设计

一日操作流程（ODF）是在飞行员地面培训中使用的新型方法，旨在实现“从课堂到驾驶舱”。以讲座形式进行的传统飞行员培训侧重于让飞行员了解各个飞机系统的不同之处，一日操作流程与传统培训不同，一日操作流程注重培训飞行员在操作飞机时学会同时使用集成系统。经过两年的研究，基于客户和顾客的反馈，为适应技术进步，一日操作流程对教员资格和培训的要求更严格。具体来说，培训旨在通过课堂教学，增进飞行员对飞机系统的深入理解，并让飞行员了解机组资源管理技巧和航空决策技巧。过去的培训是简单的死记硬背，现在学习要求更高了。

公司战略目标旨在增加：

- 产品在市场中的差异性和产品竞争优势。
- 应用于试点计划的收入和较低折扣。
- 客户参与度、满意度和忠诚度。
- 学习的有效性和效率，并增进在工作中的应用。

多个利益相关团体合作，共同设计一日操作流程课件，开发原型，并提出在整个企业范围内进行推广的分阶段流程。该流程将期望获得的能力与可兼容的结构和沟通计划整合起来（见图6-5）。

图6-5　一日操作流程工作组分析

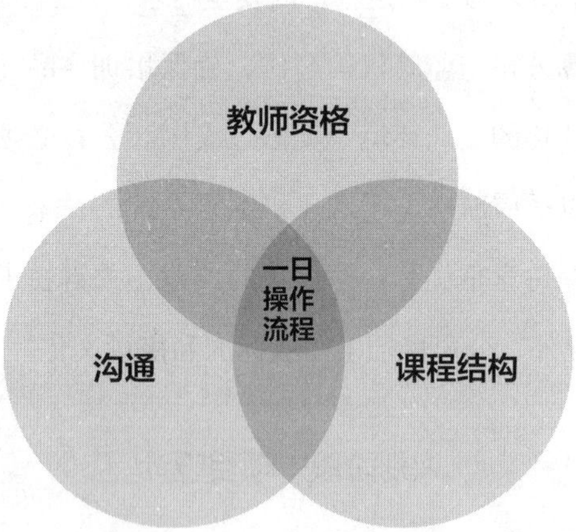

雷尼表示："当我们试图引入计划来改变终端产品，比如引入一日操作流程时，从一开始就有领导支持我们的想法，并支持我们的执行计划，这一点非常重要。我们是飞行员培训行业的领导者，客户满意度非常高。我们的客户非常喜欢向我们反馈，我们也愿意回应他们。如果有的东西已经非常好了，而我们还建议要进行改变，风险很大。”

开发和设计

为了制定出适合各种飞机类型的培训标准，公司设计了6门原型课程。3门是入职培训课程，3门是常规培训课程。每门课程代表着美国飞安国际公司内部一个主要培训模块。每次培训主要有系统评估和飞行场景两部分内容。飞行场景模拟了在各种天气、环境和外部压力下可能出现的真实的飞行系统和性能故障。每个场景都设立了固定的学习目标，而且定期会整理更新。系统评估确保教师能够：

- 评估参与者现有知识水平和经验水平，以及其优缺点。
- 提供那节课将讨论的系统（电力系统、液压系统、燃料系统等）的内容概述。允许相关主题的专家多次使用各个系统的课程内容。
- 根据需要使用教师界面工具和资源来检查知识差距。
- 上课时30%–50%的时间用来做系统评估。

最后，每个格式和内容区域都提供了定制工具集，旨在帮助教师指导课堂互动，促进学习。只要有自定义的新工具集，就会自动整合到美国飞安国际公司的飞行教员培训和资格协议中，非常严格，以确保提供的培训严格遵循一定的质量标准。

评估计划

操作逼真度是美国飞安国际公司品牌和使命的基石。操作逼真度是指模拟培训和实际操作之间的相似程度（见表6–2）。操作逼真度越高，培训效果、效率和转化率就越高。

表6-2　操作逼真度

类别	定义	一日操作流程实例
物理的	在视觉和空间上真实模拟飞机及其航空电子系统	• 驾驶舱海报 • 教学材料 • 投影图像 • 使用通用连接设备的客户端数据终端（如果适用）
功能的	系统操作准确度	• 原理图 • 动态幻灯片演示 • 模型培训系统（如果能拿到的话）
心理的	感知到的全体机务人员资源管理和决策制定的真实程度	• 场景细节（天气，现实环境，机场图表）
任务	场景模拟真实操作的逼真程度	• 场景符合各航线飞行训练

为了保证逼真度，并促进基于数据的决策制定，美国飞安国际公司制定了综合评估计划，评估6个原型课程是否实现了一日操作流程方法学预定的战略目标（见图6-6）。因为不同学习中心所处位置不同，飞行员不同，飞机操作类型不同，所以各个学习中心独立进行评估。目标是收集各种条件下有可比性的样本，以评估一日操作流程与传统学习方法相比的价值。

图6-6　评估过程模型

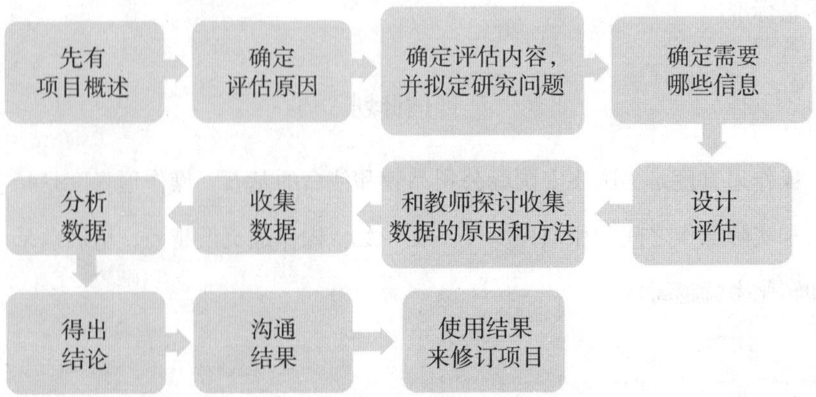

评估计划从四个影响层面来评估项目的逼真度和有效性：第一级（对客户反应的影响程度），第二级（对知识、技能和飞行姿态的影响程度），第三级（飞行员表现的改进程度，对飞行的准备充分程度），第四级（飞行安全度提高，飞行员犯错风险降低，对业务的影响程度）。

测量类别包括描述性数据、硬数据和软数据。各级评估对应的数据收集方法包括：

• **第一级** 在地面培训结束后、模拟训练快要结束前，美国飞安国际公司立刻进行了调查，了解客户和利益相关者对一日操作流程的满意度。重点在于一日操作流程培训是否实现了既定目标，是否符合参与者的预期。

• **第二级** 美国飞安国际公司在地面培训和模拟培训期间通过多种方式来评估学习效果。在地面培训时，教师会问一系列多项选择题来评估学习者获取知识的情况。这些问题往往和模拟培训中的实战相关（包括环境条件、准备要求、决策标准等方面的知识）。美国飞安国际公司设计的模拟培训，旨在提高飞行员在不同环境中的飞机操作技术以及制定决策的关键能力，例如在极寒天气或高海拔地区如何操作飞机。数据收集方法包括在地面学校进行的预备考试分数和结业考试分数（见图6-7），还包括评估飞行员在标准飞行演习中的表现的模拟检查表。

对于美国飞安国际公司而言，提出的学习目标具体、可测量至关重要。“当（学员）操作模拟器的时候，他们与实际操作飞机最为接近，”雷尼说，“我们评估他们在飞行前如何快速准确地完成准备清单上的任务，然后在实际飞行时，我们将其与工作绩效联系起来。启动时间、准确性和在模拟器中培训的时间，这几个指标都能说明飞行员的进展，也是预测飞行员未来表现力的重要指标。”美国飞安国际公司使用对照组，对原型开发过程中的分数差异进行了统计（见图6-8）。

• **第三级** 美国飞安国际公司在培训结束30天后，会对学员进行访谈，以收集测量性能的硬数据和软数据。一日操作流程观察摘要报告也会同时提供给学员导师，作为30天的跟踪报告。“我们想看看一日操作流程是否有助于他们更好地完成工作，而不仅仅是在培训中表现更优异。”雷尼说。

- **第四级** 美国飞安国际公司通过企业中使用的非常强大的客户调查系统持续捕获运营指标。它通过调查、访谈和来自三组教师、客户和用户的观察不断收集数据，并将数据编译成一条记录以启用各种查询。系统可以对输入到记录中的任何可变数据进行排序。此外，美国飞安国际公司在最终的一日操作流程设计与每个计划结合后一年进行了评估研究。“这项研究的目的是验证我们长期的成功转型，”雷尼说，“在改变过程中，我们非常重视确保高质量的产品得到维护，但重要的是要知道人们的行为发生了变化，并且使命得到了妥善执行，以满足客户的需求。”

图6-7 缩写样本后评估清单

说明：请评价您在这个时间点执行每个项目的能力。

序号	项目	不好	一般	合格	好	非常好
1	操作所有常见的连接设备（CCD）功能，包括轨迹球、选择开关、菜单键、数据和输入键。	1	2	3	4	5
2	使用连接设备为飞行的各个阶段配置主显示单元和多个显示单元。	1	2	3	4	5
3	初始化航空电子系统。	1	2	3	4	5
4	按照适当的顺序制定飞行计划，尽量减少错误。	1	2	3	4	5
5	把数据正确融入飞行管理窗口的各个飞行原则中。	1	2	3	4	5
6	诠释飞机管理窗口中可选字段和必填字段之间的区别。	1	2	3	4	5

图6-8　在地面学校评估前后

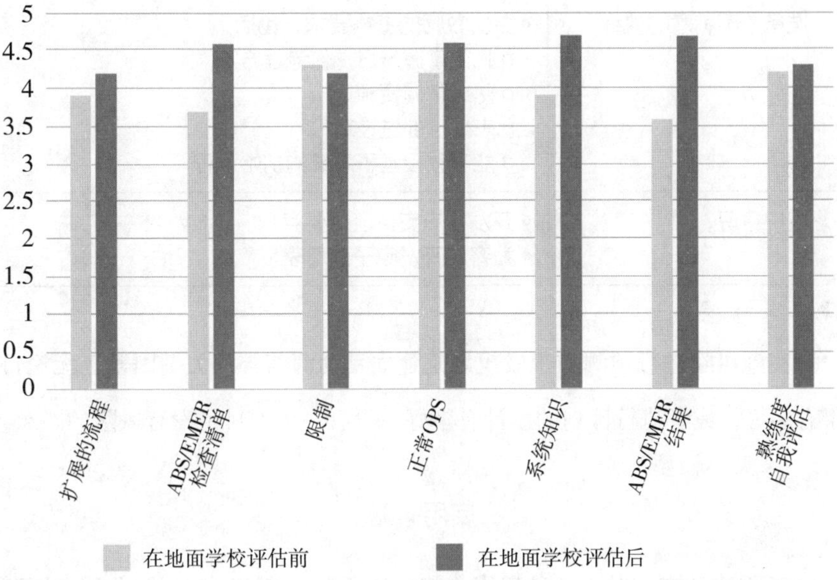

风险评估

除了制定评估计划外，培训运营团队还在早期与赞助商和利益相关方合作，以确定创建、交付和维持一日操作流程课程的潜在风险。在确定风险后，该团队提出了解决方案的建议（见表6-3）。

表6-3　潜在的风险和建议

潜在的风险	建议
系统审查不足	• 将知识检查更改为简要的系统审查
令人困惑的主题流程	• 改善各种系统内容之间的转换 • 更新方案以包括与各个飞行阶段相关的故障
对一日操作流程的理解不清楚	• 为教师和客户制作视觉工作辅助工具

续表

潜在的风险	建议
没有准备或不满意的教练	• 更新教师的资格要求，包括： ¤ 扎实掌握一日操作流程方法 ¤ 熟练掌握资源导航 ¤ 表现出促进技巧 ¤ 能够教授基于系统的初始课程
缺乏客户意识	• 开发客户支持谈话要点 • 为客户开发电子信息表

对实施风险进行预测和积极规划是建立赞助商信誉的关键因素。无论目标结果有多好，或者执行计划的设计有多好，没有一个项目是没有风险的。

启用策略

1. **获得赞助商**。对于这种规模和范围的项目，美国飞安国际公司需要副总裁级别的执行赞助商。“我们在原型设计之前，在沿途的几个点以及定期进度报告中与我们的赞助商进行过多次简报。”雷尼说。

2. **将战略与关键业务措施联系起来**。美国飞安国际公司确定哪些指标对组织很重要，并侧重于与关键业务指标相关的学习策略。它具体说明了如何衡量成功。它与利益相关者设定了期望，以便他们能够理解完成评估策略和项目所需的承诺。

3. **使用数据来告知策略**。美国飞安国际公司非常重视指标和措施。雷尼说：“我们的赞助商是非常聪明的人，他们不容易动摇。我们早期需要良好的、经过验证的数据来证明我们的计划的价值，并通过我们的战略展示成功措施。仅仅说我认为它应该是这样或者我希望它是那样的是不够的。我们必须用数据证明这是客户所说的，或者是我们在模拟器中设置飞机的缩短时间所看到的。”

4. **在评估项目中包括风险评估规划**。对于美国飞安国际公司而言，帮助其客户和利益相关者全面了解潜在的障碍或风险是确定实施计划和确定资源需求的重要部分。

抗拒阶段：实施挑战

在早期实施一日操作流程原型期间，培训和课件操作团队遇到了一些预期的挑战。对于一些飞行教官来说，训练方法的变化令人不舒服。许多学习中心难以分配主题专家来更新地面学校和模拟器培训的新方案。对基础课程进行更新需要比最初预计更多的时间和资源支持。还有操作上的担忧，即让教练远离日常工作来建立场景。当教师被迫从事长达3个月的教学设计和开发时，学习中心难以满足操作需求。在进行课程更新时，企业设计师和利益相关者对飞行情景内容缺乏共识，这导致了更长的发展周期时间。最后，增加学习中心标准化所需的技术有时缺乏或需要维护。

为了掌握变更问题并实现更加无缝的转换，工作组将其实施分为两个阶段。第一个是完全支持的阶段，工作组成员处于第一线，回答问题并引导人们完成过渡。为了满足业务需求，教师的教学时间减少了一半，以便有更多的时间来提高一日操作流程的设计和开发。这在操作上是可以接受的，因为一旦课程设计到位，课程可以在以后重新调整，教师的开发时间将减少。第二阶段是使用调查系统和其他指标逐步审查结果。

当一日操作流程原型培训低于客户或教师的期望时，工作组团队花时间评估它是方法问题还是促进问题。“我们学到的是，具有更高水平的辅导技能的教师提供了更好的产品，”雷尼说，“在训练过程中费劲儿或匆忙进行训练的教练并没有按照预期进行一日操作流程。通过使用评估作为持续改进工具，团队能够回过头来加强教练培训，以提高一致性和质量。”

此外，在与副总裁或董事的月度进展会议期间，评估数据对于解释为何具体计划或团体不满意至关重要。“最后，我们能够显示一日操作流程在10到12个设置中成功推出的统计数据，以及教师或课件与一到两个低评级的差距，程序已经快速准确地调整。”雷尼说。

启用策略

1. **准备迎接挑战**。如果不是每个人都愿意接受改变，不要气馁。美国飞安国际公司知道在各个层面都会遇到阻力。“准备好通过培训和教育来解决这个问题，”雷尼说，“让人们有机会发现问题，让他们去尝试，并随时参与设计和改进。”

2. **正在进行的评估至关重要**。“拥有良好的数据有助于我们不断证明变革战略的合理性，并让高级领导人继续参与其中，”雷尼说，“我们使用结果对我们的产品和流程进行持续调整以确定我们在哪里需要解决的问题。我们需要一致且持续的数据来告诉我们客户和用户是否真的对新产品感到满意。”

3. **在实施过程中使用过渡计划**。“使用双管齐下的变更管理方法来推广一日操作流程的方法对我们的成功至关重要，”雷尼说，“提前花额外的时间与导师、学习中心和客户解决问题,帮助我们达到预期,并确保我们交付的产品质量。”在过渡期间，所有各方之间的实际协助和不断的交流起到了帮助作用。

更新阶段：定制化、标准化

一日操作流程过渡计划的第一阶段侧重于解决并减少在整合一日操作流程方法论中遇到的操作问题和挑战。根据雷尼的说法，只要过渡计划能够发挥作用，实验结果成功，就能全面铺开，把一日操作流程标准化，确定为“我们开展业务的方式”。具体结果如下。

- **级别1** 客户和利益相关者对一日操作流程方法极其满意。有人反馈：“这是有史以来最吸引我的一次学习”，还有人反馈：“我已经开了20多年飞机，可今天学到的东西，以前都从来没有意识到过。”

- **级别2** 教师和客户在调查中反馈，一日操作流程确实比以前的培训要好得多，更相关，也更有意义。从飞行员在学校的考试得分以及模拟评分可以看出，飞行员能够更好地适应不同的环境，飞行能力更强。

- **级别3** 根据试点观察报告以及对飞行员、主管、客户和讲师的调查，参与过一日操作流程的飞行员在飞行前的准备工作更精确及时。此外，参加过一日操作流程的飞行员根据标准程序飞行的能力大大提升，且在驾驶飞机时全盘决策的能力也有所提高。

- **级别4** 从对业务的影响来看（根据在试点后持续收集的数据），将一日操作流程方法整合到标准的经营方式中，有助于企业实现提升竞争优势、保持市场和产品差异化的战略目标。这反过来可以增加销售收入，提高客户满意度和客户忠诚度，并留住客户。“事实一次又一次地证明，通过学习这个课件，你可以成为一个更好的飞行员，”雷尼说，“一日操作流程帮我们挽回了岌岌可危的合同。在和许多客户进行营销和合同谈判时，一日操作流程成了我们的优势，并变成了决定性的因素。”其他影响包括降低了课程部署和更新的成本。

一日操作流程还有很多无形的好处，比如增加了指导员级别的参与度，按照飞机类型进行项目标准化，以及培训效率、效果和学习转化率的提高。随着一日操作流程的方法论趋于成熟和完善，第二阶段的工作重点是不断更新活动，使产品在整个企业范围内更具推广性和可持续性。例如，最初，一日操作流程概念就是由某个办事处提出的，而且设计元素专门根据该地点的飞机量身定制。因此，在其他地点应用课程后，这一阶段的重点在于改进课件设计，完善交付过程，以适应不同地点不同飞机的特点。

启用策略

1. 要说行话。“我们和赞助商、客户和顾客讨论项目结果和对业务的影响时，”雷尼说，“他们多数对‘评估水平’和‘测量术语’一无所知。但我们很清楚我们想达到什么目标，这为什么重要，我们计划如何监控我们的成功。”

2. 要灵活。“我们邀请人们参与流程优化过程，这意味着我们必须要灵活，并且不能太有控制欲，尤其是碰到出乎意料的事情时，更是如此，”雷尼说，“终端产品与原始产品不同，但概念是一样的，而且因为不断进行改善，所有最终产品要比原始产品更好。”

改进阶段：更新、维持

得益于这一举措的成功，美国飞安国际公司对其核心产品进行了创新，并将很多地方的学习和绩效目标标准化。虽然美国飞安国际公司的新课程现在大多已经转换成了一日操作流程，但由于课程数量过多，并非所有课程都已经转换，特别是那些传统机型的飞机还需要采用新方法。

雷尼表示："我们已经进入了成熟期，第二代和第三代产品面临着持续的发展。按照管理要求，课程每隔一至两年就要更新一次，所以美国飞安国际公司一直在更新原始模型中的决策场景，以便适应不断变化的条件。”

在美国飞安国际公司，我们了解了一日操作流程的价值以及课件支持团队作为关键任务学习组织的价值。“一开始，人们总会说这是唐的想法，那是乍得的想法，”雷尼说，“但是，到了某个阶段，那些想法就有了生命，人们拿过来就用了。我们现在就已经到了那样的程度。我们做的事情正在创造价值。”

该课件支持团队吸引了美国飞安国际公司首席执行官的注意，他会“站出来说‘这就是为什么一日操作流程对美国飞安国际公司至关重要；这就是我们做生意的方式；这就是我们比竞争对手更优秀的原因；这就是让我们的飞行员更安全的原因。’这就是我们做这些事情的原因，这也是我们能够满足不断变化的行业需求的原因”。雷尼补充道。

启用策略

1. 与顾客交心。“这个项目来源于一线员工，并得到了客户和教师的反馈，”雷尼说，“一直以来，客户的反馈帮助我们不断改进项目，并使之成为现如今所用的标准化产品。我们做的所有事情，都是为了我们的客户，帮助他们在飞行时达到最高的安全水平。”

▪ 案例回顾

这一案例展示了一个成熟的、以客户为中心的学习型铁军团队如何利用其测量能力来评估新型培训方法的业务价值，该方法是针对航空电子和综合飞机系统的技术进步而开发的。学习、绩效和影响结果显示了方法的应用与期望的业务目标之间的积极联系。此外，学习团队能够成功地与业务部门合作设计和提供创新的、基于证据的培训解决方案，从而提高学习型铁军团队的可信度、领导力支持和可持续性。表6-4展示了一个适应性的、可持续的学习型组织的特征，使这些成就得以实现。

表6-4　可持续的学习型组织的特点

特点	事例	
执行层的支持	•高层领导在各个阶段都积极参与，包括：计划阶段、定义业务需求阶段、战略发展阶段、试点阶段、雏形实施阶段 •高层领导积极致力于衡量新方法对安全性和客户满意度的影响 •领导强调了学习中心的责任，包括参与测试、评估新的指导设计、明确传达采用新方法进行评估的目的，以及保持绩效的重要性	√
效率	•通过统计数据分析定期监测时间、使用情况和成本指标	√

续表

特点	事例	
效果	•设计团队使用各种定性和定量措施来持续评估新方法和现有方法的精确度和有效性，如先期与后期测验、模拟得分、性能观察、跟踪调查、访谈 •根据关键绩效指标采用某些衡量成功的标准来推动结果	√
投资	•高层领导连续两年投入，支持创新方法的研究、设计、交付、评估和持续改进，旨在维持并保持其指导资格和竞争优势	√
实用性	•各个地区的赞助商和利益相关者（客户、导师）定期利用飞行训练数据来为战略制定提供信息 •根据要求或需要，性能数据对多个用户开放，并提供给他们使用	√
需求	•各个地区的赞助商和利益相关者（客户、导师）定期要求拿到飞行训练数据，以便做出明智的决策并不断改进	√
可信度	•通过实证方法确立了学习方法的可信度和信誉 •通过协同设计和交付树立起公信力 •客户反馈和结果数据增强了解决方案的可信度及其影响力	√
管理方式	•交叉职能治理委员会（一日操作流程设计团队）参与治理团队	√
持续改进	•在需要的时候，定期使用试点结果，持续收集数据和客户反馈信息来进行迭代调整和改进 •不但在初始阶段，而且在整个过程中都要持续进行改进，以便于产品和流程更具推广性，更满足公司独特需求，并且更具有可持续性	√
适应力	•在评估计划中要列出风险因素，并制定应急计划 •设计团队双管齐下，分阶段推出新方法，以降低风险，最大限度地减少破坏 •设计灵活、可推广的学习和性能框架，以便适应合规性和安全环境的变化	√

第七章

修炼 5：培养并完善变革能力

身处动荡年代，动荡本身并不可怕——可怕的是，你还在按照动荡前的逻辑行事。

——彼得 · 德鲁克

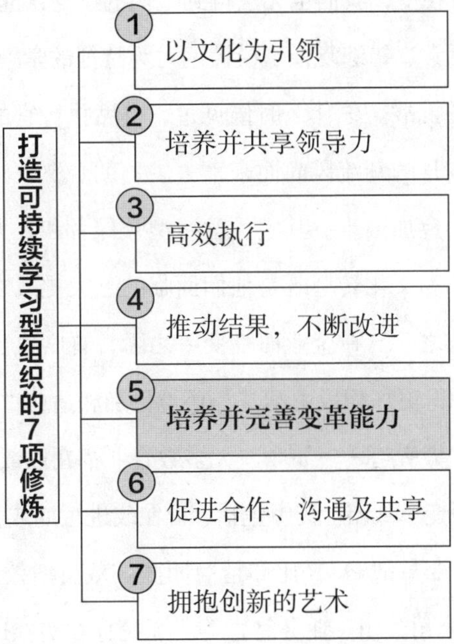

本章要点

- 学习型文化将如何推动组织适应能力及变革能力
- 学习型领导者将如何增加其作为战略变革推动者的可持续价值
- 学习型领导者将如何建立自己的变革能力
- 一家具有较强适应及变革能力的企业将如何增加自身的可持续价值

这话是不是听着耳熟

“变革管理是维持学习型组织的真正问题”——在担任“企业大学”主管期间，我曾这样向我们的高级副总裁汇报道。短短两年时间，我就换了3份工作，而公司高级副总裁的位置也有了新的人选。但尽管如此，我却始终与不同的业务领域保持一致。有人说，如果你在某一业务领域崭露头角，那么，你应该把这种成功经验带到其他的业务领域当中。这就像是由一场混乱引发的企业管理，变化幅度大太，变化速度太快，最终致使企业内部动荡不安。而由于公司领导和他们的优先事项一直在变，我们也无法得到他们的广泛认同。

在一个以变化无常、错综复杂、模棱两可为特征的学习环境里，“得到广泛认同”是一种独特的挑战。你什么时候见过，首席执行官的旋转座椅会随着最新的紧急法令或是本月的潮流风尚而来来去去、朝令夕改？所有这些，都使企业的可持续经营变得愈加困难。其实，学习型领导者和人力资源领域的专业人士均表示，管理变革和文化转型既是他们面临的五大挑战之一，也是他们最愿意与企业合作的领域之一。在企业面临变革之际，首席执行官们都希望可以伸出援手，使企业表现得更加积极主动、与环境更加相适应，同时更具改革成效。究其原因，恐怕是大势所趋——如今，大多数企业都在以或保守或激进的步调，实施着一项甚至多项变革战略。其中包括，旨在改进短期或长期可持续性的“组织增长战略”；“企业变革战略”，比如精简团队、裁员增效、部门拆分等；“组织终止战略”，比如公司关闭、业务终止等。无论你在实施这些举措时采用了何种模式，其中往往都有许多共通之处。

动荡不安的局面只是一方面。企业想在日益复杂的情况下保持高效运转，就要有一定数量的人才储备。两点加在一起，即是对企业内部人员提出的要求，既要有纷繁复杂的学习能力，也要有不断发展的变革能力。时至今日，企业比过去任何时候都更需要这样一位领导者：能够对变革的本质及其速度做出预测和应对；能够在没有明确方向和把握的情况下当机立断；能够驾驭多种复杂、混乱和茫然的局面；能够在经常出现意外并缺乏预测能力的情况下保持高效。作为回应，学习型领导者需要重新思考自己要如何培养具有变革能力的领导者，如何对多种变革能力作出优先排序。

在第五章中，我们探讨了高效执行的作用。当时，我们把高效执行视为可持续的、成熟的学习型组织的推动者。在我们执行任何战略、学习或其他任务时，会面临一个很大的障碍，即变革动荡和随之而来的变革疲劳（后者由步调加快和破坏性本质所导致）。换句话说，变革不仅在加快速度，其加速程度也比以往任何时候都来得更加猛烈。破坏性变革的数量——即“重大的意外和突兀的冲击”——正日益增多。这种破坏性变革会阻碍核心业务的发展，致使重大的战略转变，威胁企业的长期生存能力。一旦企业战略的波动随着外界波动的增加而增加，那么战略执行所冒的风险就会增大。正如IBM公司前首席执行官路易斯·郭士纳在书中所写的，“你必须加快脚步，快速适应，不然，所谓战略就一文不值”。对于大多数企业来说，业务稳定期只是当下的“例外”而非企业的“规则”，而变革波动则是一种新常态。

▪ 作为战略需要的变革能力

对于所有企业来讲，永久变革的“复杂多样”都是其企业基因的一部分，而在这其中，变革领导力又是一种至关重要的能力。无论变革领导力扮演着怎样的角色，它都能渗透到领导者、研究学习的专业人士和公司员工的日常生活当中。高管们发现，商业领袖在与领导变革、战略思考、愿景创造相关的能力方面存在着巨大的差距。通过对近800名学习领袖及商业领袖的调查，我们可以看到，面对这种“复杂多样”，并非所有企业都做好了准备（见图7-1）。因此，为了获得指导和开发支持，许多企业都在朝着“学习功能型”方向转型。

图7-1　快速一览

48%	17%	63%
48%的商业领袖认为，和过去几年相比，当前的变革步调是最为迅速、最难以预测的	17%的商业领袖认为，他们的企业在管理变革方面卓有成效	63%的商业领袖评估了企业的学习功能，认为这种功能会在企业提供变革培训时十分有效

如今，市面上涌现出了许多针对“如何有效地管理变革”这一问题的图书、研究和实践。尽管如此，“如何真正地参与到变革问题当中”依旧是大多数人琢磨不透的难题。实际上，“变革管理不善”往往是首席执行官被解雇的首要因素。在过去的几十年里，一些市场主导企业曾因“不适应变革”或“管理变革不善”酿成大错，而我们则能从中学到许多经验教训，比如杰西潘尼公司的案例。时至今日，这家公司仍然想从17个月的灾难期中恢复过来。在这段时间里，杰西潘尼公司疏远了客户，激怒了员工，公司的销售业绩也越发惨淡——究其原因，是苹果公司前高管罗恩·约翰逊利用其“政权”发起的一场侵略性的、管理不善的零售及文化变革。另一个案例是黑莓公司。以前，黑莓几乎在努力成为另一家苹果；而现在，黑莓的市场战略终于明晰了许多——专注于自己最擅长的领域，成为更好的黑莓。最近，黑莓公司推出了一款基于安卓系统的手机，名为“黑莓PRIV”。这款手机获得了强烈反响。许多科技评论人士认为，如果黑莓公司在10年前做出了像“黑莓PRIV”这种手机，那么时至今日，黑莓会是一家遥遥领先的智能手机制造商。通过以上两个案例，我们不难得出结论：

区分高绩效企业和低绩效企业的重要因素之一即是，他们能否在管理变革上取得成功。

在这一领域，学习型领导者拥有绝佳的优势和时机——这些战略终会有人实施。为了实现变革战略愿景，这些人需要得到外界战略的支持、训练和介入。一旦学习型领导者可以把自己的角色权衡为“战略变革推动者”，他们便能提供实时与可持续的价值输出。

专业术语定义

适应性：为应对变局的变革（或被变革）能力；使自己适应不同情境的能力。

敏捷性：可以迅速、果断、有效地预测变革、发起变革、利用变革的能力；企业自我更新、适应变革、迅速变革的能力，以及能在瞬息万变、扑朔迷离的动荡环境中取得成功的能力。

变革推动者：变革过程中起催化作用的人。广义来说，在人们计划、实施、经历变革时，变革推动者会赋予他们高效工作的能力，以帮助企业维持和提升绩效。

变革性能：可以开发或改善的特点、能力或竞争力。企业变革能力代表着个体的集体技能、能力和专业知识。他们可以将理论知识转化为实际的行动和结果。

变革能力：个人或组织适应新变革需求的能力。

变革领导力：重点关注一场变革（或一系列变革过程）当中（往往大规模地）需要赋能、激励和创新的变革行动、变革技能、变革属性及思维方式。

变革管理：重点关注控制、促进和管理变革过程时（这一过程往往采用一系列的步骤）需要的变革行动、变革工具和变革技术。

恢复力：从挫折中恢复、适应变革，并在逆境中不断前行的能力。

▪ 作为变革推动者的学习型领导者

影响企业适应及内化复杂变革能力的因素有很多。其中，一个重要因素即是企业本身和企业员工的初步准备。因此，企业需要在变革推动者的引导下，作出有效的准备。然而，这些准备措施却又常常失败——因为企业本身及其领导者都认为，成为“变革推动者”和成为“项目领导者”是一回事。但其实，身为一名变革推动者，你还需掌握一套完全不同于项目领导者的技能和策略。变革推动者不仅是新项目的领导，更是让企业实现自我完善的推手。变革推动者的目标应是“让企业更好地应对今后的挑战”，提升企业的工作效率和盈利能力。因此，无论是从战略还是战术上，他们都往往需要“跳出方框思考”，尝试新的经营理念。与此同时，这也意味着要把项目——尤其是学习和绩效项目——放在更为广阔的变革范围之内。虽然变革推动者的头衔各有不同，但今天，最常见的学习型领导者是以下三种：变革建筑师、变革战略家和变革催化剂（见图7–2）。

图7–2　变革推动者的角色

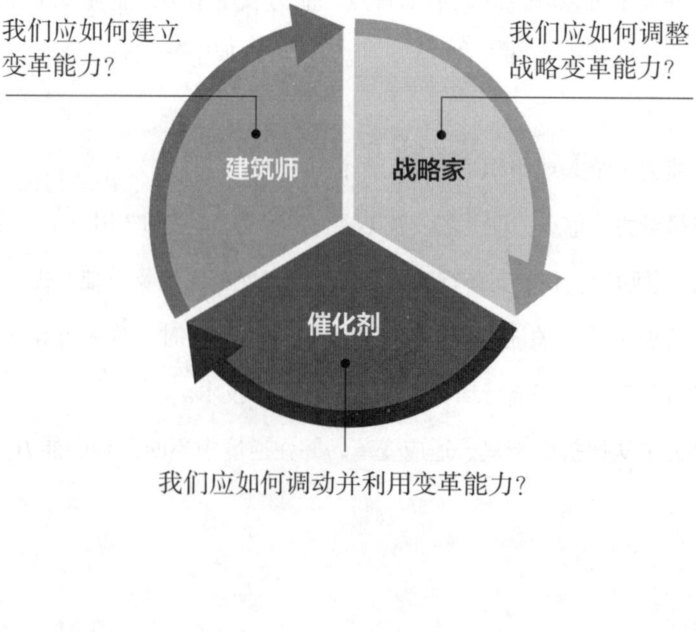

▪ 变革建筑师

作为高效的变革建筑师，学习型领导者会采用多种方式为自身增加可持续价值，如评估及调整能力需求和能力差异、持续改善领导力发展、利用变革能力等。

评估及调整能力需求和能力差异

通过关注现有人才库中的基础优势和基础差距，学习型领导者可以开始建立变革能力。多数企业认为，有些领导能力是必不可少的，如管理变革、展示适应性、优化团队等，但这些行为和属性往往都不太明确。此时，变革能力的发展便会受阻。但也正是此时，学习型领导者和利益相关者可以协同工作，明确促使企业变革所需的特点和能力。另外，我们还要明确基层管理者所需的角色和能力，使之作出变革——这一点也很重要。注意，由于企业和业务领域的不同，其变革管理也会各不相同。

具有变革能力的领导者各有不同。对此，我们无法笼统地做出描述。但在和领导者交流有关“培养具有变革能力的人才”的事宜时，我们达成了一个共同的参考框架。表7-1列出了用于评估和培养“高效变革领导者”的共同特征。

表7-1　具有变革能力的领导者的共同特征

特征	定义
情绪商数	个体的情绪装扮意识；了解他人可能必须要转变的多种情绪反应（如恐惧、怨恨、兴奋等）的意愿和能力；明白如何以积极的方式处理他人的情绪反应
移情程度	充分理解他人的变革体验、不附加个人价值判断的意愿和能力
好奇程度	探索知识及意义的意愿和能力

续表

特征	定义
灵活程度	根据具体的情况、背景和需求，对团队、小组及企业的风格和管理方式作出改善的意愿和能力
变革适应性	容忍模棱两可、接受新理念、表露对新体验的兴趣的能力
应对技能	从容面对重压或挫折、在此期间保持较高的工作效率、在情绪可控的情况下处理批评的能力
教学能力	在各种情境下学习的意愿和能力
风险承受度	尝试新鲜事物及权衡风险与回报的意愿和能力

从成功变革领导力，进而使学习型领导者成为战略变革推动者的层面来说，识别和培养具备这些能力、属性和思维方式的个体十分重要。

在确定了关键能力和差异之后，我们还要将其融入人才管理职能当中，使其可以对领导者的关注重点、企业发展、企业管理及员工留用起到指导作用。这一点也十分重要。如图7–3所示，这其中就包括了人力规划（包括人才的招聘和留用）、绩效管理、奖金和评定、学习和发展（特别是领导力发展）、继任规划、职业管理等诸多内容。例如，在招聘过程中，“优先考虑”及“调整适应”能力的一个标准可能就是“聘用彰显出变革适应性和韧性的领导者”。这种做法可以帮助企业减少更换不合格雇员的潜在成本——这一成本最高可以达到普通员工年收入的5倍。同时，它还可以提高招聘过程中的参与度和留用率。因此，变革能力不仅是要评估当下的需求，还要评估未来的潜力。总之，我们应定期重新评估人才及企业的人才需求。这样，学习型领导者才能发现并解决动态变革或破坏性变革对企业人才需求产生的影响。

当然，要想成功整合诸多变革能力，就要先从深入了解企业的内部及外部业务环境开始，包括了解企业的业务战略、未来的发展趋势等。其中，有以下几个关键问题。

• 对于领导者来说，在接下来的3到5年里，其最重要的业务、战略和能力需求都是什么？现实和期望之间有何差距？

• 我们会在何种商业环境中用到何种能力（包括变革能力）？这些商业环境将如何演变？

• 如何使变革能力中的诸多要素与当前的人才管理战略及框架保持一致？

• 哪些能力工具及流程可以帮助我们定义“一位具有变革能力的领导者”的形象？

• 你会如何衡量自己在提升个人及企业变革能力方面的进展？你是如何判断自己是否解决了能力差距问题的呢？

图7-3 整合基础

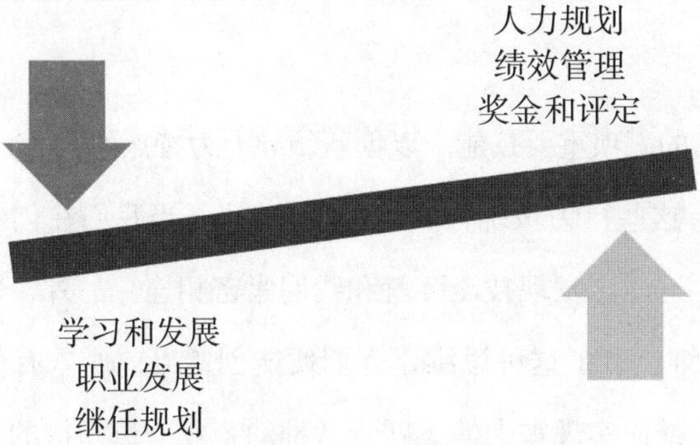

持续改善领导力发展

我们见过了太多难以维持下去的变革举措——究其原因，是企业中的领导者缺少启动和维持变革的技能。虽然变革能力跟个人及企业适应新变革需求的能力有关，但它也是一种可以开发或改善的特征、能力或竞争力。要想在中高级领导层建立起变革能力，善用领导力发展依旧是一项关键策略。

对于全世界的首席执行官们来说，“建立变革能力”已经提上了他们的议事日程。在他们眼中，“管理复杂事务”“领导变革”和“具有企业家精神”是

来自一线的声音

变革是一项至关重要的能力。学习型领导者的工作内容有很多。如果我们无法集中于提供旨在创造可持续变革的学习解决方案，那么我想，我们也就无法胜任学习型领导者这一职务。在制定学习策略时，我们始终在思考着“变革”，“现在的状态如何？未来的情况怎样？二者间的差距在哪里？我们要如何让员工保持前行？”因此，学习型领导者要把自己看作“变革实践者”，把学习功能看作“变革推动者”。

——丽莎·努涅斯，加州蓝盾公司绩效与学习部门高级总监

实现领导力成功的三项重要技能。以创新领导力为特点的行为包括质疑、联网、观察、实验等，这些行为被统称为“发现技能”。当我们在创新过程的前期寻找新的机遇时，这些“发现技能”就和我们紧密相连。另外，创新还需要一种“跳跃式”的思维。有了这种思维，人们便能创造出前所未有的东西，做出不同于以往的事，继而实现重大的飞跃。从推动企业变革举措的角度来看，这些能力都十分重要。然而现在，很少有人会把问题的重点放在发展领导者的创新和创造力上。在第九章中，我们会深入探讨创新在可持续学习型企业中的“杠杆作用”。

要想培养领导者的战略变革能力，就要有一定的培养方法和培养过程。而这些方法和过程一旦与不断演变的业务需求同步，学习型领导者便可以为企业增加可持续价值。正如我们在第四章中所讨论的，有效的发展方式包括自我反思练习、训练、指导、拓展任务、行为学习、游戏式模拟等多种方式的结合。特别是游戏式模拟——参与者将会在此体验到真实的场景和角色。而在这一场

景和角色当中，他们必须要领导一场变革。而最佳实践则包括在指定情境中制定领导力发展方式，以适应具体的变革角色及其职责所要求具备的能力，例如：

- 变革赞助者（领导变革战略的人）。
- 变革管理者（管理变革规划的人）。
- 变革推动者（为变革活动做出承诺和倡导的人）。

发展具有较大潜力的一线领导者或个人贡献者的变革能力，也可以增加未来人才的获取。在第四章中，我们就描述了当前人才和未来人才有效领导力发展的特点。总体而言，在以下情况中，领导力发展可以提高领导者的变革能力：

- 当领导力发展提供了正常学习、借鉴式学习和体验式学习的有机结合时。
- 当领导力发展更加注重促进创造力和创新的项目时。
- 当领导力发展将具体的变革技能与各个领导层（包括一线、中层、高层）的实际需求相匹配时。
- 当领导力发展希望领导者检验他们对待变革的态度时。
- 当领导力发展设计了内容强大的学习之旅，而非传统的学习活动时。
- 当领导力变革注重提升整个企业的集体变革能力时。

建立变革能力包括在企业各个层级提供相关的学习和绩效支持。例如，当前特定的变革管理团队不仅和学习紧密相连，和变革管理效用也密切相关。然而，在大多数企业中，并无变革管理团队的立足之地。可用资源固然重要，但这还远远不够。只有有了用武之地，资源才能变成“资产”。

利用变革能力

持续的、适应性强的变革能力不单单是独立的领导力发展项目。变革能力事关培养整个企业的变革应对能力和创新能力。只有这样，变革能力（包括其学习功能）才能嵌入企业的文化、体系和实践当中。为了提升面临变革时的准备和应对能力，变革建筑师应重新组织企业内部的文化因素。“变革准备文化”

可以使企业本身及企业员工在面临变革时更具适应性和韧性；同时，还能使他们更具创新性，更能在复杂或模棱两可的情况下进行批判性思考，从而不断做出学习和改善。另外，变革能力还促成了一种由灵活性、赋能授权和互联互通共同定义的文化，而这种文化正是影响员工参与度的关键因素。2013年，我们对全球2200多名参与者进行了一项有关文化和变革管理的调查。调查结果显示，如果文化在变革过程中发挥了较大的作用，那么变革项目的成功率也会随之增加。调查结果还指出，在我们发展变革能力时，更需要以文化为导向。

在理解支持新型文化的机制（如员工网络、绩效管理体系等）之前，学习型企业可以优先理解领导者提出的变革准备文化。在可持续学习型企业里，激活变革准备文化的例子比比皆是，比如“变革学院”和“变革网络”等。

变革学院旨在教授企业高管、经理及变革倡导者如何运用标准一致、亲测有效的途径来领导和管理变革项目。例如，一家大型制造公司启动了一项重大的转型项目。这一项目旨在通过至少64项影响产量、资产管理、人力发展、企业安全、客户服务、承包商管理、企业管理体系、企业内部数据的变革举措，巩固公司的市场地位。这些变革对公司5000名员工的日常表现产生了重大的影响。为了帮助建立内部变革能力，公司开设了一所专门的变革学院，以促进三个不同领导力层级的能力发展。这三个层级分别是高管团队、经理团队和一支名叫“变革支持者”的团队——特别是最后一支团队，他们既是变革的积极支持者，也是业内特别有影响力的人物。此次转型意义深远、影响重大，因此，变革学院的目标不仅仅是培养员工采用全新的工作方式。通过变革学院，公司将帮助员工理解变革的本质，告诉他们如何有效地领导及管理一场变革。终于，功夫不负有心人。无论是从深度还是广度上看，这家公司的变革领导力都有所提升。不仅如此，变革学院还提高了公司的生产力和运营绩效，并在总体上提高了员工们的参与度。

变革网络为企业建立起了一种集体能力。在最需要这种集体能力的业务部门里，它可以领导变革，筛选有关变革管理的专业知识。例如，有这么一家能源公司，业务遍布美国的47个州。起初，这家公司将变革视作一系列的孤立事件。后来，他们的态度发生了转变，他们开始将变革及员工的变革能力视作一种持续的战略需求。因此，为了建立这种内部变革能力，这家公司在原有的六西格玛框架中嵌入了50多种变革管理工具及模板。不仅如此，变革能力还在问题解决、流程改进、变革管理的概念、原则、工具和技能等方面，为员工提供了企业范围内的培训。而这些方面，恰恰是急需在公司项目中用到的。总之，该公司利用由60至200名（依具体项目而定）变革倡导者组成的变革网络，帮助整合了变革能力，改变了员工获取关键知识技能的途径。

▪ 变革战略家

从战略角度来看，具有变革能力的领导者需要对更为广泛的企业文化做出现实评估，以确保自己的学习策略可以正确处理所有事务，进而对变革效用作出强化或削弱，如员工的变革准备等。高管们往往难以真正领悟企业文化，因为对于他们而言，要想获取信息，就必须要经过下级管理层的层层筛选。通过帮助领导者评估变革准备、识别变革的本质、将变革能力定义为一种战略准备问题、评估变革疲劳的风险、衡量变革影响等途径，学习型领导者可以为企业增加价值，成为有效的变革战略家及商业伙伴。

评估变革准备

所谓变革能力及应对能力，是指在破坏性、不确定或复杂的情况下准备采取行动的能力。学习型领导者可以帮助高层领导者与工作场合中影响变革准备的因素保持紧密联系，从而影响变革策略。其中就包括结构、文化及人文因素。

首先是结构因素。结构因素会影响人们如何运用企业内部的系统、流程与基础设施来实施变革策略。高层领导者需要保证这些结构流程保持一定的适应性和韧性，保证它们能够对变革需求做出响应。另外，学习型领导者还可以对高层领导者提出建议，让他们摒弃那些复杂、孤立且不协调的老式管理体系，采用有科技支持的适应性结构。

其次是文化因素。文化因素代表了诸如沟通、决策、衡量成功、奖励成就等多领域的企业规范和价值观。在任何转型变革走向成功的路上，文化融合都是一项关键因素。按照路易斯·郭士纳的说法，“文化即是一切”——正是有了这句话，他才带领IBM公司完成了史上最成功的业务转型。学习型领导者可以借助支持新文化的机制（如员工网络、绩效管理体系、社区实践等），向高层领导者诠释何为文化融合。

最后是人文因素。人文因素既是成功变革的核心因素，也是以往最难管理的一项因素。为了帮助高层领导者成功调动企业，满足新的变革需求，学习型领导者可以在规划和实施转型变革时运用以下原则：

- 当员工相信自己可以达到变革期望时，他们的工作动机就会增强。
- 抵抗或许更多源于对绩效的焦虑，而非消极怠工。
- 在引入变革之后，变革期望应与学习曲线相辅相成。
- 在变革后提供额外的资源支持——这样可以最大限度地保证绩效平稳不减，提升工作的熟练度。
- 变革过程与员工越相关，他们就越会积极参加。
- 变革波动会影响工作动机、扰乱军心、损耗公司信誉。

通过强调结构性、文化性和人文性的协调一致，学习型领导者将为企业增加其作为变革战略家的价值。马库斯·白金汉认为这种领导力就像是跳棋和国际象棋的区别，在跳棋中，所有棋子都以同样的规则移动，而在国际象棋中，棋子的移动规则各有不同。

借助变革战略家这一身份，学习型领导者可以让高层领导者知道，这些变革是如何与目前的企业结构、体系和流程相适应的——还有，这些变革是如何像棋子般挪动，为整场“游戏规划”做出贡献的。

确定变革的本质

并非所有变革都“生而平等”。其中，常见的变革类型包括发展变革（如改善技能及流程）、过渡变革（如做出新设计）和转型变革（如指挥重组、合并、收购和新系统等）。面对大多数杂乱无章且难以预料的转型变革，整个企业上上下下都要有充足的变革准备和持续的适应性。

传统的“分布式”变革管理方法最适用于对企业影响程度较低的发展变革或过渡变革。然而，“一刀切”式的变革管理方法却不适用于复杂的转型变革。恰恰相反，最适合管理转型变革的，是阶梯式变革中的迭代过程，而非起因、经过、结果都泾渭分明的独立事件。通过分享有关变革本质的知识想法，学习型领导者可以建立起自己身为战略变革推动者的信誉，确保高层领导者的变革策略与这一变革的需求类型相互匹配。

将变革能力定义为战略准备问题

如果一家企业缺少执行力，那么即便是一个内容全面、策划精心的变革策略也毫无意义。其实，企业的能力是有限的，员工人数就这么多，能做的事也就这么多。一旦高层领导者所要求的能力超出了企业现有或可以达到的最高水平，或是在正常运营要求的基础上做出重大变革，但却没有减少员工成本，那么此时，变革能力就会成为一个战略问题。吉姆·柯林斯在《巨人如何倒下》（*How the Mighty Fall*）一书中警告道，这种疯狂散漫的变革所带来的风险，会超出领导者或公司的管理范围。举个例子，想想你在用力拉动金属弹簧时会怎样。起初，它还能适应拉力的增加。但当你反复拉动金属弹簧时，弹簧的某个地方会因为要支撑不断增强的拉力而发生变形。不过好在，此时的弹簧依旧完好无损。随着拉动的时间越来越久，金属弹簧的某个区域会越来越窄，弹簧的颈部会越来越小。最终，弹簧发生断裂，再也无法承受任何压力。

从很大程度上来说，早期的变革参与者往往愿意拓展及处理所有必要的任务。然而，有许多个人及团队，为了适应新举措、新任务和竞争变革需求，在努力秉持着原封不动的变革重点。多元化，即变革后的变革需求，已经成为大多数企业的标准。研究表明，这种需求仍在不断上升。如果员工个人的“弹簧”在受损或断裂前就已经无法承受不断变化的压力，那么对于整个企业的“弹簧”来说，它在断裂前的抗拉伸能力也会受到相应的影响。

通过帮助高层领导者了解任何变革都需要消耗物质资源、情感资源及认知资源（这些资源和企业资产一样都应被优先考虑），学习型领导者可以增加自身的可持续价值。对此，我们提出了一种优先考虑变革任务及其资源的方法，即在变革过程中对工作、员工及业务部门之间的能力差距进行评估。

- 高优先级工作可能包括重要任务、较难任务、高薪任务、创收任务、贴近客户的业务或是需由猎头完成的任务。
- 高优先级员工可能包括高绩效员工、创新者、领导者或潜在继任者、难以取代的员工、创收者、多元化员工或是面临离职风险的员工。
- 高优先级业务部门可能包括在绩效上表现出高利润、高增长、高职能的业务部门。

对于考虑范围内的新变革，学习型领导者需积极主动地预测其所需的效力，以确保企业具备发起这场变革的能力。另外，还有一点也很重要，学习型领导者需确保高层领导者与全部变革效力的实际情况保持一致。其中，所谓“全部变革效力”包括工作量、承诺期限、非增值工作等。

评估变革疲劳的风险

在努力实现变革、有效执行新业务战略的过程中，变革疲劳是我们的一大风险。如果有人觉得，一次做出太多的转变使他们压力巨大，或者自己的想法未经深思熟虑就被采纳，又或者在发起变革前没有经过充足的准备，那么此时，“变革疲劳”就会随之而来。而变革疲劳又是变革准备的最大障碍之一——无论变革准备或执行得多么完善，员工的积极性多么高涨，技能多么娴熟，变革疲劳都会消耗变革准备中的支持因素（见图7–4）。

图7–4 快速一览

#1	#1	#2
所谓防止可持续变革的障碍，是一种源于过多优先事项相互竞争的变革疲劳	员工之所以拒绝变革，是因为他们在之前的变革中付出了努力。但由于之前变革的失败，他们对变革这件事产生了质疑	员工之所以拒绝变革，是因为他们在此期间毫无参与感

作为变革战略家，学习型领导者可以提醒高层领导者，要注意持续变革对员工积极性和整体执行能力的影响。有些企业会通过审核流程来管理变革动荡，其中，事关重大变革的提案会经过关键利益相关方“作战室”的严格审查，然后再根据这些提案对其业务战略、财务影响和达成概率的重要性做出优先排序。

衡量变革影响

许多企业过早宣布了转型的胜利，在还没有衡量变革影响的情况下就止步不前。由于没有评估哪些经验是值得吸取的，哪些经验是应该摒弃的，高层领导者将无法做出下一步部署，无法为整个变革流程提供支持。由于很多高层领导者想当然地觉得，变革是收入增长、创新、成本解决或人才发展的推动力，因此，他们需要衡量变革效力的效率、效用及成本。只有这样，决策者才能得到可信数据，以决定是否继续投资。

通过行为学习型项目，我们可以衡量在职应用的程度和某些变革效力的业务影响，包括侧重于增加销售额、改善业务流程或是加强领导力渠道的项目等。同时，行为学习可以使团队尝试解决实际问题，反思处理结果。通常，团队会把他们对项目的建议汇报给企业的其他高管，然后，高管们会对项目的成功与否做出定性评估，即该项目是否满足特定变革的关键业务目标。在第六章中，我们详细叙述了学习及绩效解决方案的有效衡量过程，而这些过程，恰恰能在某种程度上影响针对工作、工作者及工作场所的变革。

▪ 变革催化剂

如果你想成为一名有效的变革领导者，想在企业内部承诺变革、营造参与氛围，光靠规章条例是行不通的。为了发展和造就变革能力，学习型领导者需要通过开放、协作、迭代式的对话，讨论新兴机会和随之而来的崭新未来，“催化”众多利益相关者的心灵和大脑。但作出变革承诺、增强企业变革能力并非一劳永逸的事。相反，变革推动者和变革领导者必须找到新的途径，将变革融入日常工作当中，取得变革成果，深化自主权意识。

作为变革催化剂，学习型领导者可以运用辅导机会、辅导项目和辅导流程，提升高管们的变革绩效和生产力，从而使他们达到对这场变革的期望。另外，作为变革催化剂的学习型领导者还可以帮助领导者规划和执行变革策略，预测和管理变革风险，不断提升整个企业的变革能力，由此增加自身的可持续价值。

提供指导和训练支持

从指导角度来看，高层领导者往往会在尝试推动变革时遇到困难。有时，他们会很难权衡运营和战略领导力这两种角色之间的关系。对于变革领导力而言，管理能力和领导能力都很重要。在提出变革灵感的同时，我们也要保证其背后拥有合适的管理措施作为支撑。可是，在领导变革的路上，高层领导者往往最不擅长的就是这种交往技能。其实，他们也会表达出自己的意愿，希望有更多的时间和精力改善与他人之间的关系搭建及交往技能。另外，有许多学习型组织没有投入足够多的时间和资源来指导、训练、支持领导者的长期进步。身为变革推动者和变革催化剂，学习型领导者可以训练和指导变革领导者所需的关键技能，从而建立起变革能力，培养协作，树立信任，挖掘“群众的智慧”，达成批量的变革承诺。

帮助领导者规划及执行变革战略

大量研究显示，有多达70%的变革举措会因为“群众的智慧”而宣告失败。变革一旦出错，其消耗的成本也会随之增加——如失去的机会、浪费的资源、锐减的士气等。如果一项举措在发起时广受欢迎，最后却以失败告终，那么对于经历了这一剧变的员工来说，这种不严肃的态度会让他们感到愤懑，从而为另一场变革徒增了工作压力。我们之所以说适当地规划及推动执行尤为重要，是因为大多数的变革举措都是如此地影响深远、行动迅速、互为重叠、自由开放。而如果我们将其视为诸多离散事件进行管理，则很难取得成功。

作为变革催化剂，学习型领导者可以采用标准化的变革模式（所谓标准化，是指具有匹配的语言、工具和技术），帮助高层领导者有效地规划及执行变革战略。而无论是从战略还是战术角度，这些模式都可以在各个时间段和业务部门使用。虽然没有什么方法是所谓“最好的”，但学习型领导者有很多流行的变革模型和技术可以采用。学习型领导者可以帮助高管识别可用工具的优缺点及其文化适应性，增加自身的可持续价值。然而，无论采用何种变革方法或工具，在实施任意重大战略变革的过程中，都需要遵循以下10点通用的指导原则：

1. 传达让人信服的有关新未来的愿景（做出感性和理性的案例）。

2. 制定包括里程碑、时间表和业绩考评在内的变革策略。

3. 鼓励要适当地、有意义地参与变革的前期、中期及后期（参与，参与，还是参与！）。

4. 提供资源，清除阻碍，充当变革倡导者。

5. 通过变革效力提供变革的信息、方向和重点。

6. 根据业绩考评对又快又好的人作出奖励。

7. 为了支持变革，要调整、适应及加快变革的流程、策略和实践。

8. 建立问责机制，表明领导者的严肃态度。

9. 模拟预期行为。

10. 持续跟进，贯彻始终，保证对变革工作的一贯重视。

需要特别注意的是，后续跟进往往被低估为变革实施中的关键因素。很多努力之所以付诸东流，就是因为领导者刚开始一个变革没多久，就又跳到了另一个变革上。或是他们想要在一段时间内做出大量变革，但却无法在企业中顺利实施。想想“星球大战”三部曲中卢克·天行者的例子。他常常缺少耐心，特立独行，因而在帝国反击战中，没有听从尤达和欧比旺给出的建议，在还未完成训练的情况下就直接和达斯·维达对战。这是一个糟糕的决定。这个决定不仅使他丢掉了身份和自信，还被达斯·维达砍掉了右手。后来，他从这段经历中恢复过来，也学会了许多道理。最终，他取得了胜利。但究其原因，是因为他完成了绝地训练。通过这场训练，他练就了足以在三部曲中应对达斯·维达和银河帝国皇帝的本领。变革推动者可以帮助领导者认识到，世上没有所谓的“快速修复”，我们需要花时间把握重大变革，使其可以持续下去。通过这一做法，变革推动者可以增加自身的重要价值。正像卢克突出重围一样，善始善终非常重要。

预测及管理变革风险

在任何重大变革中——特别是需要快速做出决策且信息不完整的时候，一定程度的不和、恐惧及失败都是在所难免的。和转型变革相关的风险包括员工流失、领导力变革、沟通缺陷、资源有限、员工阻力、变革领导者缺少后续跟进、变革范围蔓延以及缺少问责制。作为变革催化剂，学习型领导者可以帮助

来自一线的声音

变革问题是重中之重。有这样一家企业，其内部管理人员多达200人。作为我们的客户，他们有着十分明确的学习目标，即通过我们的软件，掌握学习转移和应用技能。为此，他们把这些管理人员分成了两组，一组使用我们的软件，另一组则不使用。相比之下，第一组的应用水平明显提升。但很可惜，由于经济环境的变化和金融市场的低迷，企业削减了他们的预算。因此，为了降低成本，他们也只好牺牲自己，不再使用我们的软件。

但我觉得，作为学习领域专业人士的我们，有时会把事情搞得过于复杂。例如，有一次，我们和客户展开了一项“归纳流程”。在此期间，学习者将定期向经理汇报，学习者自己、团队、公司及顾客是如何在学习经历中受益的，他们又将通过学到的东西做出哪些规划。事情一旦变得如此简简单单，我们就能关注学习者及管理人员的思维，从而转变文化标准、承担变革力量，而不会像软件投资那样，把事情变得那么繁重或昂贵。可是，变革问题已经的的确确被制度化了。它成了一种非正式探究学习影响的方式，并且不会随着时间的推移而受到企业变革的影响。

——帕特里克·塔加特，奥德赛有限公司（Odissy Ltd.）董事、总经理

高层领导者预测及消除变革进展中的常见阻碍，管理发生的风险，从而对高层领导者的战略变革能力提供支持。学习型领导者要鼓励高层领导者将成功或挫折视为一种学习经历，鼓励他们去创新，去进行即兴的创作，去敢于冒险——这也是学习型领导者发挥“变革催化剂”作用的绝佳途径之一。通过这种方法，

高管们的变革准备会有所提升，而与绩效焦虑或害怕失败有关的风险则会相应减少。

正如第五章讨论的那样，高管需要了解风险的有关信息，以确定是否继续或更改变革项目过程，确定是否为接下来的进展分配资源。同时，他们还应优先考虑可能影响变革目标的重大风险，制定应对策略，处理变革过程中的各种问题。通过制定合适的风险把控措施，辅以已奏效的实践，可持续学习型企业可以找出现实或潜在的绩效威胁。总之，学习型领导者可以帮助高层领导者避免由过于复杂的改进方案所引发的风险，增加自身的可持续价值。

不断提升变革能力

建立变革承诺及提升企业变革能力，其本质不仅仅是单个领导者的行动、独立的领导力发展，或是变革项目。在日常及大规模的变革当中，真正的领导者会运用共享所有权的方式，帮助人们增强自身的参与度和关联度。想想UPS公司的例子。这家企业以“赋能员工竭尽全力按时交付包裹”而闻名。1992年，安德鲁台风席卷了佛罗里达州的东南部。这场台风摧毁了许多人的房屋，于是，他们不得不住在自家的车里。然而，UPS公司的员工及管理人员通过在分流现场对包裹进行分类，他们的发货流程在台风发生后的第二天就恢复了正常——哪怕是给那些滞留在车内的顾客发货。UPS公司认同自身的批判思维、适应技能和员工间的共同目标感，从而能够在自然灾害及后续的混乱中保持正常运转。

随着变革速度的加快和高技能人才市场的紧俏，学习型领导者可以不断改进企业发展方式，认可和奖励集体变革能力，从而增加自身的可持续价值。此外，学习型领导者还可以在整个企业内部开发适应变革的员工网络，这样做不仅能够应对能力挑战，还能提升业务绩效。研究表明，随着时间的推移，高绩效企业（这里的“高绩效”是基于企业的收入增长、盈利能力、市场份额和客户满意度）通过将变革管理培训扩展到高层领导者和所有员工，以相比于低绩效员工约1.5倍的速度进行变革，从而加强了变革效果。在第八章中，我们将更加密切地关注员工网络及人脉关系，关注其在增长和维持韧性、高绩效文化过程中的重要作用。

学习型领导者不能期望在还未检查学习模型、过程及实践的灵活性和适应性的情况下，就去影响企业的变革能力。如果一家学习型企业不能在战略上保持一致，不能对企业自身及其客户不断变化的需求做出回应，那么，这家企业的发展就是不可持续的。换言之，学习型领导者应确保学习过程和实践可以为其运营和功能对应方增加持续价值。同时，这也意味着学习型领导者要采取纠正性或创新性的行动，改进或取代与技术支持的适应性结构不相一致的、过于复杂或是过于孤立的老式管理体系。

从制度敏捷性到个人韧性

记住，要把企业的变革能力和适应能力，最终归结于员工个人的变革能力和韧度——这一点非常重要。尽管变革推动者可以创造变革准备所需的条件，但他们并不能在一些不确定的情况下激发自信和承诺。除非，他们体现和塑造出了适应性和韧性。韧性是大多数人想要拥有的特性之一，但由于其飘忽不定，我们不太清楚如何得到——甚至解释何为韧性。定义韧性的方法有很多。有人觉得，韧性是一种从挫折中恢复过来的能力；有人觉得，韧性是适应变革的能力；还有人觉得，韧性是在资源有限的情况下，专注于完成任务和解决问题的能力。无论如何定义，你只需知道韧性对你来说意味着什么，你该如何加强或减弱它，从而使自己成为一名更好的学习型领导者。

虽然有些人看来天生就有韧性，但其实这种韧性也可以通过后天的学习来获得。历史学家多丽丝·凯恩斯·古德温在《林肯与劲敌幕僚》（*Team of Rivals*）一书中描述道，亚伯拉罕·林肯是如何适应不安的局势，以获得立法者的支持，最终赢得了禁止奴隶制宪法修正案的通过。无论是林肯还是许多其他伟大的领导人，他们都能够适应并演化当前的种种局势，甚至有时还能在不知不觉中表现出一种能量和信心。

以下是一些可以帮助培养个人韧性的常用方法：

- 关注生活中的目标感。
- 建立强大的社交网络。
- 迎接变革。
- 持续关注自身技能。

从企业政治到平衡妥协与目标之间的关系，以及对可能熟悉或根深蒂固的结构和政策变化的普遍抵制，任何数量的障碍都可能挑战承诺在工作场所建立变革韧性。成为一个更有效的变革领导者意味着花时间评估潜在的或“冰山一角”的信念。这些信念将影响变革承诺，成为行为变革的先决条件。例如，许多企业在过去的变革中都经历过失败，因此，解决诸如“这只是本月的另一种风格”或“这也将通过”这样的思维方式是变革规划和沟通中的重要组成部分，而这恰恰是经常被低估、轻视或忽略的。

在这方面，学习型领导者需要监督自己厌恶变革的思想，尤其是对变革潜在的抵抗态度。许多学习型领导者将抵抗等同于消极。可是，一些研究人员却对变革抵抗的普遍看法持不同意见。学者们认为，有很多所谓的“抵抗”，其实都可以归因于对学习准备的绩效焦虑：“我可以做自己想做的事吗？”为了最大限度地减少绩效焦虑，增加变革效力中的承诺，考虑提供更多的前期培训，消除环境或工作中的障碍，学习型领导者可以在需要的时间和地点提供适当的资源支持，改善针对绩效表现的激励措施。

一旦你确信自己能够实现变革目标，给予和接受反馈，满足绩效期望，那么此时，变革将更容易取得成功。在引入变革之后，变革推动者可以为高层领导者准备学习曲线，帮助他们确定变革期望值。此外，变革领导者还可以在变革期间及变革之后，立即提供额外的资源支持。这样，便可以最大限度地防止绩效下降，提升工作熟练程度。

如果你想为自己及团队考虑，如何运用与战略变革推动者这一角色相关的最佳实践，那么，请完成附录二中的章节自我评估。在评估完成之后，你可以参考评估结果确定自己及团队的优势区域，优先考虑提升自身或团队变革能力的途径。

▪ 小结

在当前这一全球化的市场，无论你的企业是要提出新的增长议程，重新确定企业战略重点，还是要建立领导力渠道，变革驾驭能力都会成为你的终极竞争优势。诚然，变革压力巨大。但变革是大势所趋，而如今变革领导力的缺乏也表明，这个世界需要更好的变革领导者。

图7-5 关键行动

然而，管理和领导变革并不简单。作为学习型领导者，我们有责任充分接受自己的战略变革推动者身份。这就意味着，我们必须不断监督自己对变革的厌恶情绪。只有这样，我们才能更好地支持变革策略、流程及实践，帮助领导者取得卓越的绩效和运营成果。同时，我们也只有转变自己的技能和能力，才能实现存在于承诺和时机之间的动态变革。

重点回顾

快速变革会对成功的战略开发和执行构成持续的威胁，无论这一战略支持、设计、执行得有多么好。

商业环境的变化速度不仅快于执行或执行策略的速度，而且还会不断加快。变革体现在领导者、天才经理和员工所做的方方面面。首席执行官正转型为学习型领导者，帮助创建可以承受永久变革的适应性强、应对速度快、应对方法灵活的企业。

在当今的商业环境中，如果少了变革能力和变革准备，企业（包括学习型企业）**将无法繁荣发展下去。**

未来属于有变革能力的领导者和灵活多变的企业。无论是提出新的增长议程，重新确定战略重点，还是建立领导力驱动，在如今这种愈加复杂且不确定的环境里，驾驭变革的能力都将成为最终的竞争优势。换言之，具有变革能力的企业更有可能拥有强大的财务业绩及强大的领导力。

学习型领导者在建立个人和集体变革能力方面发挥着关键作用。

建立变革能力不仅仅是领导力的发展或是关注某一领导者的

变革行动。变革能力是指在整个企业内部培养变革责任感和创新精神，使其融入企业的文化、体系和实践当中（包括变革能力中的学习功能）。

建立变革能力并非一劳永逸。

想要创建变革承诺，增强企业变革能力，我们就需要一定的时间和毅力。学习型领导者和内部变革推动者的一个关键角色即是，不断评估环境中是否存在可能阻碍预期变革的因素。后续跟进及贯彻始终是建立可持续变革的重要因素，但这些因素往往会被人们所忽视。

团队韧性始于个人韧性。

其实，一家企业的适应性和变革能力，归根结底来源于员工个人的变革能力和韧性。为了提升个人的适应能力，最佳领导者会不断调整自己的行为和思维方式。作为学习型领导者，我们有责任充分接受战略变革推动者这一角色，让我们所追求的变革首先在自己身上发生。

▪ 案例分析

美国军队的案例表明为了满足关键任务的需求，学习系统是如何改变其策略、流程和实践，并提高其适应能力和应变能力。理查德·艾尔斯——铁军团队美国陆军准尉职业学院（WOCC）的前副指挥官，在亚拉巴马州的拉克堡自愿分享他的故事，讲述他和他的学习团队在生存之旅中如何建立并适应变革能力（艾尔斯现在是陆军功能集成中心的组织心理学家）。这一铁军团队的转型和改变过程反映了可持续发展周期的各个方面。

在美国军队中建立制度敏捷性

未来美国军队的成功取决于它是否具有比对手更充分、更富有创新、更具有适应性的能力。几十年来军队一直依靠先进的技术来获取竞争优势。然而从当今的军事情况来看，技术极有可能为敌人所利用或淘汰。2011年，一份重要的报告对军队的未来愿景进行了概述，其中强调，“人为因素”是在调整、思考和创新方面超过敌人的最佳方式。在报告中，军队将认知优势及机构灵活性看作人为因素中的关键任务要素。在这种情况下，认知优势包括批判性思维、精神敏锐度、知觉及智力等许多领导能力，这将使军队领导者能够在复杂的环境中作出合理的判断。另外，未来的军队规模将会缩小。因此，领导者必须能够利用认知工具，以更少的资源进行快速、有效的决策。在21世纪，军队士兵需要通过学习来发展自身能力。

通过美国陆军准尉职业学院的结构化培训，领导者能够在认知优势等领域获得关键能力。“机构灵活性”一词指的是学习型机构能够根据领导者的教育需求来作出调整，尤其是在准尉每5到6年只能读一次大学的情况下。培训、教育及经验是军队领导力发展模式中的三大支柱（见图7–6）。

在整个部队（现役、警卫和预备役）中约有25000名军官，美国陆军准尉职业学院是唯一一个对所有准尉进行培训及教育的军队组织。有约70名教师负责对这些准尉进行“体制化”军队教育。

“候选准尉课程”是一项为期6周的课程，每年平均会对1500名候选准尉进行培训。每2周便会由60名学生组成几个新班级。无论何时，校园里一般都有120到180名候选准尉。

“中等准尉课程”是一项为期5周的课程，旨在为候选准尉进行培训，使他们有能力再升一级。这一课程每年会举办18次，每2至3周举行一次，每次接收

图7-6　三大支柱：培训、教育及经验

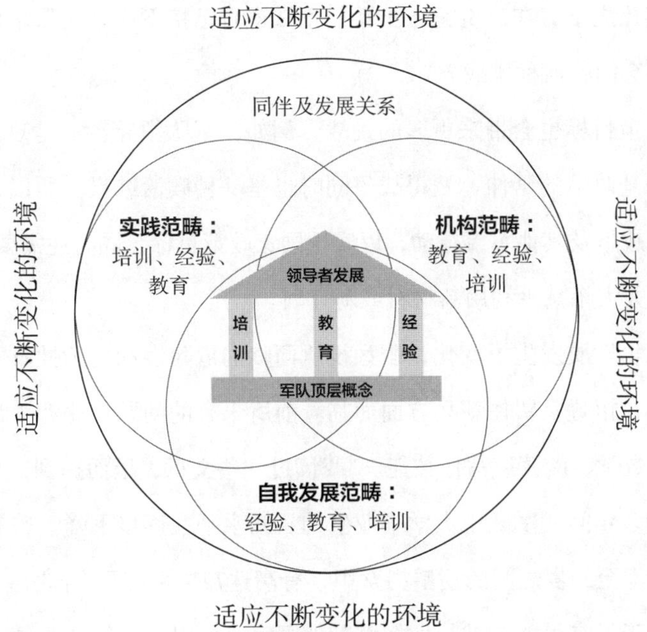

军队领导者发展模式

50至60人。

“高级准尉课程”是一项为期4周的课程，每年举办6次，每次接收60名学生。在三种课程中，这一课程在学术方面最为严格。

当前挑战

艾尔斯表示，对于军方来说，目前正面临着诸多挑战。首先，美国军方认为，其未来的军事环境将会充满复杂性、模糊性和不确定性。我们不清楚军事环境在未来会是什么样的，也无从知晓，因为其一直处于不断变化的状态之中，所以军事环境中充满着复杂性。在1950年到1990年的冷战时期，美国知晓自己的敌人是谁，清楚正面临着什么样的威胁，而如今则不同，现在美国的敌人“前所未有、无迹可寻且无处不在”。在冷战时期，美国军队对苏联一方的理论、战略及其武器的系统能力和局限性都很清楚，也清楚其军队数量、制服样式及所说语言。相比之下，在21世纪，士兵们不知道自己接下来会去哪里作战，也不知道届时将会面临何种挑战。

国家政策目标也会带来更多的挑战。例如，军队领导者不是政治家，但他们知道战争是政治的延伸，赢得战争同时也是一种政治结果。所以，美国必须要经常参与战争及其他军事行动，以实现国家政策目标，同时还需要缩减预算，精简人员，并大幅减少利用新材料或新计划。

由于战争性质发生了变化，服兵役所面临的危险性和复杂性日益增多，所以美国军队在招募及留住新兵方面面临着前所未有的问题。比如，许多新兵缺乏最基本的数学、阅读或写作技能。“我读过一些文章，里面提到，从1980年到2014年这30多年间，军队中大学毕业生的认知水平在逐步下降。曾有统计数据表明，在17岁至24岁之间的适龄男女中，有高达72%的人不适合服兵役。”艾尔斯说道。由于很有可能会被长期派至其他国家，所以许多符合条件或适合服兵役的人不太愿意进入军队。

除了技能短缺问题，预算被大幅削减会使形势变得更加复杂，很快，军队中将会减少近10万名现役士兵。从本质上讲，目前的环境比以往任何时候都要复杂，所以军方此时会面临更多的挑战。

识别阶段：对美国陆军准尉职业学院进行转型

铁军团队美国陆军准尉职业学院是军队培养灵活型领导者的主要资源，这种领导者能够在充满混乱和不确定性的环境中解决复杂问题。高层报告发布了一份行动呼吁，要求在“人为因素”层面提高适应性，并在机构、学习型组织层面提高灵活性（美国陆军训练与指令司令部，2011）。这份报告能够推动美国陆军准尉职业学院完成转型，最终在学习策略、教学设计、教学方式、监管及评估过程方面完成重大改革。对于战略转型来说，获得教育及培训总监、教务主任、教导主任和注册主任等利益相关方的协作和支持至关重要，而在其中，灵活型学习模式是战略转型的核心所在。

连续自适应学习模型为基于结果的学习提供了一个框架，侧重于以学习者为中心的学习环境中的21世纪士兵能力。该模型建立在两个原则上：

- 通过以结果为导向的教学策略来提高面对面学习体验的质量、相关性和有效性，以培养思维、主动性，并提供与操作相关的环境。
- 通过显著扩大网络技术的使用，将学习扩展到学校以外的职业长期持续学习。

适应性学习模式起源于对最高层报告的响应，该模式逐渐被磨炼和发展，以改善“在当前运行环境中发生的事情中的关键思维技能教学方法，无论是在中东还是在太平洋，”艾尔斯说，“经营环境变化非常迅速，官员的教育必须随之改变。我们不能用昨天的战争技术来教育今天的士兵。”学习模式的演变包括从内容驱动方法转向更强调相关动作学习、模拟、案例场景、人工智能、电子商务等更加体验式并以学习者为中心的方法。

启用策略

1. 制订学习策略。美国陆军准尉职业学院领导团队的第一步是确定学习型组织的特征，并研究在利用学习来促进适应性和创新方面哪些行得通，哪些行不通。然后团队制定了一个学习策略，以便与建立适应性学习型组织的战略目标保持一致。该策略得到了高级领导人的充分赞同。

2. 让赞助商参与进来。2014年，艾尔斯加入了美国陆军准尉职业学院铁军团队。每天，他都要和美国陆军准尉职业学院的指挥官进行“站起来”练习，以强化通告及参与领导力的重要性。他们会随机选出多名服务人员，和指挥官在房间内站成一圈。指挥官问了他们几个问题：“最近怎么样？都在忙什么？

有什么需要我帮忙的吗？”这一流程以公开、诚信、透明的沟通规范为基础，而这种规范正是通过美国陆军准尉职业学院团队的训练及高层领导力的强化而产生的。这些被选中的人员知道，他们可以自由地和“老板”交谈。与此同时，“经理”们也鼓励他们：“你可以告诉老板，说你需要更多的时间、金钱或帮助来完成这项举措。”这种横向和纵向相结合的交流方式能够进一步提升军队人员的共同使命感，加强改善问题解决、创新及适应能力所需的协同网络。“一旦每个人都知道别人在做的事，或是知道他们眼前的挑战，这些人便能激发创造力，做到‘跳出方框思考’，好主意也就随之而来。”艾尔斯总结道。

3. **鼓励冒险**。为满足军队需求，大力推动创新，美国陆军准尉职业学院会在其体验式学习设计中强调“要敢于承担风险”。正如艾尔斯所说，如果没有风险，“高度平庸”就会占据上风。这里所说的“风险”，是指面对不同的观点，从不同角度审时度势。对于美国陆军准尉职业学院的参与者来说，这起初是一种风险——同时也是军队文化中的一种范式转变——他们要对上级公开说“不”。通过正式与非正式的教学，学习型领导者强调，“不同意”不等于“不尊重”。这是一种只有风险才能孕育出的创新。

抗拒阶段：克服挑战

战略实施的早期阶段呈现出了一种缓慢的向官僚制转变的过程，并且对70个地区和100万的劳动力加强了实践措施。教师们采用的教学模式需要时间适应基于经验的行动学习法。为了促进教学心态的转变以及教师行为的变革，铁军团队美国陆军准尉职业学院的领导团队致力于提供合适的环境、绩效支持以及需要掌握的方法。绩效支持包括教师发展项目、自主选择的学习（例如：听TED演讲）、同事间的辅导。在职工作观察方面，教师采用一种以学生为中心、促进学生能力的教学模式，学生的反馈表明了参与者认为这种新的方法是密切相关且令人满意的。重要的是早期的转变过程来自与领导的持续沟通，在变革需要成为一个更加有效的学习型组织的重要性方面，双方都很公正公平。

此外，要创建一种环境来处理不断变化的学习模式所呈现的偶然障碍。例如，过时的设备、宽带的约束以及视频会议能力等方面存在很多值得考虑的科技障碍。需要批准、设计、发展、监控军事团体和非军事团体之间的沟通草案。最终，唯一一个IT专家团队得到了提升科技的权利，所以在学习经验阶段科技是“无缝杠杆”。艾尔斯说：“当然，如果教师不知道如何使用科技的话，那么它就是无用的。”因为未来的军队学习者期待能够熟练地运用数字科技，所以美国陆军准尉职业学院的教师必须加强科技专业知识。

除了改变与苏格拉底学习法有关的长期信念和行为，许多教师都很担心运用到教学实践中的集成技术和混合学习法，这种担忧也给美国陆军准尉职业学院领导团队带来了额外的挑战。教师转变使新的学习结构、过程和方法以及提高教师的熟练程度的过程和引导时间比预期的要长。

启用策略

1. 提供支持，挖掘能力。美国陆军准尉职业学院领导团队作出了很大的努力为教师提供所有的工具以及资源，并且教师要通过采用新的学习模式来取得成功。这个团队聆听并且公开表明了对新方法是否达到预期的关心、质疑以及担忧。

2. 保持“铭记在心”。上级领导要积极地参与加强教师角色的重要性的活动，以便创建一支更加聪明、优秀以及有适应能力的劳动力队伍。变革目的的一致性是获得教师参与和支持的关键。

更新阶段：不断进步

艾尔斯说：“持续适应是很艰难的。”在快速变化的世界威胁、经济不稳定的情况下保持课程的相关性，现有的资源约束也是一个挑战。铁军团队美国陆军准尉职业学院需要改变教学材料来确保它们仍然与新兴的运行环境变化和军事优先事项有关。不断适应课程给机构教师带来了巨大的负担，教师不仅要证明自己的学科专业知识，还要在有扰乱的条件下表现灵活与敏捷的个人特点。发展灵活性是很有挑战性的，因为对于每一个高校观众来说，期望结果的范围是很广泛的，教师可能有一天会教刚刚开始事业的新军官候选人，然后第二天就指导有25年甚至更长军旅经验的高级军官。初级军官的批判性思维技能与高级军官所要求的技能有很大差异，提高对教师的要求，以确保实践学习内容和语境保持相关。

艾尔斯说："他们必须保持是游戏的赢家。每次上课期间，运行环境可能会发生变化。这真的令美国陆军准尉职业学院处于一个具有挑战性的位置。当老师不了解这个主题或是没有经验的时候，他们如何就当前或新出现的事件来促进批判性思维和互动交流呢？这就是我们真正学会利用技术的地方。我们需要一个专家，他能够在高级官员开会之前通过视频电话会议或通过在线实时演讲将他对操作环境的知识教给每个人。"

确保课程的相关性也有助于激发不情愿参与者的兴趣，这些人不是很想在长时间驻扎海外回国后离开家4到5周来上课。相关的教学材料能够提高学生的参与度，同时提高他们的能力。

除了维护程序相关性外，美国陆军准尉职业学院还致力于对过去服务人员的持续发展。在承担重大责任之前参与者们通过上大学来保持他们持续发展的所有权。毕竟，他们每5年才参加一次美国陆军准尉职业学院。在迅速变化的世界中要保持与运行环境专家的联系，毕业生有多种资源、工具以及自身发展的支持。美国陆军准尉职业学院通过年度效率报告（或年度业绩回顾）建立一定程度的责任制，这种制度要求士兵们说明他们所做的事情来提升他们自己和他们的工作。这些报告往往会产生对专业发展努力的认可和奖励。艾尔斯说："大多数士兵和他们的上级都知道，学习和发展是正确的事情，他们需要获得新知，成为终身学习者。”然而，美国陆军准尉职业学院仍在继续评估如何才能改进后续支持。

当前现状

为了应对这些挑战，铁军团队美国陆军准尉职业学院实施了一系列增加价值的创新方法，以确保学习型组织在其机构灵活性的核心任务中不断取得成功。例如，美国陆军准尉职业学院为教师提供了每年的发展机会，使他们可以在自适应学习模式中继续提高教学技能。

艾尔斯说：“没有一流的教师，就不能提供世界一流的教育。”这就传达了一个强有力的信息，我们致力于帮助士兵在课堂上和战场上取得成功。

为了控制质量，向美国陆军准尉职业学院指挥官报告的质量保证监控器定期监测每个教室，以确保自适应性学习模型的标准得到满足。他们公开会见教职员工，分享观察和发现成果，以促进透明度和不断进步的精神。

最后，美国陆军准尉职业学院团队已经开始广泛的学习，并应用最佳实践来精炼和更好地整合当前美国陆军准尉职业学院采用的方法。例如，艾尔斯和他的团队已经前往军事学术机构，如陆军战争学院、海军战争学院、西点军校军事学院以及指挥和总参谋学院，以便建立网络联系并分享最佳实践经验。根据艾尔斯的说法，“我们完全支持我们的资源需求，因为如果没有投资来发展我们的人力资本，军队就知道我们没有能力去适应、去思考、去改善我们的对手。这些联系允许WOCC用最相关和最优质的材料来准备迎接下一代军官，以应付现代复杂多变的挑战”。

启用策略

1. 保持远见卓识。“要永远记住利益相关者需要什么——这一点至关重要。你的使命是什么？无论你所面对的是何种学习方法或变革途径，你都要使其始终保持一致，并将这些方法同期望的成果联系起来，”铁军团队的领导艾尔斯说道，“我们要有远见卓识，要把眼光放在整体使命和努力实现的成果上。只有这样，我们才能齐心协力，共同努力，向着同一个‘终点’前进。另外，我们也要知道，我们的前方是一段旅程，而非某个明确的目的地。”

2. 注重持续改善。目前，美国陆军准尉职业学院团队中的成员正处于“不断提高标准”的阶段，他们希望自己可以取得更多的进步。他们会定期在整个企业中分享学习和管理方面的最佳实践，而学习型企业也会被视为增值型及关键任务型企业。艾尔斯说：“我们正在加强、共享企业中的智力资本，所谓‘水涨船高’说的就是这个道理。”

■ 案例回顾

本案例的主角是美国陆军内部的一个学习型铁军团队。我们可以从中看到，为了应对劳动力短缺、先进技术、日益复杂的全球性威胁，以及日益增加的对更为灵活便捷的学习方式的需求，他们在向变革准备文化转型的过程中都做了什么。表7–2列出了为实现这些目标，一家可持续学习型组织应具备哪些特征。

表7–2 可持续学习型组织的特征

特点	事例	
C级赞助	•作为适应性学习模式和学习型企业转型的赞助人，高层领导者会积极参与其中 •作为学习型冠军，高层领导者会积极参与其中	√
效率	•部分监控时间和适用指标（即一些自动化挑战） •学习成果与培训结业后的效率报告相结合	√
效用	•通过指导者和参与者的反馈作出部分衡量 •定量衡量目标目前正在开发，仍未使用	正在进行
投资	•大量投入专用资源（特别是科技资源），改造学习机构 •用于衡量活动基准的专用投资，包括前往最佳的军事机构等	√

续表

特点	事例	
用途	• 四面八方的赞助人和利益相关者（如客户、指导者、顾客等）会定期运用学习数据作出决策	√
需求	• 在任何时间、任何地点，都要有相关人士提供的灵活多变的课程开发，以匹配难度适宜的学习需求	√
可信度	• 学习团队被视为可信的主题专家 • 与高层领导者的战略合作关系提升了学习团队的可信度	√
治理	• 运用质量保证监督，确保适应性学习指导标准的质量及一致性	√
持续改善	• 与其他军事学习机构进行持续的基准对比 • 一如既往地追求并应用最佳的军事教育实践	√
韧性	• 融入更新及发展机会，帮助指导者保持韧性 • 综合运用按需原则，以便在需要时发布有关操作环境变革的关键信息	√

由于铁军团队美国陆军准尉职业学院还在持续研究其有效性措施，且这些措施尚未完全整合或实施，因此，该学习型组织尚未达到改进阶段。学习型团队应继续发展其超越满意度和学习效果（第二阶段）的衡量实践。美国陆军准尉职业学院团队承认，他们有必要针对在职应用和业务影响，开发更为强大和量化的衡量标准。

第八章

修炼 6：促进合作、沟通及共享

> 要走得快，就一个人走；要走得远，就一起走。
>
> ——非洲谚语

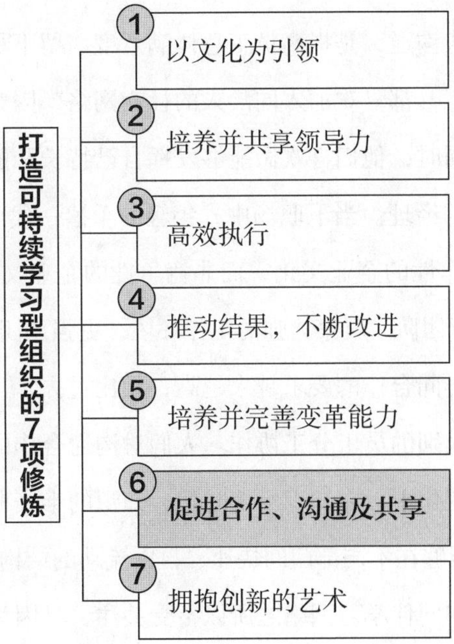

本章要点

- 为什么协作的氛围有利于提高参与度和绩效
- 学习型文化如何促进合作、提高可持续性
- 为了企业发展，学习型领导如何促进合作，加强沟通，建立联系紧密的工作社区

在我们生活的世界，人们之间的联系非常紧密。每个成年人在脸书上平均有338个好友，其中44%的成年人每天至少会为这些好友发布的状态点一次赞。除此之外，照片墙（Instagram）大约有5亿活跃用户，推特（Twitter）有3.13亿活跃用户，领英（LinkedIn）在全世界有4.5亿活跃用户。人们的生活越来越离不开数字世界。除了工作，人们在选择吃饭地点、旅行方式或入住酒店时，也会参考点评网站上的评价和评分。

在工作中，员工同样需要选择学习方法和学习内容，并相互交流。在工作中能够随时与其他人沟通，是提高员工总体满意度、留下员工的关键因素。不管是哪个级别的员工，都喜欢加入同龄人的社交网络，因为他们可以从中受到挑战、获得支持。同时，他们喜欢做能够发挥自己特长和能力的项目，喜欢开展团队训练和拓展的经理。当下职场中，年轻的千禧一代成为主力。约88%的千禧一代更喜欢协作性的企业文化，而非竞争性的企业文化。与前辈们相比，千禧一代更喜欢基于团队、凝聚力强的工作环境，更强调团队合作精神。

不但员工们对协同合作的要求越来越高，相比过去，工作本身也更需要来自不同岗位、不同级别的员工分工协作。人们对沟通合作的需求更高，还反映在传统等级结构的变化上。在知识经济时代，知识的半衰期日渐缩短，机构更应该设计确保信息能够在不同部门间快速、自由流动的结构和流程。

社交学习体验和同伴学习网络之所以备受关注，是因为其可以有效促进员工及时沟通，解决问题，随时获取需要的信息，且对日常工作的干扰最少。社

交学习的核心是通过互动讨论和同伴协作来分享知识、信息和经验。例如，美国安全咨询和认证公司UL就实施了一项全球领导力计划，通过对话、引导建立了全球领导者网络。在项目实施期间，人们聚集在一起，就公司重要事项进行研讨，并向高层领导提出建议。该计划旨在打造社交学习工具，提供有影响力的协作体验，重在支持跨文化、跨时区的学员协同合作，收获成果。

▪ 为什么合作、沟通如此重要

从商业角度而言，鼓励合作很有意义，而且能够产生效益（见图8-1）。通过有效的协作，不同团队、领导和员工之间可以建立起正式、非正式的联系，意义重大。而这种联系是无形的资产，能够稳固员工、团队、组织间的正面联系。沟通联系是人类的基本需求，能够让人们变得更值得信任、有合作精神、有同情心、热情、乐观、充满活力、有创造力和创新精神。从商业角度来看，在相互沟通合作的环境中，人们更愿意：

- 与同事合作。
- 激发创新，提出想法。
- 分享信息，帮助决策者更好地了解情况。

图8-1　快速参考

高达 1.8倍	高达 3.1倍	高达4倍
通过加强协作，个人生产力提高率	通过加强协作，创新速度提高率	通过加强协作，会议效率提高率

盖洛普2006年开展了一项具有里程碑意义的研究。在调查近8000个业务部门后，调查发现，部门在沟通联系这一项的得分越高，其生产效率、盈利能力、客户满意度越高，员工流失率和事故发生率越低。该调查设计了很多问题，用以评估部门内沟通联系的程度，问题包括：部门是否体贴员工？公司是否鼓励

学习和发展？工作环境是否允许员工表达意见和建议、相互合作？程度如何？同样，IBM 2010年开展的一项研究发现，与低绩效企业相比，高绩效企业为遍布全球的工作团队提供协作和社交网络工具的可能性要高出60%。归根结底，沟通联系对企业提高绩效至关重要，也是企业的又一个竞争优势。

不同组织间，甚至是同一个组织内不同部门间的沟通联系差异可能很大，主要是因为领导班子和文化规范不同造成的。我们能够感觉到，也能够辨识出这种联系。一旦这种联系缺失，我们对人、对公司、对项目、对活动会麻木，甚至会有消极的看法。

人们非常需要和其他人沟通联系。近年来，神经科学家发现，和他人沟通联系可以减轻压力，增加幸福感，并让我们更加信任别人。企业内部沟通联系越紧密，员工就越投入，工作效率越高，而且被竞争对手挖走的可能性越小。

定 义

协作：是充分发挥集体的智慧，从而将每个人的贡献最大化的过程，受很多规范和行为的支配。协作需要通过学习和实践，理解并应用逐渐积累起来的关键行为。

团队归属感：因与他人拥有共同的态度、兴趣和目标而产生的归属感。协作关系可以提高社会团体或商业团体的健康水平。

沟通联系：沟通联系具有强大的力量，可以在人与人之间建立积极的关系，有助于激发个人潜力。沟通联系可以激励人们，增进人与人之间的信任，并提高战胜困难的能力。人们一般认为沟通联系是种无形资产，是高效协作的结果，也能提高员工的参与度。

合作：不要混淆协作与合作。合作是指在制订并分享个人目标的过程中，人们不断讨论，平等交换意见，并最终提出新的工作方式。合作过程重在个人行为和个人成就，集体策略不是重点。

团队合作：团队合作是指具有不同知识、技能和能力的人为实现共同的目标而努力。有时候可能建立了团队，但团队成员不一定能够协作。

■ 建立合作关系面临的挑战

高管们大多认为协作很重要，并将提高企业协作能力作为首要任务。然而，因为员工越来越分散，预算不断缩减，工作量不断增加，保持沟通、协同合作仍面临重重挑战。根据2011年的一项调查，1400多名高管和员工中，有86%认为缺乏协作或沟通不畅是导致公司倒闭的原因。为应对此挑战，许多优秀的学习型铁军团队充分利用社交媒体工具，帮助员工与同事、教练和导师保持联系，解答问题，共享信息，跨空间协作。例如，铁军团队赛富时（Salesforce）的员工使用社交软件Chatter来交换想法、协同合作。员工们可以通过此平台分析数据，比较文件初稿，并实时分享想法。使用电子邮件或其他形式进行交流，会导致信息滞后，但实时协作和知识共享没有这样的问题。

社交技术的确提高了沟通速度，使沟通更加便利，但使用功能更强大的项目管理工具或先进技术，并不是有效协作、交流的真正价值所在。这些工具只是实现建立协同合作的企业文化这一目标的手段。协同合作的企业文化在于组织的社会结构，在于人们的工作方式。在真正协同合作的企业中，人人都有发言权，人人都要做贡献，同时人人都能明白自己能够为公司战略和目标的实现贡献自己的力量。

还有一个重要的文化挑战，那就是，许多高层领导误以为协作是种技能，只适用于某个项目或活动。如果只是培养某些团队的协同合作能力，或者只是培养某个层次员工的协同能力，那么协同很难长久，也不可能长久受益。学习型领导不能这么狭隘，而应该把协作重新定义为文化价值，必须根植于企业的基因之中。

简而言之，真正的协作涉及企业各个层次的员工，而且已成为企业文化认同的组成部分。如果企业能够坚持推动协作，增进不同部门间的联系，并打破孤岛思维，即便程度有限，他们也已经收获了很多，包括：

- 员工工作积极性高，渴望参与新项目。
- 企业敏捷性、灵活性更高。
- 会议更高效、更有活力。
- 具有吸引顶尖人才的竞争优势。
- 员工流失率低。
- 绩效和盈利能力更高。

▪ 为合作做好准备

对企业和员工而言，并不是自然而然就能协同合作，就算是信息传播、学习和性能状态最佳都不行。例如，竞争在很多人的思想中已经根深蒂固，协作被认为是软弱的表现。有些人觉得协作起来速度太慢，效率太低，特别是要顶住压力快速处理事情的时候。还有人认为，如果想把事情做好，必须自己动手。此外，许多企业不顾营造协同合作的企业文化这个长期愿景，过于强调短期内相互竞争，过于强调速战速决，结果不经意间破坏了人们之间的协作。为了将协作融入企业文化，学习型领导可以帮助企业强化以下三个杠杆的使用（见图8–2），从而增加可持续价值。

信　任

信任是有效协作的基础。领导力专家和畅销书作家西蒙·斯涅克表示，信任能够提供心理安全感，就是能够感觉到领导会真心考虑我们的利益。这意味着，必须营造一种自由的环境，让员工敢于冒险，敢于公开表达自己的担忧、恐惧，并提出意见建议，而不会担心遭到报复。铁军团队金宝汤公司（Campbell Soup Company）前任首席执行官道格·科南特2001年上任时，他鼓励员工挑战现状，

图8-2　可推动有效协作的三个杠杆

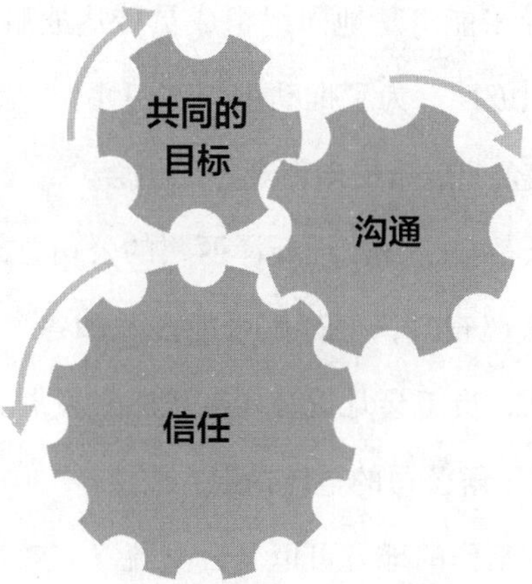

将企业“毒文化”转变为重视新想法的文化。

建立互信、鼓励冒险的文化能够加快创新，因为员工敢于尝试、敢于失败。铁军团队奥多比系统公司（Adobe）就是这样的公司，公司信任员工，让他们大胆尝试，并且相信员工会尽力而为。公司给员工分配具有挑战性的项目，信任他们，支持他们，帮助他们成功战胜这些挑战。企业文化推崇不断培训，鼓励冒险，而且员工不用担心受到惩罚。

充分利用领导力发展，帮助管理人员认识到建立互信、敢冒风险的价值，向员工推广这种价值，并以身作则，学习型领导在这方面发挥着关键作用。作为战略顾问，学习型领导还可以证明，信任不是靠宏大的使命或广泛宣传就能建立起来，信任要靠不断地进行日常互动才能建立起来。最后，学习型领导可以通过员工调查或一对一访谈等机制，帮助管理人员不断评估并提高员工间的信任水平。

沟　通

要想让不同部门协同合作，高层领导和管理人员必须做到下面几点：清楚地下达目标；调整沟通方式，以满足使用不同交流方式，表现出不同协作风格的员工的个性化需求；知道如何利用具有不同沟通风格的员工的才能来提高工作积极性。大多数领导未能清楚地向组织成员传达战略，这会减慢项目进程，降低绩效，影响工作积极性。为了推动不同部门协作，杰出的管理人员将每次互动都视为鼓励员工就企业战略提出新观点的机会。

道格·科南特每天都会巡查位于新泽西州的公司总部，或者在欧洲或亚洲的生产车间巡查，每次巡查时，他都尽可能多地和各个级别的员工交流互动。科南特认为，通过互动，员工会觉得公司的策略和发展方向不再是高高在上的空口号，而他也能随时了解公司的整体情况。

大多数员工喜欢在工作的地方可以公开交流、有效讨论问题。倾听员工的声音，鼓励员工提出意见建议，可以获得更多有价值的信息，建立起信任的桥梁，并提高责任感。在第三章中，我们曾重点介绍过致力于营造并维持凝聚力强的高效学习文化的高管和学习型领导所使用的一些好的沟通方法。

共同的目标

所谓协作的工作环境，就是指不同部门的员工相互联系，并制定共同的目标。有工作目标，要比纯粹的金钱奖励，更能激发员工的积极性，提高员工的表现力。多数人都想超越自我，贡献自己的一份力量，做更有意义的事情。如果公司能让员工关注工作的意义和目标，那么员工缺勤率和流失率会降低。为了加强公司内部的联系，公司创建了皮克斯大学（Pixar University），校训是个拉丁短语“alienus non dieutius”，意思是“不再孤单”。从门卫到首席执行官，所有员工每周都要花4个小时和同事一起上课，学习艺术和动画，最重要的是了解彼此。因为所有员工都要通过这种方式学习，皮克斯让企业文化有了共同的目标感，这在所有协同工作中均有体现。

▪ 学习型领导的作用

为把协作融入企业文化，学习型领导可以不断采取以下措施，持续增加企业的可持续价值。

教员工学会协作

许多组织还没有告诉员工在日常工作中该如何协作，员工还不知道怎么协作，就期待员工能够有效协作，往往以失败而告终。此外，协作不成功，还有两个原因：一是把协作视为行为，而不是技术；二是把协作列入必须满足的工作要求，强调服从，而不是认同。

要让领导有协作领导力则需要使用不同的教学方法，因为目标是要释放每个员工的潜力，让每个员工都贡献自己的力量。企业经常只给高层领导和有潜力的员工教授协作技巧，这不利于在整个企业内营造协同合作的氛围。员工需要使用同样的协作语言，学习工作协作方法，不断将协作方法付诸实践，而且应该得到适度的强化、认可和鼓励。协作能力通常包含在以下这些专业能力中：

- 如何征求他人的意见。
- 如何倾听理解。
- 如何达成共识。
- 如何提供建设性的反馈。
- 如何与他人分享信息。
- 如何使用谈判技巧。
- 如何领导变革。

在教授协作时，要鼓励有益的辩论、有创意的紧张局面、有建设性的批评，这一点很重要。协作常常受阻，因为有些社会习俗不提倡人们批评别人，这一点很不利于培养协作精神。如果员工能够解决工作中的冲突，他们会更自在，表达更流畅，思考更快，肯定能取得更好的成果。共同学习、共同协作的过程和学习内容同等重要。在第四章，我们介绍了几个可持续学习型组织的例子，它们运用行动学习、模仿方法，让员工协同学习，消除了领导力水平差距，培养了创造性思维。

确保人才管理流程可促进沟通联系

如果员工的岗位和工作与个人能力相匹配，如果员工觉得自己的工作有意义、有价值，如果员工觉得自己能够掌控工作，那么员工与团队的联系就更紧密。如果员工获得个人发展，那么个人与团队间的联系也会更密切。所以，高效率、可持续学习型组织建立并利用成体系的人才管理流程（招聘、入职、参与度、奖励和认可、绩效管理、继任规划、知识管理和学习），推动组织内、职能部门间除直接汇报关系外，建立其他沟通联系。考虑以下几点：

入职。玩具厂商铁军团队雷德·福莱尔（Radio Flyer）的入职和培训称为新福莱尔（New Flyer），为期6个月，融合了多种元素，从一开始就推动新入职员工建立沟通联系、团队归属感，并制定共同的目标。其中有一个沟通联系环节：新入职员工和团队成员，以及组织内的不同团队和委员会见面。老员工充当教练，为新进员工传授产品、客户、公司使命、愿景和价值观的相关学问和知识。公司首席执行官还推动了系列培训课程中两门的设计实施，其中就包含新员工和管理团队在工作中和工作外可应用的沟通技巧。新福莱尔的最后一个环节是跟踪，其中包括每年跟进一次新进员工的情况，包括他们的进展、顾虑和建议，一共做5年。在整个入职流程中，持续关注沟通联系，关注团队归属感，确实对铁军团队雷德·福莱尔的员工留存率产生了积极影响。自项目启动以来，辞职率下降，员工对组织的满意度显著提高。

绩效管理。为了更好地了解团队成员的才能，一些领先的铁军团队建立机制，便于员工认可同事们为协作所作出的努力。人力资源研究公司美世咨询

（Mercer）近来对评估性能的实践做法开展了一项调查，研究表明，在员工超过1000名的公司中，有35%的公司在某种程度上收集同伴的反馈。另一铁军团队、总部位于旧金山的计算机软件公司传闻社交公司（Hearsay Social），企业文化的核心就是团队协同与合作，所以已经将同伴反馈纳入绩效评估。企业提供培训，让员工提出建设性反馈意见，而且还开设了脸书（Facebook）页面，供员工提供、接收反馈信息。虽然同伴反馈确实可以促进协作、提高参与度，但如何运用同伴反馈，如何整合流程仍面临极大的挑战，其中最难的是执行。第四章提供了一些指南和考虑因素。

表彰和奖励。在岗位描述和岗位设计中，通常过于强调个人应承担的责任，而忽视了员工协作技能的重要性。在每个组织中，都有一些人不靠高人一等的头衔和地位，就能影响、激励他人。要促进合作，必须要表彰奖励那些愿意共享知识、分享成果的非正式的“联通者”，尤其是推动合作的管理人员。他们虽然没有得到正式任命，但他们的力量很强大，有助于自下而上推广这些关键行为。

打破竖井思维

尽管当下大多数工作都需要协同合作，但工作流程和制订决策的流程往往并没有反映出工作和创新的协同性。在孤立的工作环境中，各部门各自为政，独立运作，合作的时候相互冲突，信息和专业技能不能在组织内自由流动。要想教会人们协作，要想持续改进，必须要定期评估没法协作的原因，还要评估协作得好的原因。

例如，在第四章，我们讲了铁军团队领导赫塞尔贝恩在担任首席执行官期间，对女童子军进行很多变革的精彩故事。她所进行的最重要的变革，就是取消了组织内根深蒂固的等级制度。像许多青少年组织一样，女童子军采用了军事结构，国家层面的“高级军官”大多高高在上，与一线人员没有什么联系。制定决策的领导和执行决策的人员之间横亘着鸿沟。赫塞尔贝恩对机构进行了全面重组，采用了新的由系列同心圆组成的组织结构图，用她的话来说，“把人们从一个个小盒子里解放出来”。这种组织结构图后来被称作“包容网”，旨在促进不同级别、不同部门之间的沟通，帮助承担不同职能的团队共同合作，自行决策。

高层领导参与

要确保高层领导明白他们应该身体力行，倡导鼓励合作的文化价值，构建公开、透明、协同的企业环境。宝洁公司（P&G）前首席执行官、现任董事会执行主席雷富礼就充分利用合作和沟通来提高宝洁的业绩。在他走马上任首席执行官时，宝洁经营不善，士气低落。雷富礼定期主动与员工沟通，鼓励人们有话就大胆说出来，免得问题变得越来越严重。在他上任12个月后，因为他的努力，公司员工对领导层的支持率提高了两倍，同时，公司的盈利增加，股票价格上涨，最终收购了Stallard公司。

确定成功因素

要确定哪些指标有助于领导者衡量进展情况，并实施问责制，以推动协同合作关系的建立。可以从组织层面和个人层面跟踪各种协同措施的有效性。例如，从组织层面来看，通过监测人才和思想在不同部门自由流动的程度，就可以看出协同程度，并根据边界上的流动程度来跟踪协作。员工可以在不同区域自由流动吗？想法和做法的提出是公开的吗？不同部门间会共享想法和做法吗？会允许别的部门使用吗？一些组织通过测量组织是否可以节约管理成本来衡量组织的协作能力？事实证明，通过共享服务，员工管理成本可以节省15%到25%。当然，提出的协同指标和激励措施要符合实际，这一点很重要。例如，运营人员本应该以保证执行速度和即时交付为目标，销售人员应该以销售量为目标，如果非让他们花时间和资源去协同，那很可能得不偿失。

利用技术，促进沟通与协作

学习型领导不可能靠一己之力就带出一个协同合作的团队，但他们可以投入资金购买技术，用技术来推动协作。特别是千禧一代，他们希望使用最好的协作工作和执行工具。然而，在投资购买最新的社交网络平台之前，要制订战略，说明在组织独特的环境中，为什么必须要合作？怎么才能合作？技术是用来支持这个战略的。在推出一揽子社交学习战略之前，希尔顿大学进行了深入研究，探索如何利用现有的社交媒介（如推特、脸书和自定义社交门户网站）在组织内实现创意共享和众包。随后，希尔顿大学在全球范围内推出新的社交学习战略时，将社交媒介作为主要的交流平台。战略性地使用社交协作工具和数字化人才管理工具有助于实现业绩，转变学习和人才管理服务的价值，并提高参与度。具有此作用的支持性技术包括：

社交招聘工具。形成协同文化的最终目标是吸引、留住人才，提高人才的积极性。面对激烈的人才市场，使用领英、脸书和推特等推出的社交招聘工具，有助于扩大求职者的视野，并找到适合的雇主。那么，学习型领导如何增值呢？他们可以提供有创意的视频或内容，推销公司文化，在潜在员工中树立独特的"品牌"。例如，爱立信的猎头团队利用数字媒体平台、职业网站、博客、视频和其他社交网络为品牌宣传建立了阵地，宣传其对人才如饥似渴的形象。虽然设计、实施这个战略花了好几年的时间，不过确实增加了网站浏览量，提高了社交媒体的参与度。

高影响力的点播视频。视频可用于沟通重要的组织信息，强化学习策略或阐明业务优先级。通过创建在线协作论坛发布评论，提出问题和提供反馈，它们允许与员工和经理进行双向对话。它们还可用于捕获关于感兴趣主题的专家知识，而不会产生正式学习管理系统课程内容的制作成本。

现场会议平台。会议平台（如Adobe Connect或WebEx）通常用于共享知识和用户生成的内容。

公司赞助的社交平台。许多最佳实践学习型铁军团队促进联系并改善与公司赞助的社交平台的协作。心智树（Mindtree）是一家全球性技术公司，在14个国家拥有200多家客户，拥有54个在线社区，员工可以在这里学习、分享和创建免费内容。Konnect是一个社交网络和知识共享平台，由博客、文档存储库、论坛、播客和视频组成，员工可以使用、评价或推荐。正式学习计划，例如公司的技术认证计划，与Konnect完全一致。认证通过混合学习方法提供，在这种方法中，参与者创建实践社区、教练关系、会议和竞赛。通过使用技术节省成本一直是全球学习型组织的一项重要效率措施，同时在开发关键能力方面扩大了覆盖面并提高了效率。

模型协作

学习型领导者在促进组织范围内的协作和实现联系方面发挥着关键作用。但是，如果不对方式进行建模，就不可能成为可靠的促进者或协作业务合作伙伴。对协作精神进行建模还涉及为员工提供更高的透明度，包括薪酬、奖励和职业决策。无法在所有组织级别成功协作的学习型领导者就无法建立和维持一个成熟的学习型组织。提高协作能力是当今快节奏组织面临的一项重大挑战，也是学习型领导者增加其可持续价值的重要机会（见图8–3）。

▪ 小结

在当今的互联经济中，领导力的未来越来越具有集体性和协作性。真正的协作融入了工作场所文化、身份和日常运营中，可实现知识共享，并鼓励跨越边界的创新。这超越了社交学习工具和技术，以及如何与组织的整体社会结构及其领导者的可信度相关联。为了帮助组织创建一个协作和互联的社区，并使他们的学习型组织更符合现代劳动力需求，学习型领导者可以通过以下方式增

图8-3　解决协作所面临的挑战

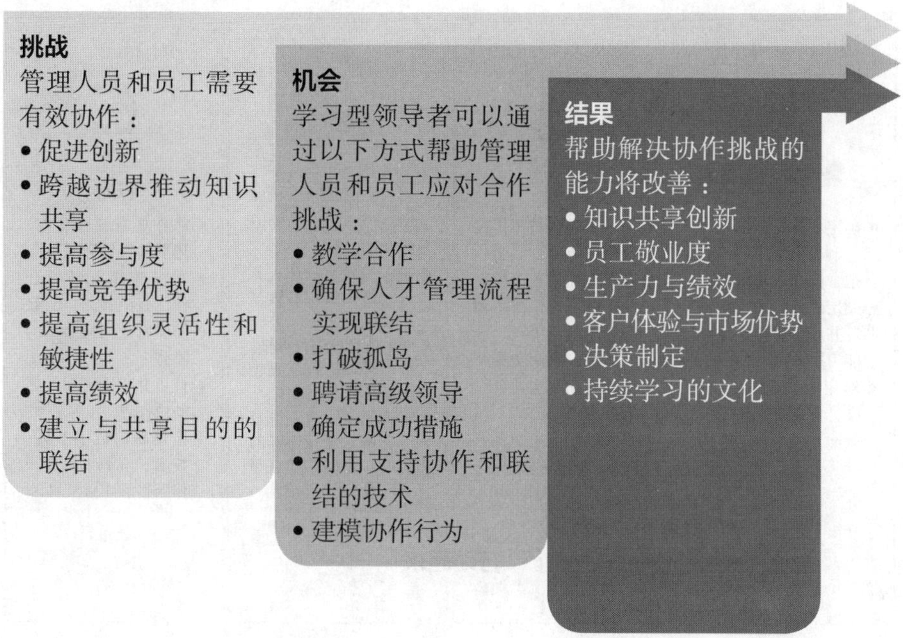

加可持续价值：

- 增强各级的协作能力。
- 建立无边界信息共享和持续学习的机制。
- 让高级领导者参与协作价值观和实践建模。
- 通过社交网络接触和吸引员工。
- 建立以目的为导向的社区。

使用附录二中的第八章自我评估来衡量你的学习型组织如何促进协作、社交联系和社区意识，并确定潜在的改进机会。

图8-4 关键行动

重点回顾

高度协作和互联的工作场所可以促进参与、提高生产力，降低压力，是竞争优势的关键来源。

当组织始终采用协作方法来改善跨职能联结并打破孤岛时，即使是以有限的方式，他们也可以获得许多持续的利益，包括充分参与的员工队伍，提高组织敏捷性和灵活性，以及吸引和保留顶级竞争优势人才，提高绩效和盈利能力，增加创新。当组织单独完成其各个元素时，就会发生协作。通过跨越边界共享和利用知识、信息、专业知识、服务、产品和技术，可以提高运营效率。

学习型领导者在建立和维持协作式工作文化方面发挥着至关重要的作用。

当协作仅关注团队或组织的单一层面时，维持起来非常困难，而且收益也是短暂的。学习型领导者必须帮助管理人员超越狭隘的定义，将协作和联结重新定义为文化价值和核心能力，这些应该融入组织的社会结构中。学习型领导者在构建协作能力和创建支持协作，促进社交联系和社区意识的机制方面发挥着关键作用。这包括将协作和网络技能与人才管理战略和流程（包括领导力发展）相结合。可持续学习型组织有效地利用社交网络进行员工招聘、参与和发展。许多最佳实践学习型组织也抓住机会在其他领域创建以网络为中心的协作方法，例如新员工入职、知识保留、人员配置和继任规划。

不能有意识地实践和模拟合作的学习型组织是不可持续的。

如果不对协作行为进行一致建模，就无法启用协作，建立联结或成为可靠的业务合作伙伴。学习是关于产生新的知识和技能，并在整个组织中分享的活动。通过技术、社交网络、实践社区和建立关系，可以让思想跨越边界——从一个领导者、一个层面或一个部门到另一个。虽然技术可能是一种手段，但在社会层面建立信任和关系才是最终结果。建立协作和联系是有意的“由内而外”的练习，必须始终如一地严格执行。

▪ 案例分析

以下案例展示了一群富有弹性的学习型铁军团队领导者如何创建一个协作的、以目的为导向的社区，以便在卡特里娜飓风灾难性后果之后建立并维持一个可行的学习型组织。铁军团队领导者南密西西比大学（USM）科学与技术学院院长辛迪·高德特和人力资本发展教授希瑟·万利斯自愿分享他们关于合作、联系和社区力量的故事。

南密西西比大学的人力资本发展增长

墨西哥湾沿岸南密西西比大学人力资本开发（HCD）博士课程于2006年启动，为人力资本开发提供先进的研究和调查。

人力资本的发展将越来越成为确定经济在多大程度上发展和利用新技术并在全球市场中竞争的决定性特征。在该计划的背景下，人力资本开发包括三个要素——技术、经济和劳动力发展——这些要素是相互依存的，具有重要的互动效应。例如，技术开发可以通过提高人口的健康和寿命，或通过激励个人留在工作岗位或随着工作技能要求的变化而激励和改变美国劳动力。反过来，劳动力的技能可以通过应用高端科学和工程知识或通过适应工作场所不断变化的技术能力来塑造未来的技术发展过程。

识别阶段

为了应对不断变化的市场对熟练劳动力的需求，以适应不断变化的技术、全球竞争和不断变化的产品需求，南密西西比大学开发了人力资本开发的博士课程。与区域工业、政府和教育机构进行的市场分析证实，需要人力资本解决方案来帮助组织应对快速发展的劳动力趋势的挑战。在高增长、高科技行业中，没有其他计划可以提供人力资本开发的高级研究和调查。因此，该计划的使命是培养能够应用循证知识和技能的学者、从业者，以提高组织的成长和绩效，特别是在高增长、高科技行业。根据高德特的说法，“墨西哥湾沿岸代表了一个强大的商业社区，以支持我们在人力资本开发方面所教授的东西”。

为了满足来自军事、商业、教育和政府等不同行业的学生的不同学习和业务需求，人力资本开发博士课程开发了一种创新的执行交付格式，包括远程学习、基于项目的课程和周末课程，旨在扩大教学机会，超越传统的校园课堂交付范围，并满足专业人士的苛刻生活方式。重点是通过案例分析、讨论板、电子邮件提示、协作组项目和各种体验技术之间的平衡创建有意义的学习体验。培养商业头脑是该计划不可或缺的一部分，其中现实世界的组织问题与学术研究、行动学习和研究相结合，以实现即时应用和价值。

卡特里娜飓风的破坏性力量

2005年7月，人力资本开发计划提案由州立大学理事会提交并于2006年秋季实施批准。然后，2005年8月，卡特里娜飓风袭击了墨西哥湾沿岸，造成了极大的破坏。卡特里娜飓风是美国历史上造成损失最大的自然灾害之一，它摧毁了密西西比河内陆海岸线的每一英里。数百人丧生，数万人无家可归，密西西比州的风暴影响了100多万人。差不多6个月后，密西西比州的破坏程度仍被多次新闻报道描述为令人震惊。

一场重大的自然灾害不仅破坏了景观，而且还对所需的基础设施造成了巨大的损失，并大大改变了人力资源的可用性。员工在住房、交通、儿童保育、医疗和其他基本必需品方面可能面临相当大的困难。此外，由于灾后劳动力需求，特别是高技能员工的需求，工人可能会在其他组织中发现新的机会和更高的薪酬。灾难发生后立即发生的中断期可能持续3个月到几年。根据2011年的一项研究，“人为和自然灾害构成了如此严重的商业威胁，40%受重大灾难事件影响的公司从未重新开放”。

“卡特里娜飓风后，如期实施新的人力资本开发博士课程变得很难，”高德特说，“原因有很多，其中之一是超过50%的教职员工离家出走。要么他们的房屋被彻底摧毁，要么当时不适宜居住。我们没有校园，我们没有基础设施。”

为帮助学生应对灾难，南密西西比大学寻求合作伙伴的咨询委员会以及投资回报率研究所和会议委员会的合作伙伴的帮助。“学生们不仅失去了家园，还失去了工作场所。所以我们的合作伙伴提供帮助的方式之一就是将我们的学生校友与工作联系起来，这样他们就能重新站起来。他们还为现有学生在150英里外的密西西比州杰克逊市上课提供资金支持。”高德特说。对于州外学生来说，能够前往杰克逊市上课是连续性的关键，因为在飓风过后到达墨西哥湾沿岸是有问题的。

随着基础设施的破坏和平衡的生计，如何以及何时重建是一个很大的问号，但根据高德特和万利斯的说法，在飓风发生后两周内，南密西西比大学总裁向教职员工保证他们的就业和计划是安全的。这是个好消息，高德特和万利斯听说过新奥尔良大学的命运并不确定的故事。

这是一支真正的铁军团队。值得注意的是，飓风发生后的6周内，这所大学就开学了，它的一个临时校园毗邻格尔夫波特港纪念医院，距离主医院约5英里。“很长一段时间内我们称它为医院校区。5个人挤在一个没有窗户、只有一条电话线的办公室里。我们的手机没有服务，因为它曾经是一个X光区域。我们部门选择不在那里花很多时间。这是一个非常令人沮丧的工作环境，我们已经够沮丧了。”万利斯说。

相反，该部门每天都在高德特的家里工作。“我们需要一种正常感。我们需要每天起床，穿上衣服去某个地方。”她说。她的阁楼变成了办公室，但没有电话服务。卡特里娜飓风于2005年8月29日袭来，直到10月下旬互联网服务才开始运行。救援和重建工作最初的重点是恢复力量和清理深达8英尺的碎片社区。由于没有无线连接，团队必须到另一家获得电话服务，连接到拨号美国在线账户以接收或发送电子邮件。“想象一下。我们只有美国在线。与我们今天享受的技术有很大的不同。”高德特说。

面对灾难，无论是飓风还是一些组织变革，生存在很大程度上取决于事发后铁军团队领导立即采取的行动类型。在危机中建立有效的领导力模型可以建立信任，提高个人和机构的弹性。万利斯将高德特的领导技能归功于该部门能够坚持卡特里娜飓风后期间的不确定性、压力和复杂性。“辛迪在我们部门处于领导地位，即使她当时没有主席的头衔，”万利斯说，“她真的鼓励我们说，‘嘿，你知道，我们会成功的。’”我们将以一种真实的学生关注的方式使其工作。在这里，高德特和她的团队将其中一个协作构建块用于测试：共享目的。“我们的关键成功因素之一，是将学生放在第一位的共同目标。”万利斯说。部门工作人员会问自己：“我们需要做些什么来帮助学生有正常感和常规感？”

这种一致的共同目标有助于指导团队度过灾难发生后的最初几个月。“前两个月的目的是为我们大学校园社区中那些没有这些东西的人提供食品、衣服、家居用品和住所，”万利斯说，“我们部门的所有人都没有遭受过这种损失。慈善团体也带来了资源，但他们的当务之急是为那些试图进入联邦应急管理局房车的无家可归者提供服务。此外，该团队还希望确保学生能够继续学习他们的学位课程。”对许多人来说，连续性非常重要。不用说，在卡特里娜飓风过后的头几个月里，没有多少智力资本得到开发。

证明价值

随着科学与技术学院逐渐走出生存模式，它开始重新建立基本的运营能力。在卡特里娜飓风之后的秋季学期，该大学的硕士课程仍然存在，该部门开展了重新培养能源和热情的人力资本开发博士课程，并将其作为一个对商业至关重要的学习型组织。由于物质、人员、金钱和情感储备仍然很小，因此需要不断的教育和宣传来确保学习型铁军团队的持续资源投入。高德特和万利斯说，他们都花了很多时间与部门内的各种管理者和工作人员讨论该部门的价值。据他们说，这与一个更传统的部门形成了鲜明的对比，比如生物学，教师和工作人员不需要花费太多时间来说服利益相关者注意其重要性和价值。

启用策略

1. **以人为本**。“在危机发生和早期发展过程中，作为领导者，我们最大的优先事项之一就是将学生的需求和福利放在所有决策的中心。帮助我们的学生照顾基本的需求，帮助他们相信我们会照顾他们的教育和就业需求。”高德特说。

2. **提供方向和明确的重点**。“传达希望的信息和恢复的承诺使我们感到共同的目标和稳定。它还激发了每个人的集体精神，推动了发展人力资本企业的愿景，以支持我们社区的经济增长。”高德特说。

3. **建立社区**。“归属感和社区感很重要，”高德特说，“教师、教职员工、学生需要坚持下去，相信一切似乎都失去了，我们知道我们可以相互依赖、坚持并在艰难时期保持弹性。”

抗拒阶段

教育他人关于该计划的价值在发展的早期阶段尤其重要。该计划最初位于经济和劳动力发展部门，其价值经常受到其他部门成员的挑战，他们可能缺乏人力资本开发计划的全部知识和支持，作为值得资源分配的投资。此外，工程技术和经济发展部门传统上以男性为主导，因此“在这个空间中进行游戏并拥有非主流学术界的学术计划一直很艰难，”高德特说，“推迟或阻力主要是稀缺资源。坐在桌边的人比你更有可能为他们自己的计划大声疾呼。如果你不在会议上支持你自己的工作，你的项目可能在重组或总裁和教务长变动期间关闭。这些都是现实。如果我们没有这样的心态——我们必须坚强，我们的声音必须被听到，那么我们的项目就可能是那些没有人站出来说话的项目，我们就会离开。”

对部门主席施加影响是一个特别重要的组成部分，它有助于超越早期的阻力，以及工作人员减员和组织改组所造成的新的干扰。虽然大学校长确定了一般的工作场所基调，但是对主动资源支持、设计、开发和整体可持续性的日常影响最大的角色是部门主席。高德特和万利斯承认，代表他们的部门和计划提倡领导力既是挑战，也是机会。高德特并没有在发展的早期阶段担任主席角色，其特点是消耗和动荡。例如，该大学经历了3位校长，2位临时校长和5位教务长。

在可持续发展的道路上，这个学习型铁军团队面临着一些发展挑战，例如有限的赞助、资源限制、竞争优先级、误解以及与业务重组和领导力减员相关的频繁中断。

启用策略

1. 做一个明显的倡导者。“我们继续成为大学和商业委员会的明显参与者。我们不断倡导人力资本开发计划的经济和社会价值，以及学院和墨西哥湾沿岸社区。”万利斯说。

2. 教育和沟通。“正在进行的教育帮助我们向领导者和那些可能影响其未来的人传播我们学位课程的故事。对我们的价值有一个明确和一致的信息是很重要的，因为人力资本开发并不总是很容易理解，特别是科学与技术学院的人。继续教育和面对面与各种领导和部门成员交流是至关重要的。”万利斯说。

3. 制定并执行计划。“我们有一个计划和商业模式，使我们的时间和资源专注于实现我们的价值主张的承诺。鉴于该部门的教职员人数有限，这一点尤为重要。我们的学习型组织必须做的不仅仅是度过艰难时期。我们还必须让我们的计划保持活力，具有可管理的绩效目标和时间表，因此我们可以兑现我们对社区的承诺。”高德特说。

4. 要灵活。“变化每天都在发生。一个意想不到的事件或领导者中的一个人甚至可能破坏最好的战略计划并导致任何数量的级联效应。因此，灵活性是我们保持适应性和持续成功的重要组成部分。”高德特说。

更新阶段

人力资本开发学习型铁军团队从一开始就专注于创造可持续价值，这是他们在艰难时期成功更新共同承诺和执行支持的关键。“我们从一开始就考虑长期，”高德特说，“可持续发展计划的一部分是获得联邦研究资金。特别是高增长、高科技产业是我们关注的焦点。当你在一家价值数亿美元的研究企业时，我们很快就知道，成为该企业的一部分是证明我们价值和保护我们计划的最佳方式。其他部门或部门主管可能并不总是了解我们在做什么，但他们确实理解了更多钱的价值。因此，追求外部资助的研究资金是非常慎重的。我们有一个计划，我们有一个商业模式。这是一个行之有效的模式：你研究你教的东西，你教你研究的东西，然后你关闭这个循环。”

例如，高德特和万利斯进行了由美国国家航空航天局和工党部门赞助的研究，该研究带来了500万美元，以及众多劳动力发展研究奖项。“我们开发了地理空间技术能力模型，并在我们的研究生课程中教授能力模型开发。”高德特说。

启用策略

1. 加强联系。“我们最近会见了我们的一位副院长，他正在管理国立卫生研究院的资助，在此期间，他对该资助中如何需要人力资本开发部分表示绝不清楚。因此，我们的纯科学家的同事们越来越感觉我们为他们带来了一些有价值的东西，能够资助和实施自己的计划，进行更多的合作和知识共享，并与我们的学生相结合。”高德特说。

2. 证明你如何增加价值。“我们使用基于菲利普斯投资回报率方法论的问责制框架作为我们所有研究资助的基础。它增加了我们作为循证研究人员的可信度，并帮助我们获得了科学与技术学院内部科学家社区的更多尊重。这也是人力资本开发课程的标志性和显著特征，因为更多的人力资本专业人士正在受到挑战，所以展示他们的工作如何有助于企业是至关重要的措施。”高德特说。

改进阶段

尽管发生了自然灾害，面对业务中断和政治上的挑战，人力资本开发学习型铁军团队已经能够在困难时期茁壮成长。高德特现在担任系主任。万利斯说，该部门的现任院长是一名工程师，他不仅理解，而且还接受人力资本开发。他非常擅长创造一种人们互相交流的氛围，鼓励人们进行合作。

“随着校长、教务长、结构等方面的所有这些变化，我们觉得我们总是在进行辩护，这是很长一段时间，”高德特补充道，“现在我们不再处于生存模式。一旦我们成为自己的部门，我们就有更多主动权。”

人力资本开发学习型铁军团队继续加强内部和外部的伙伴关系，为学生建立一个社区。“例如，我们最近能够帮助同事与当地工业建立关系，这样她就可以将化学学生与实习机会联系起来，更好地满足未来的资助要求，”万利斯说，“由于我们花了很多时间来培养这些行业合作伙伴关系，因此商业界一直是人力资本开发部门内外学生项目和研究的宝贵赞助商。我们的价值主张的一个重要部分是我们将研究转回工作场所。束之高阁或在实验室里休息的研究不会增加机构的价值，也无助于维持研究型企业。”

由于其博士生和校友进行的人力资本开发研究，该部门也经历了更新。“增强我们研究企业能力计划的一个重要部分是让学生发表、展示和传播他们自己的研究。”万利斯说。研究课题包括投资回报率、STEM教育、学生成功、继任规划、社会资本、工作福利、员工志愿服务、就业技能、创新文化、领导力、情商、在线实践社区、战略人力资源管理、技术转让、共享心理模型和劳动力参与。人力资本开发博士生通过2011年国际绩效改进协会和2014年人才发展协会颁发的国际学位论文，研究成果获得了认可。

但人力资本开发学习型铁军团队仍面临一些可持续性挑战：

- **资源**。高德特和万利斯都说他们仍然需要更多的教师，因为劳动密集型的挑战是为博士生保持合理的师生比例，同时积极参与博士委员会。

- **入学趋势**。国家趋势表明，未来几年将有更少的18岁的年轻人进入大学，这将导致更大的竞争和大学的新优先事项。“所以，我们正在努力提高本科生的入学率和留学生人数。我们还试图利用机会帮助人们和雇主在劳动力市场转型中重新调整技能。”

- **出版物和保存**。与任何其他大学一样，该部门的保存在很大程度上取决于其审查和非审查出版物的数量，区域和国家专业社区的演讲数量，以及研究经费的记录。

从可持续发展周期的角度来看，人力资本开发部门作为一个学习型组织，不仅逐步将其基础设施、运营能力和人力资源恢复到一致的状态，而且据报道现在也在最佳水平上运作。该部门对该学院关键任务研究企业的重大贡献使其成为墨西哥湾沿岸社区经济发展的价值创造者和引擎。“我们专注于平衡该机构当前和未来的需求，以保持可行性和经济可持续性。”万利斯说。教师的加入进一步证明了该计划的发展和对学院的认知价值。墨西哥湾沿岸校区目前有四名全职教师致力于人力资本开发。

启用策略

1. 文化引领。“我们部门的文化是促进相互信任和尊重我们的同事、工作人员和学生的文化，”高德特说，“我们真正关心对方，当人们相信别人关心你时，更容易吸引支持并取得成功。这是我们从其他部门听到的，我认为，这是维持我们正在做的事情的关键成功因素之一。”

2. 高瞻远瞩。“我们从一开始就考虑长远，”高德特说，“可持续发展计划的一部分是获得联邦研究资金。”

3. 使用基于证据的结果来创造价值。

高德特和万利斯强调，基于证据的学习、计划和研究成果衡量标准不仅有助于增加组织价值，还有助于创造组织价值。例如，他们报告说结果措施已用于改进：

- 机构优先事项和战略计划。
- 制度决策。
- 学生参与和就业成功。
- 机构间合作。
- 学习评估实践，使其更加多维、集成和基于绩效。
- 社区和行业代表以及财务支持。

■ 案例回顾

研究表明，有三种可能的结果与卡特里娜飓风这样的自然灾害有关。一是增加组织变革能力，二是维持现状，三是组织能力丧失。组织所采取的做法在很大程度上取决于其领导人在危机期间和之后的行动。这个例子说明了一个组织的学习型铁军团队领导者如何帮助组织转变成一个可持续增长、具有变革能力的组织。在这里，铁军团队领导人在危机和不确定时期提供了希望和明确的方向。通过在学生和利益相关者之间创建目标驱动的协作感和社区文化，他们能够提高学习型铁军团队的能力，以建设性地应对业务中断并保持持续增长和改进的动力。

表8-1显示了实现这些成就的自适应可持续学习型组织的特征。

表8-1　可持续学习型组织的特征

特点	事例	
高管层的参与度	• 尽管存在重组、资源限制和相互竞争的优先事项的困难，部门主席仍然提供一致的赞助支持 • 学习型领导者升任部门主席，表明人力资本开发学习型组织的可信度和行政支持	√
效率	• 使用问责制框架（ROI）持续评估与招生、课程设计、交付和访问等特定目标相关的效率措施	√
效力	• 使用问责制框架（ROI）提供各种定性和定量测量，以持续评估学术质量和学习、计划和研究成果，特别是在其体制和经济影响方面	√
效用	• 所有地点的赞助商和利益相关者（学生、教师、行业合作伙伴）定期使用人力资本开发数据为学术或商业战略提供信息	√
投资	• 对人力资本开发学习型组织的投资稳步增加 • 持续投资被大学视为关键任务	√
可信度	• 人力资本开发学习型组织被赞助商和利益相关者（学生、教师、行业合作伙伴）视为经济增长的可靠来源 • 人力资本开发团队被视为可靠的商业伙伴 • 学术和研究机构已经认识到人力资本开发项目具有可信度并且是基于实证的	√
需求	• 赞助商和利益相关者（学生、教师、行业合作伙伴）定期请求人力资本开发数据，以便作出明智的决策和持续改进	√
治理	• 跨职能治理委员会作为学术治理小组参与	√
不断改进	• 从基准测试、人力资本开发研究、行业合作伙伴关系、学术评论和学生反馈中吸取的经验教训经常用于开发新的或更好的学习解决方案，以满足不断变化的业务需求	√
弹性	• 人力资本开发领导人建立了联系和社群，以应对自然灾害和其他破坏性力量 • 该计划研究企业的能力增强表明其能够承受和缓冲内部和外部环境的变化	√

第九章

修炼 7：拥抱创新的艺术

> 我们认为，创新和学习非常像。如果每天坚持实践，效果最好。
>
> ——克里·瑞恩史密斯，施乐公司学习战略与执行副总裁

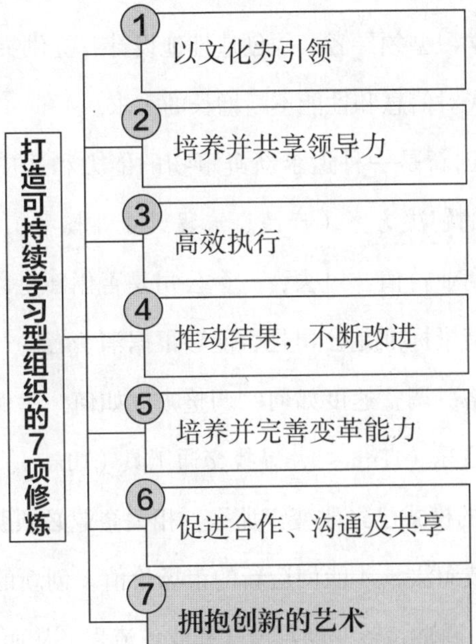

本章要点

- 如何通过创新找到可持续的学习解决方案
- 学习型企业如何通过创新来持续增值
- 如何将危机转变为意想不到的机会
- 可持续发展的学习型组织如何鼓励团队内全体成员创新

技术以前所未有的速度发展，员工们的学习方式也因此而改变。在数字时代，员工培训提出了新的要求。这些要求的影响有多大呢？思科执行董事长钱伯斯在接受麦肯锡公司采访时表示，全球现在已经进入数字时代，这将是“有史以来最大的技术转型”。客户的需求更多样，要求的速度也更快，产品更复杂多样，对风险和合规的要求更高。员工的知识量必须更大，学习速度必须更快，注意力持续时间更短。难怪现代的员工们往往不堪重负，干扰不断，无法专心。根据估计，在一个工作周内，只有1%的时间用于集中培训和发展。面对21世纪的这些实际情况，学习型领导者必须创造性地设计并提供灵活多样的解决方案，以便于满足数字时代对信息和性能不断增长的需求。

我们可以认为创新是一种追求新鲜事物的能力和适应能力。我们也可以认为创新是一种新的解决方案（产品、流程或业务模型），有助于差异化，并使其具有可测量的商业价值。过去，一个公司是否创新是以其专利数量来衡量的，但现在不同。衡量标准是公司是否能够根据消费者的行为模式来调整其经营、产品、经营策略，调整速度如何？调整幅度如何？举例来说，消费者看电影（Netflix）、购买音乐（iTunes）、寻找交通工具（Uber）、安排住宿（Airbnb）或购物（Groupon）的模式已经改变。那么，相关企业必须明白一点，他们必须不断创新，才能不被淘汰，才能创造新的市场价值。创新的核心在于，不断根据客户的新兴需求，调整、转变经营模式和业务流程，从而不断夯实经营能力。学习型组织也是如此。为了保持其商业价值，学习型组织必须创新，必须不断转变其模式和流程，以满足学习消费者和利益相关者不断变化的需求。

▪ 技术推动学习创新

对基于技术的即时信息不断增长的需求让某些领域愈加凸显，而在这些领域，学习可以在产品开发、产品交付和学习者消费方面创造新的价值，其意义尤为显著。实践表明，与以非技术为中心的活动相比，那些容易使用、技术含量高的方法让学习者参与度高，同伴协作度高，而这两点均有利于推动创新。然而，尽管学习型领导者愿意改变，但他们根据发展趋势调整学习模式或商业模式的速度太慢。

以移动技术为例。通过智能手机和平板电脑等设备，学习者可获取数字信息，并进行个性化评估，从而实现创新。在后工业时代，这些设备对于提高学习必不可少，尤其是考虑到现在有近三分之二的美国人使用智能手机在线获取信息，截至2017年，有一半以上的雇主要求员工自带工作设备。学习型领导者必须迅速反应，使用或适应这些工具来激发新想法或开发新功能。

然而，只有不到三分之一的学习型组织会把学习内容上传到移动设备上，而在购买学习管理系统时，认为系统必须能够在移动设备上使用的学习型组织占比还不到20%。不能快速使用移动设备或其他技术含量高的方法的学习型组织缺乏战略眼光，并不是因为他们缺乏技术资源，而是因为他们没有关注这一点。制定学习策略，将技术作为创新和价值之源，首先要了解目前可以采用哪些技术，这些技术的价值何在。

下面给出了一些常见的创新学习技术的趋势和方法。

社交学习

社交学习的特点是，学习不是结构性的，员工可以自主安排。社交学习可以提高学习效率和效果，减少收集工作场所所需知识的时间。社交学习是传统的课堂训练的有效补充，同行是学习内容的主要来源，所以很经济划算。为推出全球处理系统，财产保险公司FM Global的学习型组织鼓励所有顾问使用Skype和Yammer进行社交学习、协作和沟通。在这些社交学习工具中，整合了多种学习策略，如在线模块、虚拟会话、短片、模拟、快速参考指南和引导式培训等，非常全面。

移动学习

移动学习也简称为m-learning，使用个人电子设备来促进学习，人们可以即时共享、协同合作、及时反馈。如果应用得当，学习者在工作时就不用随身携带书籍和活页夹，也不用翻阅这些东西了。移动学习无疑改变了当下和未来的教育格局。例如，员工不再依赖学习功能来“推送”内容。使用移动设备学习，可以不受时间和空间的限制，不用在固定的时间段坐在教室里，也不用守在电脑前，而可以主动获取信息，自主安排学习进度。移动设备极大地促进了移动学习，使得学习极为灵活，知识获取极为便利。它也大大改变了学习型领导者的作用，从学习的主要负责人变成了学习的主要推动者。

游戏化

游戏化指利用基于游戏的学习机制、美学和游戏思维来吸引学习者，促进学习行为，激励人们采取行动并解决问题。事实证明，游戏可以提高读写能力，训练多任务思维，并提高对长期规划的专注度。NTT DATA是全球最大的IT公司之一，通过游戏为人们提供协作式的在线个性化领导力开发体验。这个名为“点燃领导力”（Ignite Leadership）的自愿工具是根据每个用户的领导风格定制的，它包含了基于游戏的机制，如排行榜、奖励、成绩单、游戏玩法和社交练习。员工之间可以分享其成绩，而管理者可以跟踪员工的表现，以确定其是否具有领导潜力。本章随后将举例说明如何使用游戏来提高发展潜力和参与度。

翻转学习

翻转学习是一种混合学习形式，学员课前在线上观看视频讲座，然后在课堂上在老师的指导下完成作业。这种学习方法不但广受成人喜爱，而且是中小学学习的主要创新之处。

大规模开放式在线课程（慕课）

慕课这种创新学习方法，颠覆了远程教育。慕课的特点是，大量学生通过网络学习，参与的教师非常少。一位教授讲课，可能会有数十万学生受益。一般来说，学生通过观看短视频讲座学习，然后完成作业，作业由机器或其他学生进行评分。慕课大多数采用传统的课程模式，在四分之一个学期或一个学期内上完，但也有时间更短一些的慕课。许多学习型组织与提供慕课的机构合作，从而为内部人才，尤其是为高管和高层领导提供更加灵活的发展机会。

如果在学习策略中融入了各种技术，并能够使用技术来提高学习效果，那么学习型领导者更能满足未来学习者的需求，并通过创新来提高组织绩效。除了缺乏战略眼光外，大多数学习型领导者在准备阶段仍然面临着同样的障碍，包括缺乏配套的基础设施和技术、学习人员技能缺失、预算不足、高层支持不够等。在图9-1中，列出了其他障碍。如果学习型组织和学习型领导想满足未来

图9-1　快速参考

6%	5%	29%	59%
自认为非常善于提供移动学习的学习和发展专家比例	自认为精通视频、音频或其他先进多媒体学习内容的学习和发展专家比例	自认为所在学习型组织在新的学习技术和技巧使用方面领先的学习和发展专家比例	认为未来学习方式将超乎想象的学习和发展专家比例

学习者的不同需求，比如学习互动、即时学习、按需学习，再比如想同导师和教练接触，想用技术来促进学习等，那么上面所说的这些问题都必须得到解决。

在未来，课堂学习越来越少，员工使用的社交和移动技术越来越多是其中一个原因。混合学习、基于技术的学习、体验式学习和微学习将对传统学习方法产生极大的影响。鉴于刚刚兴起的微学习表现不俗，我们接下来仔细研究学习一下，领导者如何利用微学习来提高创新能力并提供可持续的价值。

■ 微学习

一流的可持续学习型组织不断创新流程和做法，以提高参与度、专注度、影响力和价值。在学习内容和教学方法创新方面，最热门的话题之一是微学习。微学习就是以一种很小的学习单位进行的学习，容易吸收。与传统的网络学习不同，微学习内容的特点是“推动”和“拉动”，随时随地均可获得。推特是一种微学习工具，员工可以使用推特了解相关内容，跟踪行业发展趋势，提高工作表现。

有些组织将Skype for Business（以前称为Lync，是一种在线协同工具）和Yammer（企业社会化网络服务平台）等工具作为课程的有效补充。外包公司ACS让全球约25000名员工通过Yammer注册领导力发展在线课程，以共享信息。该公司还扩充了学习内容，加入了更多场景，帮助员工学习如何以特定的角色在特定的地区应用特定的领导力技能（比如，如何与下级正式谈话）。例如，在呼叫中心与下属面谈和在咨询环境下面谈肯定不同，面对面谈话与在线谈话肯定不同，在远东与下属面谈与在北美与下属面谈完全不同。

再举一个例子，谷歌就充分利用企业微学习，在员工空闲的时候向他们提供实用的知识块。负责谷歌学习和组织发展的前任经理、《工作革命》（*The Work Revolution*）一书的作者朱莉·克洛曾说过，谷歌在卫生间和工程大楼里放了很多相关内容的单页。

要想真正了解微学习在推动学习、提高绩效方面的价值，学习型领导在使用小单元学习时，可以与标准学习研究的关键要素（见图9-2）相结合。

图9-2　通过研究来创新和改进学习

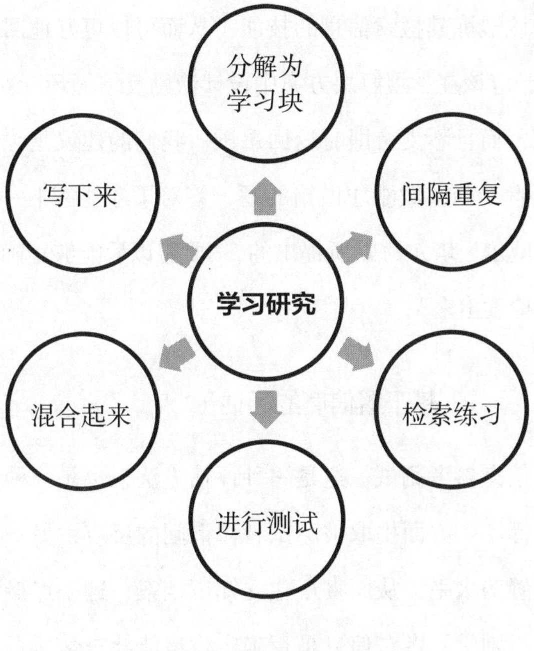

间隔重复（“间隔开来”）

也称为分布式练习或间隔性强化联系。间隔重复就是把4到5个小的信息单元以不同的形式或者在不同的场景中进行重复。不过，关键在于知识重复要有一定的时间间隔，每两次学习之间要有“宏观间隔”，如几天或几周的时间。Bottom-Line Performance公司的营销总监史蒂文·鲍勒2012年在博客中写道：“与长时间的专注学习相比，如果脑细胞不停地开启、关闭，而且中间有间歇的话，学习效果更好。是否能够形成长期记忆的关键不在于学习时间，而在于重复学习的间隔。”事实上，与传统学习模式和学习技巧相比，间隔重复学习可以将形成长期记忆的知识提高90%。

检索练习（“检索知识”）

检索是提取记忆中的信息的过程，比如，参加考试时，就要提取信息。在这里，“回忆”和“检索”这两个术语指的是同一个过程。检索练习是指学习者在参加测试前应该锻炼其检索信息的技能，从而可以更好地回忆信息，记住知识。对于微学习，应该在学习解决方案中设计激励反馈循环。多数反馈只向学习者报告错误信息，而且不支持即时返回重试。我们的建议是，一旦做错，立刻反馈，允许学习者立刻重做刚才做错的题，答对了才能答下一题。正如工作学习研究的创始人威尔·塔尔海默所提出的，“要想以后能够正确检索信息，最好是现在就能成功检索出来”。

基于置信度的评估（“测试”）

有时也称为信息参考测试。这是一种评估方法，也是一种学习方法，可以实现两个关键目标。一方面提取被测试者对询问的反应，另一方面确定被测试者作出的反应的置信水平，从而真正建立知识档案，这一点最为关键。真正的知识档案有助于识别学习者对信息是否确定，也能检查学习者在哪些领域的知识是错误的。从测试结果可以看出学习者对信息是否有把握，也能看出答案是否正确。

吸引学习者的方法（“混合”）

微学习也要用最新的方法来吸引学习者，比如，学习游戏化可以吸引学习者，激励学习者采取行动，促进学习，解决问题。微学习会综合使用游戏中的很多设置（排行榜、奖励、报告卡）来提高参与度，提高知识记忆。在学习者进入下一个学习板块之前，游戏设置和玩法可以让大脑保持专注，并处于“流畅运行”的状态。如果微学习能有效结合学习内容与游戏，就可以显著提高自愿参与度。同时，也可以改善经营水平，例如，沃尔玛每天为120个配送中心的75000名员工提供3分钟的学习游戏，安全事故减少了54%。据报道，在丰田公司，经常使用学习游戏的销售代表每个月比不常玩学习游戏的销售代表多卖两辆汽车。布卢明代尔百货公司使用游戏化的学习方法后，自愿学习参与率提高了85%以上，安全事故率的降幅超过了22%。

还有一些机构已经尝试着通过在线社交渠道，使用视频和站点消息来鼓励员工参与各项流程，并从视觉上强化某个概念。例如，给上完安全课的员工竖个大拇指。信标是另一种技术。学习者的平板电脑或智能手机一旦出现在某个范围之内，领导者创建的学习内容就会自动弹出来。弹出窗口可以提醒学习者进行测验，阅读布置的任务，指导同伴学习或写一篇日记。跟上最新的技术发展，可以提高学习参与度，增强知识记忆，强化知识应用，这是学习领导者创造可持续价值的最佳途径之一。

记忆技巧（“写下来”）

如果学习者按照要求用自己的话把刚才学到的东西写成摘要的形式，那他们记得更牢。现在在笔记本电脑上记笔记已经逐渐取代手写笔记，越来越普遍，但前者的学习效果往往不如后者。例如，在纸质本子上记笔记的学生与用笔记本电脑记笔记的学生相比，在回答概念性问题时表现得更优异。用笔记本电脑记笔记的人倾向于逐字转录内容，而不是先处理信息，然后用自己的话把内容记下来，就是事先提过这样的要求也不行。这导致处理效率下降，不利于学习。相反，用手记笔记意味着你必须先进行信息处理，然后才能把信息记录下来，这有助于知识长期记忆。

总的来说，微学习就是提供小块的信息或者“需要知道”的信息，比传统的电子学习更持久、更快速、更有效。小单元学习经济划算，可以在整个企业范围内实现点对点知识共享，有助于学习型组织准确定位，促进团队创新。根据朱莉·克洛的说法，微学习成功的关键在于将学习融入员工日常工作，让员工能从所有设备随时访问学习内容。微学习的内容容易创建，也便于迅速传播，有助于强化本机构的学习策略。一个学习型组织如果能够不断创新微学习，并辅之以间隔重复、检索练习、置信度测试，提高参与度、记忆技巧等，那么将大大改善员工的短期和长期学习效果，这一点对于保持竞争优势至关重要（见图9-3）。总之，微学习不仅仅是精简内容，而是要在数字时代不断推动持续学习，创新行为改变模式。

图9-3　学习创新是什么样的呢?

■ 创新是核心能力

用创新来提高组织绩效，学习型领导者是关键。例如，高绩效组织以学习和实践来推动创新的可能性比低绩效组织高出3倍。

组织机构如何加快创新步伐并将使其成为必要组成部分，下面我们举例说明。在美国联邦政府，卫生和人类服务部聘请了“企业家总裁”，而美国国务院设有创新办公室，直接向国务卿负责。在美国各个州，马里兰州有一位首席创新官，直接向州长负责，他/她的职责是确保州政府跟得上技术发展的步伐，满足市民需求，同时使用创新手段来有效管理政府计划和服务。在私营企业，迪士尼公司承诺将以创意、技术和创新来保障股东的长期利益。从事无线通信的高通公司的高级副总裁塔马·埃尔克莱斯表示，公司之所以成功，学习型组织功不可没。从商业的角度来看，只有当人们不断学习，产生新想法，兜售新想法的时候，才能创造新的技术。而想法，就像其他资产一样，需要培育和开发。

公共领域和私营领域的领导者正在督促学习型领导找到逐步提高绩效的方案，从而提高员工的创新能力并推动团队发展进步。而要想推动创新，就要提高员工参与度，营造一种推崇创新的企业文化，并降低经营成本。虽然大多数高管和领导都认为创新很重要，但往往很难真正理解创新的含义，不懂得创新和日常工作的关系，也不懂得创新该如何从行动中表现出来。在创新方面做得最好的学习型组织，往往将创新视为核心能力和一种可习得的技能，从而推动团队创新，并将创新制度化。创新型领导者往往能够激发好奇心，挑战当前观点，营造自由的氛围，并能够让人们自发行动起来。虽然许多领导者自认为他们表现出了创新的特征，但员工的看法往往大相径庭。机构学习负责人可以通过领导力培养、一线管理、行为学习、辅导、延展性任务和指导等方式，让领导认清自己的创新能力，并缩小技能差距。

创新是一种组织能力，只有当所有员工主动作为，积极提出各种想法（不管是微不足道的小想法，还是具有变革意义的想法），并将其付诸实施，组织才会创新。创造力是指打破常规，提出新想法，但创新是把创意付诸实施。

有一些组织以创新著称，下面是他们采取的最有效的学习方法和人员实践。

使用技术进行知识共享

正如我们在第八章讨论过的，协作可以促进创造力和创新，而社会学习方法可以把人们集合起来（或者在虚拟空间聚集起来）协同合作，提出新想法。UPS和IBM等公司通过不断鼓励合作，改进现有的产品和服务，其创新能力也有所提升。

提倡创新价值观和思维模式

营造创新文化，就要有重视并能够激发好奇心、且能够以身作则的领导。

要把这些价值观融入日常行为和思维模式中，需要更加关注组织文化、结构和商业战略。铁军团队梦工厂电影公司（Dream-Works）的员工留存率惊人，高达97%。梦工厂以创新文化闻名，公司鼓励员工勇于冒险，发挥创造力，不断创新。高管们抽时间定期和工作人员讨论，探索新想法，支持战略目标的实现。以创新实践闻名的企业有一个共同特点，那就是擅于营造创新文化。

将创新作为核心竞争力

一个企业，想要发展，想要不被时代淘汰，就必须具有创新这个关键能力。首先要吸引最优秀的人才，然后培养这些人的创新能力，之后再将创新能力应用于企业其他系统、部门和业务目标。

将创新视为一种可学会的技能

创造性思维能力可以开发、培养。最具创新能力的公司实施各种学习计划，以培养创新技能和思维方式。为了帮助管理人员加强团队成员的创新能力，奥多比公司设计实施一项管理要领计划，该计划旨在提高管理人员引领创新的能力，让员工的思维和行为更有创造性。此次培训的其中一个内容，就是教人们摆脱陈旧的思维模式，提出新想法和新的解决方案，从而在遇到模棱两可的复杂问题时，可以作出判断，并解决问题。挑战问题的定义是培训提高创新技能的关键组成部分。

招聘时要瞄准有创新能力和创造力的人

创新是核心竞争力之一。核心竞争力对于取得商业成功至关重要。核心竞争力必须和人力资源整体规划和人才管理战略适当结合起来，才能有发展的动力，正如我们在第七章中讨论过的变革管理能力一样。以IBM为例，IBM招聘时，重在招募不同背景的人，从而推动创意设计和创造性思维。

将薪酬与创新挂钩

一个企业把激励政策与创造性解决方案和创新行为联系起来，表明企业文化重视创新。当然，对于经济奖励是否一定会激励创新，还存在着争论。但总的来说，奖金和加薪可以刺激人们多创新。当组织上下考虑将想法推向市场或在全球范围内进行推广时，经济奖励就更有用了。

用机会来奖励创新

组织可以给有创新能力的员工提供解决组织内外的一些项目的机会，从而提高他们的创新能力。铁军团队谷歌被评为最佳雇主，广受赞誉。公司鼓励工程师用20%的工作时间做自己感兴趣的事情，只要和公司相关即可。员工可以自行管理日程安排，可以自己调整截止日期，只要有了创意，就可以立刻用那“20%的时间”。根据估计，谷歌的创新产品中有50%来自这20%的时间。

创建系统，支持创新

就算是再好的想法，没有外部协助，也很难成型。创新型公司建立系统，制订流程，以改进、开发并找出最有商业价值的创意。可能是正式审核、“发现想法”的计划，也可能是资助计划，以进一步开发战略构想。很多公司在创新之路上困难重重，就是因为没有必要的支持和基础设施来强化正确的行为。

在某种程度上，创新公司和稳步进步的组织始终在推行上述这些做法。学习型领导者在考虑如何通过创新来创造可持续的价值时，可以先从推行这些做法开始（见图9–4）。

图 9-4　拥抱创新艺术

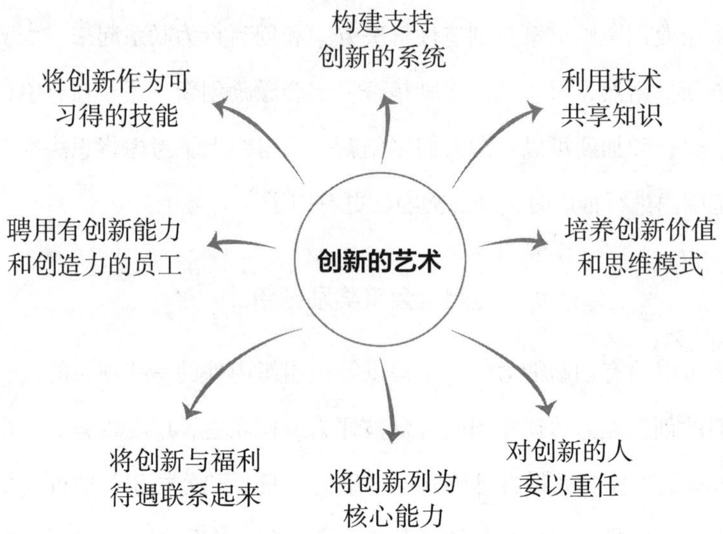

▪ 将创新作为一种思维模式

对于学习型领导者来说，拥抱创新的艺术不仅仅意味着采用新技术或新技巧。创新意味着采用新的思维方式、领导方式、管理方式、学习方式和工作方式，这些才共同构成了创新思维模式（见表9-1）。

表9-1　传统思维模式vs.创新思维模式

传统思维模式	创新思维模式
明确什么是正确的答案	明确问什么问题才合适
避免不确定性	欢迎不确定性
非黑即白思维	存在灰色区域
认为设想是确定的	挑战各种假设
只有一种最佳方案	有多个选择

续表

传统思维模式	创新思维模式
做完就好	得做对才行
二选一	二者都行
直线思维	流动思维
消除风险点，避免失败	认为风险和失败是必经过程

为了适应不断变化的职场，创新学习型铁军团队领导者不仅拥抱创新思维，而且还改变了学习和发展本身的运作方式。在铁军团队三星公司（Samsung），创新始于学习文化，始于培育、鼓励、营造学习文化，让员工得以在竞争激烈的科技行业成功。

例如，超级新手上手计划为期一年，将新进员工置于“舒适的支持性技术

图9-5　关键行动

孵化环境中，营造出一种创新、合作、交流的文化”。该计划提供各种体验式学习，同时还融入了各种竞赛和奖励，主题包括领导技能等。然后，新进员工可自主选题，进行研究，比如创新流程，或提出新的商业概念。该计划推出当年，共提出了300多种产品概念。在员工接触现有流程的“固定框架”之前，三星就先让他们提出创新想法。此外，从员工入职起，三星就一直鼓励、奖励他们提出创新想法，这两个做法同样重要，也得到了同样的回报。为了在本行业取得成功，三星需要其学习型组织不断提出创新发展，推动人才发展。

■ 小结

当今世界，混乱不断，处处都需要创新。高绩效的铁军团队认为创新对其成功至关重要。为了提高竞争优势，首席执行官们推动学习型领导和人才管理专家加快组织创新的步伐。面对这些竞争压力，面对21世纪学习者和工作场所的现状，学习型领导者更需要不断改变学习、绩效模式和方法，才能满足不断变化的需求，不被时代淘汰。最后，创新不仅仅是采用新技巧或新技术，记住这一点非常重要。创新的艺术意味着采用新的思维方式、领导方式、管理方式和学习方式。简而言之，创新型铁军团队学习领导者在重塑学习和发展工作模式的同时，不仅要适应不断变化的职场，还要缓解变革对组织的影响。适应能力强的可持续学习型组织的一个标志就是具有这样的能力。可以使用附录二中的第九章自我评估来确定是否可以改进所在学习型组织的创新艺术，以及如何来改进。

重点回顾

对于现代工作场所和员工来说，创新是基本能力。

奥多比公司或三星等典型学习型铁军团队将创新视为核心能力和能够学习的技巧，推动创新，并将创新制度化。有创新能力的领导者具有以下关键能力：激发好奇心，挑战现有的观点，营造自由氛围，强化纪律执行。学习型领导可以结合创新学习技术和内容，利用领导力、一线管理发展、行动学习、辅导、延展性任务以及指导机会，帮助员工学习创新技能，缩小创新技能差距。

可持续学习型组织使用创新的学习策略和方法来推动组织创新。

日常创新的目标是让每个人都参与创新，为创新做贡献。在执行学习战略时，学习型领导只有掌握了新的学习技术，并能够应用这些技术来促进实时知识共享和协作，他们才能更好地培养组织推动创新的能力。毕竟，如果学习方法过时，不更新，又怎能期待学习型组织推动整个组织的创新呢？

创新学习领导不仅要明白职场在不断变化，而且要适应这种变化，更要创新学习和发展的方式。

未来，课堂学习会减少。其中一个原因就是员工社交技术和移动技术使用得越来越多，员工们在主动寻求信息，而不是被动接受信息。员工对基于技术、由使用者发起的共享信息的需求不断增加，但学习型领导者不能迅速调整现有的学习模式和商业模式。为了不落后，为了满足现代学习者的需求，学习和发展专家必须不断创新流程和做法，以提高参与度、投入度和影响力。这也意味着，企业从学习提供者变成了学习推动者。有意识地聚焦创新，可创造可持续价值，有助于学习型组织获得竞争优势，优化绩效增长，并避免过时落后。

■ 案例分析

在这个案例中，加州蓝盾公司的铁军团队——绩效和学习（P&L）团队逐渐转型为适应性、创新性更强的学习文化。整个过程花了4年多的时间，很多基层工程师付出了极大的努力。之所以要进行这次转型，主要是因为公司的核心遗产索赔处理系统进行了重大改革，所以绩效和学习团队转变了其学习策略，由教师主导的课堂授课模式转为更现代、更综合、创新性更强的学习方法，如微学习。绩效和学习团队的高级教育设计师艾丽卡表示："在逐步进行学习革命时，有端对端的挑战、成功、陷阱、障碍和顿悟。"绩效和学习团队的转型过程正好反映了可持续发展周期的不同阶段。

总体而言，这个事例说明，一群学习型铁军团队领导拥抱创新艺术，提出了灵活、可调整的学习方法，从而在学习和绩效组织以及整个组织内营造了适应性更强、创业能力更强的文化。

加州蓝盾公司逐步进行的学习创新

加州蓝盾公司成立于1939年，是一家非营利性医疗机构，有一个企业捐赠基金会。加州蓝盾公司的使命是："确保所有加利福尼亚人都能以合理的价格获得高质量的医疗保健服务”，其秉承的价值鼓励创新。加州蓝盾公司的办事处位于旧金山，是个“技术孵化所”，曾孵化出很多前沿的创意和解决方案。加州蓝盾公司拥有5800名员工，包括众多员工和承包商。公司在很多地方设有办事处，在国内外拥有众多业务合作伙伴，包括印度、菲律宾和哥斯达黎加等。

加州蓝盾公司的绩效和学习团队提供创新解决方案、便利的学习和绩效辅导，以实现“旨在提供世界一流的集成客户体验”的战略目标。作为公司为客户提供体验的学习型组织，其主要功能是为一线员工提供所需的技能，以进一步提升公司作为“值得信赖的顾问”的品牌效应，同时，业务运营分支像“对待家人和朋友”一样，为客户提供服务。“我们公司的人才管理面临的主要挑战是制定战略，将今日的交易工变为明日的知识工作者，”绩效和学习团队高级主管丽莎·努涅斯说，“我们现在正在研究一个能够实施多年的‘构建VS购买’技能提升战略，以客户体验为重点，满足不同人群的需求，迎接不同人群的挑战。”

客户体验部是加州蓝盾公司内部最大的运营组织，其绩效和学习团队由五个部门组成。客户体验部支持客户服务、索赔、就职和计费等业务。绩效和学习团队的五个部门及其职能包括：

- **教学设计**。分析、设计并开发客户体验、供应商和“蓝盾推进”计划（取代传统软件系统的计划）的学习解决方案。
- **学习交付**。为新员工、老员工和供应商提供技术培训解决方案，以实现可持续学习和发展。
- **呼叫中心质量卓越中心**。制订实施战略，运用工具和质量评估，以提供高质量的客户体验。
- **技术出版**。在整个企业范围内提供内容管理解决方案和支持。
- **管理培训生计划**。开展为期12个月的轮岗和发展计划，内容包括正式培训、领导力发展和具有挑战性的工作任务，旨在将资源应用于客户体验过程中的关键点。

技术完全现代化

艾丽卡说："加州蓝盾公司启动了一项长期现代化项目——'蓝盾推进'计划，全面替换会员、供应商、医疗系统的网络应用和协调所使用的技术，在启动之初，我们就知道，这项计划将影响每个业务单位、每个团队，影响方式虽不同，但影响会很显著。"

自20世纪30年代成立以来，"蓝盾推进"计划是加州蓝盾公司推动的规模最大、最复杂的计划之一。努涅斯说："几十年来，我们行政管理一直使用传统的系统，每个系统都包含一些端到端的业务流程，现在我们转为使用能够满足企业业务需求的现代集成系统。""许多竞争对手和我们处境相同。我们正在专门制定周详的计划，彻底变革客户从生到死的体验，而不是简单地进行调整。为了实现这一目标，在改革提供服务的方式时，我们必须让客户参与其中。因此，我们正在专门改革提供服务的模式，所以，我们做的是长远计划。"

对于加州蓝盾公司，改用单一来源系统的主要目标是：

- 为会员提供无缝的卓越客户服务。
- 为企业全体员工简化基础技术设施。
- 通过提高效率，遏制医疗成本的持续上升。

"蓝盾推进"计划涉及的内容很多，要分阶段逐步将数据导入新系统，完成需要好几年的时间，每个阶段都有讲师进行持续的培训，以最大限度地降低对会员和员工的干扰，同时实现业务目标。为了实现项目目标，"蓝盾推进"计划需要在全新的数据平台——Tritsetto的Facets——上进行公司全员培训。培训极具挑战性，要为上万员工进行初始用户培训，然后还要不断进行补充培训和新人培训。同时，还要为参加过培训的员工提供绩效支持（手册、工作辅助、绩效和学习员工资源），为新人提供学习解决方案。

最初的培训战略侧重于为终端用户提供基于角色的、由讲师指导的定制培训解决方案。这个方案能够为各阶段数据迁移提供支持，也能为受影响各个业务部门提供支持。一开始，目标受众是销售部门。截至2010年，员工对由讲师指导的培训和绩效和学习标准做法很满意。相比之下，基于网络学习的混合式技能构建解决方案是一种新的尝试，人们普遍认为效率低下，甚至有些吓人。领导和学习者都喜欢现场实践教学，因为他们觉得自己通过实践学得最好。因此，最初提出的学习和绩效战略就设计并提供了可扩展、可复制的现场教学，主要模拟、模仿某些工作场景，让员工在这样的培训环境中进行体验式实践练习。

此培训策略的预期目标是：

- 促进用户使用学习平台和绩效平台。
- 通过可衡量的2级评估数据展示知识转化和知识回忆。
- 增加员工在工作中使用新的医疗管理平台的信心。
- 到第三年，将80%的讲师培训转为电子学习（第四年比例达到82%）。

为了为所有受Facets影响的业务团队开发并提供培训，加州蓝盾组建了“蓝盾推进”计划项目团队。仅仅负责绩效和学习的人员就包括教学设计师、数据分析师、培训协调员、环境和安全配置协调员、项目经理和课堂培训师。各个受影响的业务部门还指派了主题专家（SME）协助教学设计师，所以人员范围更广泛。主题专家参加通报会，与教学设计师合作，确定学习内容，并参与后续评审，以持续评估项目实施范围和影响力。

最重要的是，进行资源分配时，必须考虑公司的负担能力。艾丽卡说：“培训要做，但也不能让公司破产。”为此，项目团队执行“绩效和学习”策略使用的是“没有浮夸”的工具包，里面有WebEx，Captivate，PowerPoint，Snagit和Jive，此外还有“激情、灵感、动力、奉献、技能和决心”。

鉴于“蓝盾推进”计划涉及的规模大、范围广，而且十分关键，早期做项目计划时，就进行了风险评估。项目团队共确定了三类风险。

- **品牌和市场份额风险。**在全力推动现代化的过程中，该项目团队需要保留蓝盾长期以来形成的品牌和企业特性，国内各蓝十字特许经营店和蓝盾协会健康计划均照此经营，已经获得了广大消费者的信赖。

- **数据完整性风险**。在数据系统迁移期间，项目团队需要严格遵守加州和联邦的法律法规，以保证会员和供应商信息的完整性。在过渡期间，提供的医疗服务不能中断，以免损害会员的利益。

- **广泛的地理影响**。加州蓝盾在加州各地设有办事处，非本地员工的比例很高，远程办公的全职人员和业务合作伙伴遍布国内外，因此，要成功部署严重依赖讲师培训的学习策略，需要进行大量协调和规划。

识别阶段：评估、设计、交付

早在2012年至2014年，高层管理者和学习型领导者就意识到，必须将原先的系统现代化，进行彻底的改革，提高客户体验，而不能仅仅做调整。这个计划涉及内容广泛，非常复杂，员工要想有能力应对新的系统使用要求，并能同时确保业务连续性，技术培训是关键。从可持续发展周期和价值定位的角度来看，并没有人真正质疑“蓝盾推进”计划项目团队的价值，也就是说，没有人在可持续发展周期的识别阶段让他们“证明自身价值”。说明在这种情况下，高管们已经把绩效和学习视为有助于公司实现商业战略的重要战略杠杆。努涅斯说：“我们的领导人坚信，只有靠员工，靠文化，包括学习文化，才能实现公司的目标。”

然而，人们要求绩效和学习证明其具有提出学习和绩效解决方案的商业头脑，不但能够满足关键业务需求，而且能够兑现其承诺，实现原定价值。为此，在加州招募了7名“蓝盾推进”计划教学设计师，组建了团队，负责迅速开发出覆盖整个公司的复杂技术培训计划，而且还要根据不同受众的需求进行定制。例如，销售助理可能需要查看团组人员统计、福利和佣金，而核保人可能需要查看会员索赔、网络利用和付款的历史记录。

在准备Facets数据各个阶段的迁移时，“蓝盾推进”计划的教学设计师们采访了加州所有部门的主题专家，以了解当前的绩效情况，以及希望实现的绩效，同时了解各个业务部门和用户群所认可的“生命中的一天”中的遗留数据。具体来说，教学设计团队记录了各个业务部门成员现在对当前系统中存储的遗留数据的使用情况，从而将能够在Facets系统中查询并使用同样的数据这个性能作为重点。前端分析活动包括，与高层管理人员联系，评估将会员和供应商数据转移到单一新系统对上下游业务所产生的影响。前端分析还包括记录那些能够支持新系统Facets的工作流程和绩效能力。久而久之，教学设计师可以把需求评估过程简化为标准模板，从而提高效率和准确性。

此外，教学设计团队要求中小企业及其管理人员认可服务协议，从而让他们充分了解各流程所需的知识和时间。这对于确保实施过程中的每个阶段都有合适资源至关重要，同时，这对于满足项目团队成员的期望至关重要。如果组织没有提供专门的资源支持，没有所有业务部门的明确支持，“蓝盾推进”计划团队根本无法成功。

在初步评估培训需求之后，“蓝盾推进”计划项目团队向高级管理层和中小企业提交了项目计划和课程计划议案。早期衡量计划是否成功，主要是靠满意度调查问卷，调查内容包括内容相关性、平台是否易于使用，还要靠开放式的学习评估考试，考试主要是多选题，答对80%及以上才算通过。没有达到及格分数的学员可以重新参加评估考试。对于连续考试3次都没通过的学员，由经理确定后续培训方案。

该团队还提供了最佳学习交付方法，根据不同用户群和业务部门的需求进行了定制。例如，财会人员可能在课堂、实验室里培训两天半就行了，而新进的客户服务代表可能就需要培训3周时间。绩效和学习团队的高级经理、“蓝盾推进”计划项目组成员杰夫·霍普说：“教学设计师和企业主题专家密切协调至关重要，因为业务流程每天都可能发生变化，这些变化必须反映在课件中，以确保学员能够学到准确的内容。”项目团队允许利益相关者细化某些内容，添加或删除内容，并对计划中所提的日程安排、范围、要求提供的资源提出建议。在培训结束后60天，我们向目标用户发送了调查问卷，以评估学员应用技能的情况。不过，回复的人比我们预计的要少。

启用策略

1. 争取管理层支持。管理层和业务部门领导的支持为学员早期参与铺平了道路。行政领导，特别是高级管理人员，将“蓝盾推进”计划作为头等大事，而且将“蓝盾推进”计划的信息放在企业各种沟通渠道最重要的地方，包括内部社交媒体上发表的文章、视频、博客，以及员工大会。企业为该项目分配了大量资金和资源，以确保蓝盾能够在加州医疗保健市场保持竞争优势。还有一个关键因素，就是签订服务水平协议，不但能记录学员的期望，又能让管理人员担负起支持学习的责任。

2. 预测风险。对于规模如此大，如此复杂的项目，范围蔓延的确是个风险。要防范这个风险，关键在于绩效和学习团队与业务部门的管理人员要在课程大纲中确定签署和设计方法。安全漏洞问题也是没有预料到的一个风险点。为此IT部门不得不暂时限制了蓝盾所有临时工对社交媒体平台的访问权限，这意味着教学设计团队成员和学员没法访问电子图书馆。在设计解决方案和实施方案时，绩效和学习团队将品牌、市场份额、数据完整性和地理位置影响等风险点都已经考虑在内。

3. 定义角色和职责。在早期进行项目规划时，确定不同的角色及其责任，制订主题专家等关键资源的选择标准，非常重要。例如，有些业务部门给项目分配的主题专家并不是最佳人选，他们要么才工作了6个月，要么任务已经太重，根本发挥不了作用。通过预先设定角色，绩效和学习团队确保所有参与者都能发挥最大作用。

4. 公开消除恐惧和担忧。要想熟练使用新的医疗保健管理平台，员工必须不断投入，不断实践。面对技术巨变，要想向前发展，关注员工心理变化、消除员工对变化的恐惧至关重要。“在整个过程中，我们对员工发言不做任何限制。在这一点上，我们非常真诚，‘洗耳恭听’学员的意见，这样我们就可以找到痛点并一一解决。”艾丽卡说。

抗拒阶段：早期的挑战

毫不意外的是，像所有新技术在推广时一样，许多已经熟练掌握老系统的学员对Facets很抗拒。此外，目标受众还包括80多位销售人员，他们的工作节奏快，面临的压力大，必须不断在一线跑，才能实现最低业绩。他们几乎没有时间参加培训，特别是课堂培训，所以妨碍了项目进度。企业对业绩提出了新要求，要求员工熟练掌握新的业务流程和工作习惯，这导致一些学员焦虑不堪，极为不满。

在早期迭代期间，变更管理真的是个大问题。高级教学设计师布莱恩·埃里克森说：“我们不仅要开发学习理念，设计制作课程材料，而且我们还意识到，必须要让管理人员和学员接受解决方案。改革是个系统工程，任务不可估量。”

启用策略

1. 主动管理变革。使用各种沟通渠道，如团队会议、公司大会、行政社交媒体视频、博客和文章，宣传此次变革。早期经常和各个级别的人员沟通。要争取到管理层和学员的支持，以便他们了解即将发生什么，什么时候会发生。要强调变革的原因，帮助大家了解大局。

2. 设计以学员为中心的解决方案，减轻痛点。要清除障碍，关键在于设计解决方案，解决已确定的痛点。“我们提供资源，并教他们协助解决关键问题或实时业务问题。要提醒学员和项目团队成员，在接受新事物的过程中，自然会有痛苦，也会有挫折。”艾丽卡如是说。

3. 要记住学员可能大不相同。通过预先定义学习需求、绩效需求和学习偏好，并考虑文化挑战和代际挑战，该团队致力于提供不同的学习内容和学习方法，以满足学员的独特需求和“紧急需求”。

4. 建立并利用伙伴关系。该团队希望学员在整个过程中参与解决方案的设计，因为这些解决方案和他们自身以及日常工作的关系最密切。领导和赞助商也要合作参与，确定学员及其管理者的期望，并让他们担负起责任。如果高级管理层不是全心全意支持学习发展，人们可能会直接提交报告，抵制学习。

为了帮助管理人员和学员适应变化，“蓝盾推进”计划的教学设计师和Facets一线培训师致力于确保员工在需要时可以得到合适的绩效支持。例如，项目团队与业务部门合作，确保学习内容与工作相关，而且具有针对性。为了解决时间限制的问题，该团队将学习模块化，每个小模块在3周内就能完成，而且每周给学员发送提醒邮件。他们通过在线讲座吸引学员，而且介绍他们使用培训资源电子学习库。

他们还致力于让终端用户明白，一旦完全整合，系统变化能为他们的工作提供更多支持。考虑到变革过程中会出现各种情况，铁军团队开始把自己视为学习“向导”或经验丰富的领队，带领员工长途跋涉，实现企业最佳绩效。

更新阶段：从传统模式向现代模式转变

这个项目实施多年，涉及多个领域，到项目实施的第三年，“蓝盾推进”计划Facets的所有培训都是在教室里进行的，当然还有一些基本的导航视频。为了满足不断变化的培训需求，项目团队在现有模块中增加了更多交互式小组练习，提供了更多工作辅助工具，并录制了Facets的现场演示视频，可用于复习、补训、新员工培训。

然后，正如艾丽卡所说，开始出现麻烦了。有天晚上，有个关键用户组该提交测验结果，确认他们完成了一系列必修的电子课程。那天晚上，团队收到了一大堆言辞激动、慌乱的电子邮件。尽管项目组反复提示、提醒，但该销售团队的大多数人还是没有完成任务。然后，团队不得不延长培训期，还得想办法应对此次培训出现的麻烦。起先，团队考虑飞过去，现场培训这个销售团队。但这个解决方案并不划算，团队陷入了两难境地。最终，团队创造性地解决了这个问题。他们给这个销售团队提供了两个选择：一是在教室里上一天课，由讲师授课；二是通过网络开半天研讨会。因为总觉得“没有合适的时间参加培训”，该销售团队觉得截止日期的压力太大，所以选择参加在线直播的在线讲座。根据艾丽卡的说法，管理人员和员工真的很担心没有时间参加培训。参加培训，可能会耽搁重要的创收活动，如销售电话，而这些活动会影响个人和业务部门绩效目标的实现。

为了满足用户的即时需求，铁军团队创造性地将培训重点从教师讲授转为无障碍的微学习。为此，项目团队迅速开发了一个交互式系统演示，共包括两次90分钟的培训，还提供了相应的工作辅助工具。团队根据不同角色定制了演示内容，并使用WebEx进行录制。根据一些用户组的评论，这种方法很受欢迎。

- “我在Facets上学会了工作所需的必要技能，而且还不用出差——没有物流！”
- “这次培训必须参加，但既没有影响到我的关键项目进度，也没有影响到成果交付。我很喜欢这一点！”
- “把训练过程录制下来，便于我随后复习，价值不可估量。”
- “在我自己的电脑上观看系统演示，而不用看投影，我觉得学习、跟进、理解更容易。”

在化解这场危机之后，铁军团队认真审视了学习策略，认为自己之前的某些假设可能有误。团队成员意识到，他们赋予学员过多的自主权，而指导、监督和辅导不够。因为培训的目标学员大多绩效高，很自觉，所以团队以为，只要给他们提供工具和技术，他们就会主动学习，并应用于工作中。他们意识到，如果他们复制前面在那个销售团队身上所用的“高科技、个性化”即时学习模型，在接下来Facets的培训阶段，就可以显著优化所有员工群体的用户体验（见图9-6）。这样做还有一个好处，那就是，可以显著减轻负责培训设计和交付人员的压力。经过这次反思和审查，铁军团队开始努力改进现有项目计划和课程设计。

图9-6　高科技、个性化学习模型

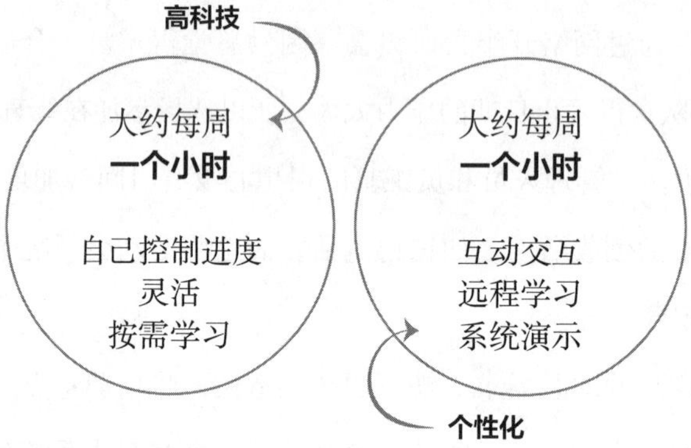

“我们开始在现场培训的录像中发现重复之处。我们觉得，可以创建一个在线讲座录像库，解决Facets所有模块中的共同问题。”艾丽卡说。这些共同点包括用户导航、成员、分组、供应商搜索和人口统计等基础知识。

“我们的目标是，创建的在线讲座要足够短小精悍，用户可以在不到10分钟的时间内了解相关内容。我们希望（教学设计师）能够像搭乐高积木一样，把这些模块整合起来，为特定受众提供简洁明了的学习大纲。”艾丽卡说。因此，纳米模块诞生了。

纳米模块是在线演示或教程，内容精确，有针对性，平均长度为5到10分钟。纳米模块是按照小块划分，可覆盖日常任务。理论上，员工可以根据需要，通过纳米模块得到即时帮助，彻底摆脱纸质指南。为了保证开发速度，并确保统一性，团队开发了标准的纳米模块“三明治”，并内置于PowerPoint中。每位教学设计师都会将“三明治”导入Captivate Facets电子课程，以保持外观和观感的一致性。

在接下来的几个月里，“蓝盾推进”计划铁军团队使用语音库合集（文本到语音转换软件）将录制的所有在线讲座转换为Captivate。到第三年年末，电子图书馆里共有20多个纳米模块，分属10个类别。整个企业的员工都在观看这些课程，受众已过万。

增强用户体验

“蓝盾推进”计划项目铁军团队在Facets Basics上建立了电子图书馆，收藏了在线讲座的录像，随后的重点转移到增强用户体验，增加录像的价值。项目团队需要建立中央存储库，以便于加州所有学员一天之内随时可以使用相关材料。最初，项目团队考虑使用LMS，但登录过程出现了问题。因此，团队转而使用由Jive支持的公司社交媒体平台，该平台可以在员工需要的时候随时提供工作支持。项目团队花了不少时间改进用户体验，改进电子图书馆登录界面的用户视图。项目团队并没有对在线讲座的文本链接进行简单罗列，而是设计了彩色按钮，对不同类别进行区分，点击即可进入各个纳米模块。

纳米模块有了新的口号：“用不到10分钟的时间，快速有效地学习。”项目团队在设计用户界面的按钮时，目的性很强。从功能的角度来看，用户只要看一眼，就能看出Facets课程的类别、标题、概要和所需时间。“我们在设计时，受到了建筑设计的启发，标准标题栏由清晰的细线分开，里面可罗列大量数据，”艾丽卡说，“这种设计成了我们按钮设计的典范。”（见图9–7）

第一批纳米模块课程减少了许多纸质教学材料的使用，用户在需要的时候，可以随时上网学习。由于参加培训特别容易，而且确实可以像之前说的，在不到10分钟的时间内完成学习，所以原有的阻力消失了。突然间，员工们都在说：“蓝盾所有培训都应该像这样！”“感谢倾听我们的痛点，并为每个人提供定制的学习计划！”

图9-7　按钮设计样本

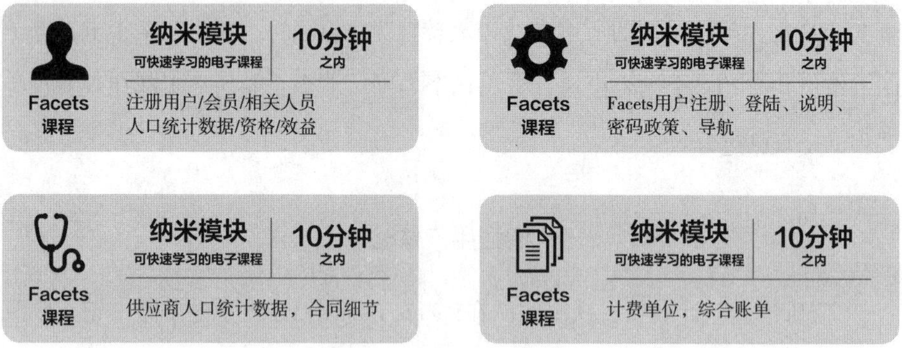

经过几次设计迭代后，铁军团队吸取了经验教训，所以制订了以学习为中心的创新响应模型。“蓝盾推进”计划外围部门的员工出于好奇，开始探索公开的纳米模块课程。社交媒体电子图书馆访问量日益增加。到第四年末，电子图书馆提供的纳米模块课程超过60门，访问量超过12000次。

从商业价值的角度来看，纳米模块电子图书馆获得了圆满成功，可支持Facets迁移，并能更好地融入员工日常工作。因为有强大的图书馆，里面有通用的纳米模块课程，而且还有进行超链接的教学大纲（见图9-8），所以教学设计师和培训师能够反复维护、定制和利用材料。一些培训师把纳米模块课程作为

图9-8　主课程大纲概述

Facets类别按钮	此类别内的Facets电子课程模块	时间	总时长
Facets基础知识 可快速学习的电子课程	•导航 •培训环境&密码概述 •现场生产环境/密码概述 •账户申请&密码政策	•5 •5 •6 •4	20
Facets基础知识 可快速学习的电子课程	•注册会员须知 •注册会员/家庭基础板块 •注册会员/家庭资格查询	•4 •7 •8	19

Facets课堂培训的参考或补充材料。其他人将纳米模块课程作为完全虚拟的程序，与工作辅助工具、Facets在线讲座演示和问答环节有机融合起来。电子学习短片易于访问，可为用户组提供即时在线帮助。收集电子学习材料，并编制目录，可淘汰纸质手册，这些手册很快就过时了。

底线：绩效和学习团队率先采用了开放门户，用户可以使用四种混合方法，根据需求，学习Facets课程（见图9-9）。这个创新之举，对教学设计师和工作组来说，非常实用，同时使得对学习服务的需求增加。这个成就，辅之以团队执行的学习新策略，显著提高了绩效和学习团队作为高级领导者中可增加价值的业务合作伙伴的可信度。

图9-9　四种混合式学习

在线远程学习

- 培训开始后，所有参与者使用实时在线讲座
- 实时开放办公时间：考察讲师和学生、演示、问答

在线自主学习

- 量身定制的教学大纲中确定不同类型员工的学习路径
- 根据需求，选择不同的纳米模块课程，学习系统教程和演示内容

社会学习

- 企业社交网络平台上留有专用的培训门户
- 有统一的培训通信和资源中心

探索学习

- 在培训环境中亲自系统体验适合本人岗位角色的模拟练习
- 数据来自加州蓝盾，已获得使用许可

聚焦持续改进

到第五年，绩效和学习的工作重点是不断改进、更新学习材料，保持材料的即时性和相关性，从而增加价值。因为员工的需求不断变化，铁军团队意识

到，以前是录制在线讲座，现在应该使用语音库合集从文本到语音的转换功能，制作Captivate视频。这样，在重新发布课程时，可以快速更新为幻灯片和旁白，包括系统和流程更改。同时，培训师可以在不同课程里重复使用同样的叙述片段。这样，在录制在线讲座时，就不用每次都从头开始，还可以加入声音。最重要的是，成本效益大大提升，这有助于向高级领导人证明，这样转变很合理。

要持续改进，还包括加强测量和评估，尤其要加强工作申请层面的测量和评估（3级）。例如，可以根据后续调查的反馈意见，确定在职场中应用技能会遇到什么障碍。比如，调查发现，员工完成培训后，中间隔了很长时间，才能在工作中应用学到的新技能。“我们知道，学员在培训后应该尽快在工作中应用这些新技能，这一点非常重要，”杰夫·霍普说，“但是，3级数据说明，非常有必要与业务部门合作，以及时安排培训，而不会安排得太早。”

此外，企业内部对培训合规性的问责制加强，对绩效和学习工作的关注度增加，管理人员开始更多地关注帮助部门成员使用新知识和新技能。

之前使用LMS时，由于其自身局限性，想确定员工能否充分应用关键概念和工具受到了一定的限制。根据最初的设计，员工在完成课程学习后，在30天内会自动跟进，发送调查问卷。然而，铁军团队慢慢发现，LMS根本无法支持自动跟踪。

之后，团队发现，早期的指标定得太弱了，团队无法以极快的速度提供“全天候”的迁移培训。“直到去年，使用的带宽才让我们有能力实现有效指标。”艾丽卡说。

“2015年，我们开始探索更强大的测量工具，以评估混合学习解决方案与传统的讲师培训相比，带来的学习记忆是否能够节约成本，是否有效，”霍普说，“我们慢慢明白，让学习者提供反馈，极具挑战性。我们现在专注于探索其他方式来捕捉学习数据，并评估此项目对我们的业务合作伙伴的成功产生的影响。”

最终，纳米模块课程四管齐下的混合学习方法不仅可以更快、更好地提供高质量培训，而且还大大减少了投入传播培训内容的时间和精力。具体的商业好处包括：

- 提高学习灵活性：无须离开办公室，也无须耽误任务，影响绩效目标。
- 可随时按需学习：一年365天，每周7天，每天24小时，均可学习。
- 扩大培训范围：不限制学员数量。
- 提高成本效率：不产生差旅费或每日津贴；所有费用可控。
- 提高可持续性：相关的复习内容、新员工培训内容和补充培训内容，再加上在线绩效支持，可满足多个用户随时随地按需学习和绩效需求。

现状和可持续性问题

2015年12月31日，“蓝盾推进”计划慢慢退出了其在修复传统系统项目中的主导地位。完成后，“蓝盾推进”计划团队开始解决新系统和电子学习设施的可持续发展问题。可持续发展问题是在绩效和学习修复其自身流程和基础设施时，慢慢出现的。具体问题包括：

- 当教学设计师开始做其他项目时，谁保持“这台机器”继续运行呢？
- 如果内容被分解到各个业务部门，如何保持质量和一致性？
- 谁来维护这60多个纳米模块呢？毕竟有6000多个用户依赖这些学习内容。
- 谁定期更新内容并维护Jive和LMS呢？
- 如何保持领导支持，如何保持对混合学习解决方案的需求，作为可行、实用且持久的最佳实践？
- 学习型组织如何保持过去4年多来的发展势头，继续向前、向好发展呢？

为解决这些问题并保持业务连续性，“蓝盾推进”计划数据分析师制定了详细的过渡计划。Facets课件材料的所有权在60天内逐步转移给受Facets影响的加州蓝盾部门。过渡计划里包括最终的接收文件，概述了转让所有权的流程、任务、时间表和协议（见表9–2）。

表9-2　过渡程序任务：缩略表

阶段：任务	负责人	截止日期	评论	状态
安排启动会议				
安排工作会议				
计划：资源分配				
计划：确定时间表和里程碑任务				
分析：验证矩阵电子数据表格				
分析：评估现有材料的状态				
开发：更新课件/培训材料				
实施：将文档和材料移动至存储库				

计划中还记录了关键的成功因素（如学员和管理者投身于持续发展）和潜在的风险点。这个计划证明项目已经正式结束，绩效和学习不再提供资源或材料来支持“蓝盾推进”计划培训。绩效和学习专门分配了人力资源，作为过渡计划的联络人和项目负责人，以促进协作，确保过渡过程无缝衔接，可持续发展。

启用策略

1. 提供“生命线”。加州蓝盾没让学员在学习的大海中自由漂流，而是为他们设定了路线图、里程碑和合适的生命线。铁军团队将学习内容分解为一块一块，便于学习，能够满足各个层次的需求。还能确保学员和管理者可以使用集中、直观、无障碍的电子学习解决方案。

2. 寻找共同点。“蓝盾推进”计划铁军团队没有针对部门来设计电子课程，设计中避免使用业务术语。这样做，可以确保不同的学员都可以学习使用该课程，从而达到受益者最大化。可以访问并适用于多个受众和组织中最多的学习者。该团队以提高学员学习体验为核心，使用标准模板，始终快速开发高质量的电子学习课程。

3. 试验、创新。发生学习和性能解决方案使用危机后，团队重新设计了以学员为中心的学习方法，有助于简化使用，并刺激需求。

4. 坚持到底。这个项目持续多年，像大多数需要长期坚持的关键企业转型项目一样，项目组需要长时间投入，并不断面临截止日期的压力，“蓝盾推进”计划铁军团队也产生了疲倦感。所幸一直以来，领导层帮助团队成员坚持了下去，和他们共享荣誉，并在取得成功和里程碑式的成就后，大加庆祝。

除了记录过渡任务和责任，帮助原系统转型外，绩效和学习团队还不断探索，将从这项工作中汲取的经验教训融入日常学习操作中。最终目标是根据需求，进行目标明确、易于理解的学习，持续推动业务创新，并开发成熟的、可适应的学习过程（尤其是测量过程），为多个利益相关者不断增加、创造价值。

对学习型领导者的启示

可持续学习型组织在重大变革项目终结时，会有正式的过程来说明。特别是像“蓝盾推进”计划这样的项目，投入了大量的时间、金钱和资源，尤为如此。收尾过程有助于向利益相关者表明：

- 实现了项目价值。
- 取得了可交付成果。
- 在持续改进，制定行动计划时，用上了学到的经验教训。

虽然项目结束是项目管理周期的终点，但也标志着新的开始。许多项目管理方法设计了正式的系统、模板或方法，不仅可以结束项目，还可以将项目引向新的开始。从某些方面来看，过渡计划是项目结束时最重要的附加项。像本章所介绍的大型转型项目，其主要目的往往是引入并推动变革，但只有变革过程及其最终产生的影响力才能为组织提供真正的价值主张。过渡计划说明，项目不可能在一夜之间就推动改变，增加价值。相反，产生影响力是一个持续过程，要将实践做法制度化，并培养组织员工的实践能力。这需要过渡计划，也需要学习型领导、变革推动者和赞助者投入时间和精力来跟进。

获得的经验教训

不管是任何项目，在实施过程中，项目团队成员、利益相关者和赞助商都能获得很多经验教训。收集他们的看法和意见非常重要，因为他们的意见是创造价值的主要来源，也为持续改进铺平了道路。这次转型项目备受瞩目，艾丽卡从中得到了下面这些经验教训：

- **让混合学习更加高科技、高接触**。以学员为中心、自主调整的混合学习内容，辅之以讲师指导，这样的解决方案更易于适应商业环境，满足学员的需求和时间要求，并能满足产出成果的需求。“当我们转而用电子学习方案来替代时，我们学到的最重要的一个经验教训就是，我们太重视高科技了，而忽视了我们应该使用高接触的参与模式。”艾丽卡说。
- **要创新现有的工具和资源**。绩效和学习团队明白，不需要购买昂贵的“一流”工具、电子学习程序或咨询服务，相反，企业已经有解决方案，只需要重新设计或改变用途即可。
- **管理变革**。绩效和学习团队知道，在实施学习和绩效解决方案之前，获得员工对变革计划的认可非常重要。该团队是变革的实践者，不仅明确变革对日常工作意味着什么，而且设计工具来帮助人们成功应对变革。
- **尽早确定成功标准**。早期，是否成功取决于能否让用户使用系统。简化学习过程并广泛分享内容，有助于促进员工使用该系统。不过因为项目进展速度过快，所以使用目标和进展指标本应该确定、跟踪得更好。
- **在一开始就做好长远准备**。该团队可以提前准备维护和更新问题，并考虑可持续性问题。

■ 案例回顾

在这个例子中，绩效和学习团队这个资源丰富的学习型铁军团队走过了一场演化之旅，不仅创造了更多创新工作和学习方式，而且还营造了适应性更强、更有创新性的学习文化。在改革加州蓝盾公司IT基础设施的过程中，绩效和学习团队也对学习策略进行了改革，从完全由讲师主导的课堂模式转变为现代的混合学习模式。采用这一战略是为了满足下面的需求：

- 对更具创新性的相关学习解决方案的需求，以及在整个企业范围内进行的、对业务有关键作用的企业文化变革。
- 学习型组织需要对流程和实践做法持续创新，以便在变革中增加可持续的价值。

表9–3显示了能够取得这些成就的适应性强、可持续发展的学习型组织的特征。

表9–3　可持续学习型组织的特征

特点	事例	
高层支持	• 高层领导积极参加，将“蓝盾推进”计划项目和绩效和学习团队转型工作与关键业务需求联系起来 • 积极参与公司全员大会，积极使用社交媒体 • 高层领导致力于领导力验证流程，为绩效和学习团队学习策略分配资源	√
效率	• 监控一部分时间和使用指标（因为在自动化方面存在难题） • 内部集中存储库提高了学习管理效率，并能够满足性能需求 • 因为有四管齐下的学习策略，员工不用为了培训出差（也可减少片段学习和重复学习），也不用离开办公室，从而提高了成本效率	√

续表

特点	事例	
有效性	•改进有效性测量手段，尤其是测量学习解决方案是否有利于提高工作绩效 •其他正在实施、制定的有效措施	进行中
实用性	•所有地方的利益相关者、用户组以及绩效和学习团队定期使用电子学习数据来满足客户的需求和监管需求 •高效使用为教学设计者设计、交付的新的电子学习流程	√
投资	•多年分阶段部署 •投入专门的资源来管理过渡计划，以确保业务连续性和持续进步	√
可靠性	•赞助商和利益相关者将学习方法、绩效和学习团队设计师、协调人视为可靠的商业伙伴 •与业务部门和优秀的主题专家建立的战略伙伴关系，提高了学习设计和交付的可靠性	√
需求	•灵活、可扩展的课程开发（纳米模块）提供了易于使用的相关学习，供学员按需学习 •因为易于访问，而且可以创造性地随时提取学习内容，所以用户对电子图书馆资源的需求不减	√
治理	•通过记录在案的服务协议，对资源分配进行一定的管理	√
持续改进	•高接触、高科技、“四管齐下”的学习策略是个改进机会，可更好地满足学员需求和业务需求 •把学到的经验教训正式记录在案，绩效和学习团队利用机会，改善学习衡量效率	√
适应性	•绩效和学习团队开发了验证和签字流程，以减少资源限制或范围蔓延的潜在风险 •使用灵活、可扩展的课程开发（纳米模块）来顶住可能扰乱工作的压力 •实施计划中包括变革管理方法，以确定并减少过渡过程中的“痛点”	√

由于下面这个特征还在形成过程中，尚未完全整合、实施，因此该学习型铁军团队尚未达到成熟度周期的改进阶段。

有效性。绩效和学习团队还在与业务部门密切合作，继续改进其测量方法，从而超越满意度（1级）和学习（2级）有效性衡量标准。

该团队已经认识到，需要开发更加强大的量化手段，测量在工作中的应用程度以及对业务的影响力。如此做的障碍包括：实施速度、自动化限制，很难从学员和管理者那里及时收集到反馈信息。

第十章
最后的思考

> “如果你要等到所有的灯都变绿才出门，那你永远都出发不了。”
>
> ——金克拉，国际知名的演说家、作家

想象一下，如果因在建立一流的学习型铁军团队方面建树颇丰，你和你的团队被授予一项有声望的奖项，当你在获奖的精英团队和机构的名单上看到自己的名字时，你会多么兴奋啊！

想象一下，哪些典型的创新性修炼做法能让人们看出，学习已经融入了团队文化，并渗透到了团队的方方面面。

设想一下，你和团队成员想尽各种办法，慢慢形成了一些典型修炼做法，并齐心协力让这些修炼做法生根发芽，发挥作用，进而抓住机会，成为学习领袖、商业战略伙伴、人才培育摇篮以及变革的推动者。

想象一下，你所在团队的卓越表现会对整个组织实现其绩效目标产生怎样的影响。想象一下，你采用标准、指标和工具来展示学习在实现组织战略目标中的作用。想象一下，领导在新闻发布会上会如何描述这个学习型组织至关重要的价值。

细细想象一会儿这些画面。用心感受一下，如果成为一个卓越的学习型组织中的优秀领导，并形成一种学习传统，你会有什么感觉呢？

接下来呢？

现在还是描述一下学习型组织的现状吧！现状和愿景之间的差距有多大呢？作为一个学习型领导，你在下面几个方面做得怎么样呢？

- 塑造组织文化方面？
- 影响组织发展战略方面？
- 执行战略方面？
- 引进人才、留住人才、培育人才方面？
- 测量并衡量学习对组织的作用方面？
- 利用学习激发创新方面？
- 在组织的各个层面培养变革能力方面？

不管和愿景相比，目前学习型组织正处在什么阶段，肯定都有改进的空间。正如本书所示，像所有组织一样，学习型组织在迈向卓越的过程中，也会经历自然生长周期。“可持续发展周期”显示了学习型组织在逐步发展到更高层次的过程中的不同触点。了解目前处于发展周期的哪个位置，有助于充分利用职位便利，在最能产生影响的领域集中采取行动。在本书中，很多学习型领导分享了他们的故事，讲述了可持续影响力对不同部门和整个组织的影响，以及他们如何利用学习来实现可持续发展。大家一致认为，要获得可持续的影响力就不能满足于个人表现的提高和个人绩效的提高，而要让学习成为组织的核心能力，并有持久、有意义的改进。

有些人可能会认为，世界变化日新月异，充满了不确定性和模糊性，将重心放在可持续发展上并不现实，这个目标不可取。然而，正如许多例子所示，可持续并不是让你盲目地守着过时的做法不放，显然这些做法已经对你和其他利益相关者不利了。可持续是对业务负责的做法，强调资源管理和流程优化。

你白费了多少力气，才意识到自己没有有效利用资源？关注可持续发展实际上是更聪明的工作方式，能确保计划、流程和做法的存活期更长，发展更好。注重可持续发展的学习型企业对每个人都有好处，因为它密切关注参与度、创新、高效能、领导力等问题，而且肯定支持个人发展和组织变革。

尽管好处多，回报高，但对于大多数学习型组织来说，在如此复杂多变、动荡不安的时代，保证核心流程的完整性，管理好基本业务都很难办到，更不要说未雨绸缪，调整职能，以适应未来需求了。即便是那些最积极上进、能力最强的学习型领导，面对过度的需求、不断变化的目标和不断缩减的资源，也一样会筋疲力尽。好在有很多坚定的学习型领导，他们具有远见卓识和志向抱负，他们坚韧不拔，充分发挥自己的能力，逐步提高能力，取得了更大的成绩，创造了更大的价值，最终实现了自己的目标。

通用指南包括以下几点，这也是参与本书写作的人们不断提到的内容：

1. 要透过商业的眼光，而不是学习的眼光来领导——像首席执行官一样思考。

2. 不断提升个人品牌和信誉。

3. 要记得充分利用数据。

4. 把学习与日常工作结合起来——把学习和绩效结合起来。

5. 利用整个组织的学习能力来培养人才。

6. 要避免把精力浪费在那些虽紧急但无关紧要的琐事上，要专心做最重要的事情——要快刀斩乱麻，去冗存精，把没有用的蠢事都放弃掉。

7. 建立有助于密切联系的体系和结构。

8. 保持联系，但不要挡道，让别人也可以建立联系。

9. 要像锻炼肌肉一样增强自己的应变力。要利用应变力来应对各种挫折。

10. 要勇于创新。去探索，去试验，去冒险。

未来正在以惊人的速度向我们驶来，我们需要更多应变能力强的学习型领导者，以及更成熟、应变能力更强的学习型组织。应变力是可持续发展的核心。

简而言之，注重可持续发展，就是要重新定义组织对学习和发展的看法，并变革组织学习和发展的方式，从而让组织实现其价值。

本书中所列出的各种窍门、工具和经验教训突出了一些学习型领导振奋人心的例子，他们应用这7项修炼改变了所在组织看待学习、进行学习的方式。如何充分利用这些窍门、工具和资源呢？下面给出了一些建议。

重新思考可持续学习型组织的10个特征

1. 翻到第二章，回顾一下可持续学习型组织的10个特征。看看在对可持续性有更深入的了解后，你对这些特征的看法是否有所改变。

2. 查看一下附录二中对应的自我评估练习。你可以定期评估一下，看看你是否在向着一个成熟的、可持续的学习型组织前进。

打造可持续学习型组织的7项修炼

对修炼的自我评估

1. 完成附录二中各个章节的自我评估，确定自己的优势，并确定优先顺序，以便于持续改进，并制定行动计划。

2. 邀请团队成员或利益相关者评估一下你所在的学习型组织对各种做法的熟练程度。将自我评估和他人评估结合起来，确定哪些方面需要立即改进，哪些方面可以等以后再说。要确保这些符合业务需求。

3. 实施行动计划，不断关注进展情况。在寻求进步的过程中，要争取同行、同事或合作者的支持，要注意他们的反馈。要定期检查目标的完成进度，并制定季度目标或年度目标。

“计划、执行、检查、行动”指南

1. 翻到第一章，回顾一下成为具有应变能力的学习型组织的7项修炼。接下来，填写附录二中的“计划、执行、检查、行动”指南，其中包括这7项修炼的关键行为，这些内容在第三章到第九章中均已涉及。通过这个评估来确定哪些方面需要立刻处理，哪些方面要纳入未来计划。

2. 在确定优先顺序时，考虑一下未来一到三年内可能出现的机会，您今天就得做好准备。确定哪些资源可以用来帮你实现目标。

3. 让同行、教练、导师或朋友帮你看一下行动计划，以提高其可行性。然后再实施你的计划，在实施过程中，要不断自我调整。定期关注目标完成进度，并制定季度目标或年度目标。

启用策略

1. 使用附录一中的“铁军团队案例资料”辅助工作，回顾一下第三章至第九章中各个案例所用到的实现策略。

2. 找出你认为最有意义的例子和策略，照办吧！分享吧！

3. 考虑一下，可以通过写博客、文章或专业演示来分享你自己的启用策略。请记住：成长没有终点。不管你或你所在的学习型组织多么高效，你都得继续努力，将能力提高到更高水平。努力修炼吧！这些做法肯定不会辜负你！

▪ 行动起来

要想有创新，在全球数字化的市场中保持竞争力，世界各地的管理人员就得努力吸引人才，留住人才，缩小在领导技能上的差距，并加速提出新的创意，所以，学习和发展比以往任何时代都重要，因为学习和发展是提高这些战略能力的动力所在。

从根本上来说，培养可持续的能力，责任并不仅仅在于学习型的领导。如果我们希望持续性的组织学习能够发挥作用，起到辐射作用，并能长久保持，那么，在领导能够尽职的情况下，整个组织必须要把可持续发展作为重点。

但我们不必等待高级领导人的许可才能为土壤做好准备，种植可持续，学习的种子才能扎根。更重要的是，重塑我们学习型组织的直接和长期价值始于一种主动的、有意识的心态。毕竟，为未来做好准备的最佳方式是帮助创造未来。

学习和发展的未来是我们创造的。转变的需要就在这里，现在是采取行动的时候了。我们的工作是确保我们所增加的价值能够持续下去。正如人类绩效专家鲍勃·麦格曾经说的那样，“你必须要想”。作为一个学习型领导者，你“想”创造什么持久的价值?

使用这些提示、工具、见解和修炼方法以及你自己的学习网络，为长期学习并实现目标做好准备。

附录一

铁军团队案例资料

	实施战略			
例证	识别	抗拒	更新	改进
田纳西州人力资源部	• 评估现状 • 确定目标 • 遵守参与规则 • 根据需求调整战略 • 寻求行政人员支持	• 将学习与商业目标联系起来 • 规划好变革流程 • 构建能力 • 创造有意义的体验	• 保持灵活性 • 促进沟通联系 • 加强问责 • 集中精力，持续改进	• 集中精力进行基准测试，改进衡量办法
地平线上的房子	• 一开始就要考虑到目标 • 将学习重点与10年战略计划结合起来 • 提供工具和资源来支持持续学习	• 塑造“仆人式领导” • 投身于持续学习和领导力 • 自定义学习	• 启动继任计划 • 构建响应式、协同基础设施 • 将效率测度与财务指标联系起来	• 强化继任计划 • 保持财政实力和财政稳定 • 加强数据收集和汇报 • “磨亮锯子”
达科他州社区医疗保健协会	• 确定业务目标和绩效目标 • 建立共同的目标 • 执行战略时，要采用基于数据的规范方法	• 公开解决改革问题 • 将战略改革视为协作过程 • 主要流程变更要流畅，让过渡更容易	• 管理潜在风险 • 共同担责 • 建立流程，审视得到的经验教训	• 不断建立联系，完善基础设施以实现集成 • 提高组织对挫折的适应能力

续表

	实施战略			
例证	识别	抗拒	更新	改进
美国飞安国际公司	• 获得赞助商的支持 • 将战略与业务措施联系起来 • 将数据用以策略制订 • 在进行项目规划时首先要评估风险	• 做好准备，迎接挑战 • 不断评估 • 使用过渡计划	• 要说行话 • 要懂得变通	• 与客户对话
美国陆军准尉职业学院	• 制订学习策略 • 让赞助商参与进来 • 鼓励冒险	• 提供支持，培养、构建能力 • 牢记最终目标 • 解决当下的实际问题	• 有长远目光 • 专注于持续改进	• 集中精力进行基准测试，改进衡量方法
美国南密西西比大学	• 以人为本 • 提供方向和重点 • 建立社区	• 明确倡导 • 教育、沟通 • 制定计划并开展工作 • 变通	• 加强联系 • 展示您如何创造价值	• 引领文化 • 高瞻远瞩
加州蓝盾	• 争取管理层的支持 • 预测风险 • 确定任务和职责 • 公开消除恐惧和担忧	• 管理变革 • 设计以学员为中心的解决方案，以减少痛点 • 自定义学习，并融入所处的环境 • 建立伙伴关系，并加以利用	• 为学习者和领导者提供生命线 • 寻找共同特征 • 试验、创新 • 坚持到底，增强适应能力	• 专注改进衡量方法，以便于衡量学习对业务的贡献

附录二
可持续学习型组织的特点

▪ 可持续发展周期：第二章自我评估

说明：根据下面列出的可持续性特征，使用这个评估工具来评估学习型组织的成熟度。从整个学习型组织及其实践模式的角度仔细考量每个项目。你可能还需要让每个团队成员或利益相关者参与评估，比较结果，确定优势，并列出有改进可能的重点领域。

1 = 非常不同意

2 = 不同意

3 = 既不同意也不反对

4 = 同意

5 = 非常同意

特征	描述	得分 1–5
高层参与度	高层领导是商业伙伴，且明确倡导学习。管理人员可以清楚地描述出基于绩效的学习能力对实现组织使命、价值和效率的作用。	
效率	我们以员工为中心，提供便利的学习内容，员工随时可以学习。我们定期监控学习内容的使用时间、使用情况和成本等。大部分资源用于有效使用自动的、无须培训的绩效解决方案。	

续表

特征	描述	得分 1–5
有效性	我们使用各种定性、定量方法来评估学习策略对组织的影响，同时评估那些关键目标的总体进展情况。我们定期评估服务和实践是否和整个组织关键的人才发展和能力需求保持一致，是否有助于满足这些需求。	
投资	定期把一定比例的人力资源、研发和人才开发预算用于组织学习，包括配备人员资源和系统来有效收集、分析数据，并展示结果。同时也包括对继续教育进行投资，以增强学习人员和关键业务合作伙伴的能力。	
效用	我们提倡随时随地学习，能够满足需求。高层领导、经理和业务部门经常使用学习和绩效记分卡来监控结果，并跟踪学习、人才发展或绩效改进计划所取得的成果（包括不良后果）。	
需求	组织各个层次的利益相关者定期要求使用学习数据和绩效数据，以持续改进流程，不断改进决策制定。为了满足不断变化的用户需求和业务需求，要不断调整学习、人才发展和绩效改进战略、流程和做法。	
可信度	我们认为，从学习和人才管理流程中获得的数据及时可靠，而且与多个利益相关者的需求相关。我们认为，从事学习和绩效的员工是学习、人才发展和绩效改进方面的可靠专家，在这些方面也是整个组织的领导者。	
治理	组织制定了运营政策、程序和标准，用于指导学习、人才发展和绩效改进。跨职能治理委员会确保组织内执行同一标准，并且确保流程和做法目标明确，有效可靠。	
持续改进	在实施战略计划后，我们通过各种创造性的方法总结经验教训，分享并应用获得的成果。我们应用结果来开发新的、更好的解决方案，以满足不断变化的业务需求和性能要求。	
适应性	面对持续不断的变化和意料不到的风险，我们有能力适应，并调整方向。我们运用各种变更或风险管理方法来缓冲干扰，而且在受到打扰或遇到困境时，依然能够保持核心学习功能的完整性。	

▪ 以文化为引领：第三章自我评估

说明：事实证明，下面的修炼做法可以促进、发展并保持学习型文化。这种学习型文化将持续学习视为战略资产和竞争优势。从整个学习型组织及其实践模式的角度仔细考量每个项目。使用此评估来确定是否有可能为学习型文化创造更多可持续价值。你可能还想考虑赞助商、业务合作伙伴和利益相关者的反应。根据调查结果，确定优势和战略重点，以便于持续改进，并制定行动计划。

1 = 非常不同意　　1 = 不是优先事项

2 = 不同意　　2 = 优先级低

3 = 既不同意也不反对　　3 = 优先级一般

4 = 同意　　4 = 优先级高

5 = 非常同意　　5 = 优先级最高

修炼做法	是否同意 1–5	优先级别 1–5
和利益相关者共同把持续学习作为公司文化的关键组成部分。		
我们用业务战略目标来确定学习重点。		
我们不断审视并更新学习和绩效战略，以确保其始终与业务目标保持一致。		
在文化变革中，我们被视为可靠的商业伙伴。		
我们鼓励员工积极投身于个人发展和职业发展，以支持组织所有员工持续学习。		
组织重视对学习的敏锐度，重视承担风险的能力。		
我们没把自己当作学习的把关者，而把自己当成是学习顾问和学习导师。		

续表

修炼做法	是否同意 1–5	优先级别 1–5
我们通过不断接受再培训、学习新的工作技能，发挥学习型组织这个主要竞争优势的作用，进行文化引领。		
作为学习型领导者和变革推动者，我们不断提高自身的文化素养和敏感度。		
我们营造了持续的学习环境，将学习融入日常工作，学习不再是偶发事件。		
我们提供工具、资源、社交平台和协作平台，让员工控制自己的发展。		
企业各个层面都认为学习型组织可以为企业增值。		

优势领域：________________________________

____

改进机会：________________________________

____

可持续改进的重点领域：____________________

____

计划行动（详见第三章）：__________________

____

时间点：__________________________________

____

▪ 培养并共享领导力：第四章自我评估

说明：事实证明，下面这些修炼做法可以促进、增强并保持领导对学习型组织的支持。从整个学习型组织及其实践模式的角度仔细考量每个项目。使用下面的评估可以确定是否有可能为当前培养领导力的流程和实践创造更大的可持续价值。你可能还想考虑赞助商、业务合作伙伴和利益相关方的反馈。根据调查结果，确定优势和战略重点，以便于持续改进，并制定行动计划。

1 = 非常不同意	1 = 不是优先事项
2 = 不同意	2 = 优先级低
3 = 既不同意也不反对	3 = 优先级一般
4 = 同意	4 = 优先级高
5 = 非常同意	5 = 优先级最高

修炼做法	是否同意 1–5	优先级别 1–5
我们积极与高层领导和利益相关方合作，推动形成成长型思维，以支持持续学习。		
定期评估组织当下发展以及未来发展所需要的领导能力。		
我们不断改进领导力发展计划和流程，以满足所有管理层不断变化的业务需求和能力需求。		
我们经常将正规学习、向他人学习、体验式学习结合起来，为领导提供相关的学习发展体验。		
我们主动让高层领导参与进来，推动领导力发展计划和流程。		
我们定期评估各级领导者使用领导技能的场景。		
我们使用各种正式和非正式的方法让组织各个部门都掌握领导技能。		

续表

修炼做法	是否同意 1-5	优先级别 1-5
我们提供各种绩效管理工具和资源，各个级别的经理在需要时，随时可以调用。		
我们以数据为基础，使用定性和定量方法衡量发展计划和做法的有效性。		
不管作为商业领袖，还是学习领导者，我们都有公信力。学习型组织被视为卓越流程的中心，也被视为竞争优势所在。		

优势领域：______________________________

____

改进机会：______________________________

____

可持续改进的重点领域：______________________________

____

计划行动（详见第四章）：______________________________

____

时间点：______________________________

____

▪ 高效执行：第五章自我评估

说明：事实证明，下面的修炼做法可以促进、发展并保持学习型组织，这些组织能将学习策略和执行统一起来。从整个学习型组织及其实践模式的角度仔细考量每个项目。使用此评估来确定是否有可能为学习、绩效或人才发展战略和解决方案的执行创造更多可持续价值。你可能还想考虑项目赞助商、业务合作伙伴和利益相关方的反应。根据调查结果，确定优势和战略重点，以便于持续改进，并制定行动计划。

1 = 非常不同意	1 = 不是优先事项
2 = 不同意	2 = 优先级低
3 = 既不同意也不反对	3 = 优先级一般
4 = 同意	4 = 优先级高
5 = 非常同意	5 = 优先级最高

修炼做法	是否同意 1–5	优先级别 1–5
为取得预期成果，我们积极支持利益相关方将业务战略与执行统一起来。		
我们使用基于数据的规范计划和做法与利益相关者协调，共同执行学习和绩效解决方案。		
我们建立了问责机制，以贯彻执行学习策略。		
我们积极构建了思维模式，培养能力，支持组织所有员工有效执行业务战略。		
我们不断改进领导力发展计划和流程，推动管理层所有人员执行策略，取得预期成果。		
我们有意识地管理可能阻碍学习和绩效解决方案执行的潜在风险和障碍。		

续表

修炼做法	是否同意 1–5	优先级别 1–5
随着业务变化或形势需求，我们擅长修改策略、调整学习方法。		
我们不断总结经验教训，不断进行反思，改进学习方法。		
我们采取了治理流程来监控各种学习和绩效做法的有效性。		
我们言出必行，所以我们有公信力。高管需要利用我们的专业知识来协调并执行业务战略。		

优势领域：____________________

改进机会：____________________

可持续改进的重点领域：____________________

计划行动（详见第五章）：____________________

时间点：____________________

▪ 推动结果，不断改进：第六章自我评估

说明：事实证明，如果学习型组织能够完成任务，持续改进，那么下面的修炼做法可以促进、发展并巩固学习型组织。从整个学习型组织及其实践模式的角度仔细考量每个项目。使用此评估来确定是否有可能以结果为导向，创造更多可持续价值。你可能还想考虑项目赞助商、业务合作伙伴和利益相关方的反应。根据调查结果，确定优势和战略重点，以便于持续改进，并制定行动计划。

1 = 非常不同意	1 = 不是优先事项
2 = 不同意	2 = 优先级低
3 = 既不同意也不反对	3 = 优先级一般
4 = 同意	4 = 优先级高
5 = 非常同意	5 = 优先级最高

修炼做法	是否同意 1–5	优先级别 1–5
我们积极与利益相关方合作，共同确定学习和绩效战略的商业目标。		
我们积极宣传一些故事和例子，证明学习型组织有助于解决一些关键业务问题。		
除了学习和发展解决方案，我们还与利益相关方合作，共同设计、开发了多种绩效解决方案。		
我们不断想办法，让学习、绩效流程和做法与战略重点保持一致。		
我们定期与利益相关方合作，强化有助于提高绩效的因素，清除影响绩效提高的障碍。		
为了鼓励员工使用学到的技巧，我们日常会有跟进机制，并提供绩效支持工具。		

续表

修炼做法	是否同意 1–5	优先级别 1–5
我们使用基于数据的规范流程和工具（包括技术）来收集、分析并上报绩效数据。		
我们使用各种定性、定量方法来衡量学习策略和绩效策略产生的影响。		
我们确保多个用户可根据需要访问并使用绩效数据。		
我们这些学习型领导者向来以结果为导向，所以具有公信力。管理人员和业务部门会定期参考学习和绩效结果，以改善决策制定。		

优势领域：____

改进机会：____

可持续改进的重点领域：______________________________

计划行动（详见第六章）：____________________________

时间点：____

■ 培养并完善变革能力：第七章自我评估

说明：事实证明，下面的修炼做法可以培养出可适应变化的领导、团队和组织。从整个学习型组织及其实践模式的角度仔细考量每个项目。使用此评估来确定是否有可能增加战略变化实施者的可持续价值。你可能还想考虑项目赞助商、业务合作伙伴和利益相关方的反应。根据调查结果，确定优势和战略重点，以便于持续改进，并制定行动计划。

1 = 非常不同意

2 = 不同意

3 = 既不同意也不反对

4 = 同意

5 = 非常同意

1 = 不是优先事项

2 = 优先级低

3 = 优先级一般

4 = 优先级高

5 = 优先级最高

修炼做法	是否同意 1–5	优先级别 1–5
我们定期分析商业环境，发现当下及未来对变革的需求，对变革的挑战，以及变革机遇。		
我们会定期评估人才库，以了解对变更能力的需求，以及存在的差距。		
我们将对变革能力的需求与人才管理整体战略相结合。		
我们和利益相关者共同确定领导者（一线领导、中层领导和高级管理层）进行变革的情况。		
我们不断改进领导力发展计划和流程，以便领导者和管理者拥有相关的工具和资源，以推动整个企业进行战略变革。		
我们使用各种正式/非正式方法（行动学习、变革网络、电子学习）来培养所有管理人员的变革能力。		
在启动并实施重大变革计划时，我们使用同一种语言，而且提前计划好变革方法。		

续表

修炼做法	是否同意 1–5	优先级别 1–5
我们会定期监控进行变革后的绩效情况，以评估变革计划对战略目标的影响。		
我们帮助领导者预测并管理影响变革的风险，包括大家对变革产生疲劳的风险。		
我们与利益相关方合作，共同将变革能力定义为战略准备问题。		
在变革后期，我们会不断跟进并跟踪对新人的培训，以及绩效支持情况。		
作为战略变革推动者，我们具有公信力。领导者需要我们的专业知识来了解变革的实质，以及变革领导和管理的最佳做法。		

优势领域：____

____

改进机会：____

____

可持续改进的重点领域：____________________________

____

计划行动（详见第七章）：____________________________

____

时间点：____

____

▪ 促进合作、沟通和共享：第八章自我评估

说明：事实证明，下面的修炼做法可以促进领导、团队和组织的合作、沟通和共享。从整个学习型组织及其实践模式的角度仔细考量每个项目。使用此评估来确定是否有可能为合作计划和战略伙伴关系创造更多可持续价值。你可能还想考虑项目赞助商、业务合作伙伴和利益相关方的反应。根据调查结果，确定优势和战略重点，以便于持续改进，并制定行动计划。

1 = 非常不同意	1 = 不是优先事项
2 = 不同意	2 = 优先级低
3 = 既不同意也不反对	3 = 优先级一般
4 = 同意	4 = 优先级高
5 = 非常同意	5 = 优先级最高

修炼做法	是否同意 1–5	优先级别 1–5
我们请高层领导者在组织各个层面推广合作行为。		
我们整个人才管理流程中嵌入了协作技巧和能力，包括招聘、入职、绩效管理、领导力发展和继任规划。		
我们积极与高层领导合作，打破孤岛，清除妨碍有效沟通合作的障碍。		
我们和利益相关者共同确定可以沟通合作的情况。		
我们不断改进学习和人才发展计划和流程，以推动所有管理人员进行沟通协作。		
我们使用各种正式/非正式的方法来建立沟通联系，并推动跨部门共享知识。		
我们利用技术来建立并维护社交网络和实践社区。		

续表

修炼做法	是否同意 1-5	优先级别 1-5
我们与高层领导者合作，共同确定有效合作沟通的衡量措施。		
我们会定期监测学习工具和资源，以确保在正确的时间、正确的地点与合适的人员进行沟通合作。		
作为商业合作伙伴，我们具有公信力。领导需要用我们的专业知识来促进组织内各业务部门之间的沟通协作。		

优势领域：______________________________

____

改进机会：______________________________

____

可持续改进的重点领域：______________________________

____

计划行动（详见第八章）：______________________________

____

时间点：______________________________

____

▪ 拥抱创新的艺术：第九章自我评估

说明：事实证明，下面这些修炼做法可以促进、发展并巩固创新学习型组织。从整个学习型组织及其实践模式的角度仔细考量每个项目。使用此评估来确定是否有可能创新学习和人才发展过程与做法，并创造更多可持续价值。你可能还想考虑项目赞助商、业务合作伙伴和利益相关方的反应。根据调查结果，确定优势和战略重点，以便于持续改进，并制定行动计划。

1 = 非常不同意	1 = 不是优先事项
2 = 不同意	2 = 优先级低
3 = 既不同意也不反对	3 = 优先级一般
4 = 同意	4 = 优先级高
5 = 非常同意	5 = 优先级最高

修炼做法	是否同意 1–5	优先级别 1–5
我们和利益相关者共同开发员工自创的创新学习策略和内容。		
我们拥有人才管理策略和奖励认可体系，可创新学习和绩效。		
我们提供灵活、创新的学习和绩效内容，员工可以按需学习使用，为员工提供了更多选择，员工也须为自身发展负责。		
我们积极培养思维模式和能力，支持组织各个级别进行创新。		
我们不断改进领导力发展计划和流程，以鼓励所有管理人员进行创新。		
我们有意识地管理学习过程、实践做法和指标，支持有助于组织发展的创新行为。		
我们积极地将持续学习定位为组织内不断创新的重要源泉。		

续表

修炼做法	是否同意 1–5	优先级别 1–5
我们经常尝试高科技、个性化的学习和绩效解决方案，以更好实现平衡，提高参与度，改善创新成果。		
我们积极参与了许多在线社区，以了解他们的优势和局限性。		
我们支持社交学习，并协助管理学习体验，以帮助个人和团队高效分享知识。		
我们鼓励冒险、试验，并从学习创新的过程中吸取失败的教训。		
作为创新学习领导者，我们具有公信力。高管需要我们的专业知识来了解学习和绩效方面的新做法和最佳创新做法。		

优势领域：

改进机会：

可持续改进的重点领域：

计划行动（详见第九章）：

时间点：

附录三

计划、执行、检查、行动指南

要想建立可持续的学习型组织，通常需要大力变革组织文化，并努力实现转型。可持续学习型组织的构建过程没有所谓的最佳方法，但我们可以先评估一下当下各种做法有什么优势，有什么改进之处。

在这份行为指南中，我们列出了7项修炼（第三章到第九章）的关键计划、执行、检查、行动步骤。再加上每一章提出的自我评估，你就可以评估出学习型组织当前是否在朝着可持续发展的道路前进。

将学习型组织当成一个整体，仔细评估各个功能以及其运行模式。你还可以让团队的每个成员参加评估，比较一下他们的评估结果，找出优势所在，找出有改进机会的地方。要排出优先级，对于优先级高的，要迅速制定出行动计划。在确定优先顺序时，一定要考虑到未来一到三年可能会出现的机遇或挑战，可能你现在就得准备起来。

等级量表

1 = 没能付诸实践

2 = 需要接受指导或积累经验才能付诸实践

3 = 能够付诸实践，但要积累更多经验才能完全熟练

4 = 能够付诸实践，而且很熟练

5 = 能够付诸实践，而且很专业

NA = 不适用

修炼1：以文化为引领

计划	认为学习在营造高绩效、参与度高的文化中起主要推动作用	1	2	3	4	5	NA
	领导者支持可持续学习，也是可持续学习的榜样	1	2	3	4	5	NA
	学习策略和商业策略保持一致	1	2	3	4	5	NA
	建立奖励和支持机制，支持文化转型的行为	1	2	3	4	5	NA
执行	制定政策、方案和计划，推动学习，提高绩效	1	2	3	4	5	NA
	营造持续学习的环境，提高参与度和绩效	1	2	3	4	5	NA
	制定自适应的结构和流程，以实现文化转变	1	2	3	4	5	NA
	不断展示学习型文化的影响力和商业价值	1	2	3	4	5	NA
检查	不断检查并更新学习战略和绩效战略，与业务重点保持一致	1	2	3	4	5	NA
	评估商业环境，确保领导和员工的行为符合组织文化	1	2	3	4	5	NA
	在营造并保持学习文化时，不断评估会遇到哪些潜在的风险和障碍	1	2	3	4	5	NA
行动	在组织和职能层面上，将文化变革视为由内而外的过程	1	2	3	4	5	NA
	培养文化素养和文化智商	1	2	3	4	5	NA
	组织所有级别的人员都形成拥护学习的思维模式，并培养相应的能力	1	2	3	4	5	NA
	积极管理和提升你的学习型文化，以维持其价值和相关性	1	2	3	4	5	NA

修炼2：培养并共享领导力

计划	定期评估组织领导当下及未来是否有能力领导组织向前发展	1	2	3	4	5	NA
	将发展需求与战略重点统一起来	1	2	3	4	5	NA
	把利益相关者动员起来，共同倡导成长型思维	1	2	3	4	5	NA
	有长远目光（计划要有可持续性）	1	2	3	4	5	NA
执行	战略业务领导要维护自己的信誉	1	2	3	4	5	NA
	让所有级别的员工都培养领导力，并分享领导力	1	2	3	4	5	NA
	使用各种正式、非正式的发展方法来提高领导的学习体验	1	2	3	4	5	NA
	用基于数据的定性、定量方法来衡量领导力提升效果，以显示其影响力	1	2	3	4	5	NA
检查	不断改进领导力提升过程	1	2	3	4	5	NA
	确保学习流程和解决方案能够满足当下以及未来的业务需求	1	2	3	4	5	NA
	定期评估领导技能的使用环境	1	2	3	4	5	NA
	不断评估人力资源规划、绩效管理和继任规划等基本制度是否匹配	1	2	3	4	5	NA
行动	做一个具有影响力的领导者	1	2	3	4	5	NA
	改进绩效管理系统	1	2	3	4	5	NA
	在各个级别发展拥护学习的人	1	2	3	4	5	NA
	向人们展示：学习之所以能够增加价值，是因为它能够培养能力，发展潜能	1	2	3	4	5	NA

修炼3：高效执行

计划	将执行计划与战略重点保持一致	1	2	3	4	5	NA
	采用规范的数据驱动流程，与利益相关者协调学习和绩效或业务解决方案的执行	1	2	3	4	5	NA
	提前考虑有助于成功或不利于成功的内部或外部因素	1	2	3	4	5	NA
执行	执行要靠高层领导指导，但要靠中层领导推动	1	2	3	4	5	NA
	紧盯目标不变	1	2	3	4	5	NA
	利用组织内所有人员的专业知识	1	2	3	4	5	NA
	要尊重全身心奉献的人	1	2	3	4	5	NA
检查	使用问责机制确保学习策略的实施	1	2	3	4	5	NA
	花时间反思一下哪些学习策略有效，哪些无效，并从中吸取教训	1	2	3	4	5	NA
	积极使用治理机制来检查质量	1	2	3	4	5	NA
行动	根据实际情况，修改或调整学习策略或方法	1	2	3	4	5	NA
	管理风险，管理变革	1	2	3	4	5	NA
	实现了目标，取得了里程碑式的成就，要经常给予奖励	1	2	3	4	5	NA
	要主动学习、反思，并采取行动，以便不断进步	1	2	3	4	5	NA

修炼4：推动结果，不断改进

计划	在确定计划的目标时，要让利益相关者参与（确定学习策略和绩效战略的业务目标）	1	2	3	4	5	NA
	除学习和发展策略外，要与利益相关者合作设计、开发其他解决方案，以提高绩效	1	2	3	4	5	NA
	要不断保持学习策略和业务战略的一致性，以持续创造价值	1	2	3	4	5	NA
	分析哪些环境因素有助于提高绩效，哪些会影响绩效，提出应对办法（员工的动力、员工是否已准备好、管理层的支持度、绩效表现、反馈循环、必要的工具、信息和资源）	1	2	3	4	5	NA
执行	提供必要的绩效支持，清除障碍	1	2	3	4	5	NA
	在需要的时候可以查询到相关绩效数据	1	2	3	4	5	NA
	测量流程要以数据为基础，也要标准化，以提高一致性和可信度	1	2	3	4	5	NA
	运用技术来收集、分析和上报绩效数据（定性和定量数据）	1	2	3	4	5	NA
检查	不断在微观和宏观层面上监控并测量结果	1	2	3	4	5	NA
	要定期确定绩效数据的可信度	1	2	3	4	5	NA
	为了实现既定目标，要定期评估，清除障碍	1	2	3	4	5	NA
	提供各种正式/非正式的跟踪机制，以加强技术应用	1	2	3	4	5	NA
	要注重观察员工对预期绩效的态度、看法和担忧	1	2	3	4	5	NA

续表

行动	测量作为组织战略，要令人信服	1	2	3	4	5	NA
	使用仪表板（记分卡）来记录行动结果和持续改进结果	1	2	3	4	5	NA
	培养组织各个层面的评估能力（包括提高学习分析技能），以共享成果	1	2	3	4	5	NA
	实施问责制，制订决策要基于证据，并形成文化	1	2	3	4	5	NA

修炼5：培养并完善变革能力

计划	定义组织所有层面、所有职能需要具备的变革能力和特征	1	2	3	4	5	NA
	定期评估人才库，确保与变革能力需求及差距相适应	1	2	3	4	5	NA
	在吸引人才、留下人才，制订人才发展重点时，要以变革能力为标准	1	2	3	4	5	NA
	与利益相关者合作，确定重大变革是否成功的衡量标准	1	2	3	4	5	NA
执行	定制领导力发展计划和流程，并根据实际情况进行调整，以培养管理层（高层、中层、一线）所有人的变革能力	1	2	3	4	5	NA
	和利益相关者共同确定领导层（高层、中层、一线）何时可以进行变革	1	2	3	4	5	NA
	在启动、实施重大变革计划时，要有计划，流程要规范，前后一致	1	2	3	4	5	NA
	把多余重复的变革工作联动起来，尽量减少人们对变革产生的疲惫感，也尽量减少对绩效的影响	1	2	3	4	5	NA
	一定要把重大变革跟进到底，要注重总结，以便于持续改进，也便于制定行动计划	1	2	3	4	5	NA
检查	要不断监控，发现可能影响变革的风险点，尤其是对变革的疲惫感	1	2	3	4	5	NA
	监控并衡量重大变革所产生的影响，确定是否达到了战略目标	1	2	3	4	5	NA
	定期分析商业环境，确定当前和未来对变革有什么需求，会出现什么威胁和机遇	1	2	3	4	5	NA
	密切关注自己是否对变革反感，有偏见	1	2	3	4	5	NA

续表

行动	你是战略变革推动者，要接受这个定位	1	2	3	4	5	NA
	要充分动用个人和集体的变革能力，为变革做好准备，并全身心投入	1	2	3	4	5	NA
	在实施变革计划时，要及时提供绩效支持	1	2	3	4	5	NA
	和高层领导者一起，把变革能力作为一种战略准备能力	1	2	3	4	5	NA

修炼6：促进合作、沟通及共享

计划	确定什么是合作	1	2	3	4	5	NA
	与利益相关者一起，把合作嵌入文化中	1	2	3	4	5	NA
	制定计划，发现、发展并培养协作技巧和能力	1	2	3	4	5	NA
	确定成功的衡量标准，营造合作文化	1	2	3	4	5	NA
执行	向组织各级员工传授合作技巧	1	2	3	4	5	NA
	确保人才管理流程有助于锻炼合作技巧和能力（绩效管理、继任规划、职业发展）	1	2	3	4	5	NA
	使用有助于沟通合作的技术	1	2	3	4	5	NA
	使用正式、非正式的方法来建立联系，促进不同部门间共享知识	1	2	3	4	5	NA
检查	关注促进/妨碍有效合作的因素	1	2	3	4	5	NA
	确保绩效奖励和表彰计划鼓励组织各级员工协同合作	1	2	3	4	5	NA
	对商业环境进行评估，商业环境应该鼓励领导和员工进行协作	1	2	3	4	5	NA
	定期检查学习工具和资源，确保能在正确的时间、正确的地点与正确的人员沟通合作	1	2	3	4	5	NA
行动	合作要有领导参与，还要获得领导的支持	1	2	3	4	5	NA
	积极与高层领导合作，打破孤岛，清除妨碍有效沟通协作的障碍	1	2	3	4	5	NA
	认可并奖励表现最好的协作者	1	2	3	4	5	NA
	应用新的数字工具、技术和资源来构建同伴网络和实践社区	1	2	3	4	5	NA

修炼7：拥抱创新的艺术

计划	重新构想全新的学习体验，以满足现代学习者的需求	1	2	3	4	5	NA
	让利益相关者也倡导创造性的价值观、行为和思维模式	1	2	3	4	5	NA
	将创新作为核心竞争力	1	2	3	4	5	NA
	将创造性的解决方案与现有系统和资源（包括LMS）相融合	1	2	3	4	5	NA
执行	使用正式/非正式的方法，支持创新学习和绩效解决方案	1	2	3	4	5	NA
	在需要时提供创新技术解决方案	1	2	3	4	5	NA
	培养思维模式和能力，从而在组织各个层面提倡创新	1	2	3	4	5	NA
	要在高科技和个性化的学习方法和绩效改进方法上达到平衡	1	2	3	4	5	NA
检查	不断创造性地使用学习解决方案来关注并衡量用户体验	1	2	3	4	5	NA
	定期评估配套基础设施的兼容性	1	2	3	4	5	NA
	评估、管理社交学习体验，确保个人和团队能够高效共享知识	1	2	3	4	5	NA
	评估商业环境，领导和员工应该创新行为模式，并与领导力发展结合起来	1	2	3	4	5	NA
行动	主动将持续学习作为创新的关键源泉	1	2	3	4	5	NA
	确保学习流程和解决方案与所需要的业务创新保持同步	1	2	3	4	5	NA
	参与在线社区，以更好地了解益处和局限	1	2	3	4	5	NA
	帮助塑造奖励冒险、试验和创造的文化	1	2	3	4	5	NA